현대 중국문화의 이해

현대 중국문화의 이해

윤창준 지음

어문학사

서문

독자 여러분께서는 '중국'하면 어떤 이미지가 떠오르십니까? 아마도 각자 경험한 바에 따라 다양한 이미지가 떠오르리라 생각됩니다. 북경을 여행하신 분, 상해를 다녀오신 분, 홍콩관광을 하셨던 분…… 지역이 다름에 따라 아마도 생성되는 '중국'의 이미지가 다르리라고 생각됩니다. 또한 같은 북경지역이더라도 봄에 갔다 오신 분들과, 여름에 다녀오신 분들…… 가을, 겨울…… 등 어느 시기에 다녀왔는가에 따라서도 만들어진 이미지는 다르리라고 생각됩니다.

하물며 최근에 다녀오신 분과 십 년 전에 다녀오신 분이 가지고 계시는 이미지는 또한 다를 것입니다.

'하나'의 중국임에도 이렇듯 자신이 경험한 중국에 따라 서로 다른 중국에 대한 이미지가 만들어지게 되는 것입니다. 이는 아마도 중국이란 나라가 워낙 땅떵이가 넓은 탓도 있겠지만, 그만큼 시시각각, 마치 살아서 움직이는 유기체처럼 매일 매일이 다르기 때문이 아닐까 생각됩니다.

G2 시대를 살아가는 요즘, 중국의 인접국인 대한민국은 정치, 경제, 사회, 문화 등 제방면에서 중국과의 관계를 결코 무시할 수 없을 것입니다. 왜냐하면 한국과 중국의 관계는 향후 지금보다 더욱 긴밀해지게 될 것

이기 때문입니다.

　이러한 때에, 우리는 중국을 과연 얼마나 정확하게 이해하고 있는가에 대해서 자성해야 할 필요가 있습니다.

　知彼知己면 百戰不敗라는 말처럼, 중국을 얼마나 정확하게 이해하고 있는가는 향후 중국과의 정치적, 경제적, 사회적, 문화적 관계에서 내등한 위치를 점유하는데 필수적이라고 생각됩니다.

　이 책은 현대 중국문화의 전반을 이해하기 위하여 집필되었으며, 이러한 목적을 이루기 위하여 중국의 지리와 자연환경, 중국의 인구와 소수민족, 중국의 언어와 문자, 중국의 문학. 중국의 경극, 중국의 기념일과 금기, 중국의 주요 명절, 중국의 혼인 풍속, 중국의 여성, 중국의 음식문화, 중국의 음차문화, 중국의 음주문화, 중국의 대중문화와 한류, 중국의 문화정책 등의 14개 소제목으로 분류하여 살펴보았습니다.

　나날이 변화하는 오늘날의 중국을 모두 이해하기에는 이 책 역시 여러 가지 부족한 부분이 있겠으나, 21세기의 중국을, 중국문화를 이해하는데 조금이나마 도움이 되고자 감히 세상에 내놓게 되었습니다.

　아무쪼록 강호의 제현들께 많은 질정을 바랍니다.

2017년 2월

윤창준

제4장 중국의 문학

제5장 중국의 경극

제6장 중국의 기념일과 금기

제7장 중국의 주요 명절

제8장 중국의 여성과 혼인

제9장 중국의 여성

제10장 중국의 음식문화

제11장 중국의 음차문화

제12장 중국의 음주문화

제13장 중국의 대중문화와 한류

제14장 중국의 문화정책

중국의 지리와 자연환경

    중국의 문화를 다루면서 가장 먼저 지리와 자연환경을 언급하는 이유는 문화가 그만큼 지리와 자연환경의 영향을 많이 받기 때문이다. 상상해 봐도 쉽게 알 수 있듯이, 바닷가에 사는 사람과 산속에 사는 사람은 그 사유방식이 각각의 자연환경에 적응하기 위하여 다를 수밖에 없다. 또한 내륙에 사는 사람과 섬에 사는 사람은 먹을 것, 입는 것 등 생활 제반에 걸쳐 각기 서로 다른 문화를 가질 수밖에 없으며, 더운 곳에 사는 사람과 추운 곳에 사는 사람은 각기 더위와 추위에 적응하기 위하여 의복, 음식, 주택뿐만 아니라 의사소통의 수단이 되는 언어 역시 각기 다를 수밖에 없다.

    그만큼 지리와 자연환경은 문화 곳곳에 영향을 미쳐왔으며, 우리는 중국의 문화를 살펴보기 위하여 가장 먼저 중국의 지리와 자연환경에 대해서 살펴보아야 한다.

1. 중국의 면적

중국 사람들 스스로도 태어나서 죽을 때까지 못해보는 것이 세가지가 있다고 말한다.

첫째는 중국의 음식을 다 먹어보는 것이고, 둘째는 한자를 다 아는 것이고, 셋째는 중국을 모두 돌아보는 것이라고 말한다.

이렇듯 중국은 넓은 땅덩이를 가지고 있다.

중국의 면적은 대략 960만 제곱킬로미터라고 하며, 이는 러시아, 캐나다에 이어 세계에서 세 번째 큰 면적이다.

최북단은 북위 53도의 흑룡강이고, 최남단은 북위 4도의 남사군도(증모암사)이다.

최동단은 동경 135도의 흑룡강과 우수리강의 접경지역이고, 최서단은 동경 73도의 파미르고원이다.

동서의 길이는 약 5,200킬로미터이고, 남북의 길이는 대략 5,500킬로미터가 되며, 영해는 약 300만 제곱킬로미터에 달한다.

■ 중국의 영해

중국은 영해도 300만 제곱킬로미터로 상당히 넓은데 발해(渤海), 황해(黃海), 동해(東海), 남해(南海)의 4대 해양이 있다. 요동반도와 산동반도를 포함한 중국의 내해(內海)인 발해는 평균 깊이가 18미터이다. 산동반도에서 장강 입구까지의 바다인 황해는 평균 깊이 44미터이다. 장강 입구에서 대만해협까지의 해면을 동해라 부르는데 평균 깊이는 370미터이고, 대만해협 이남인 남해의 평균 깊이는 1,212미터로 제일 수심이 깊다.

또한 중국은 6,536개의 섬이 동해와 남해 해상에 산재하여, 이 중에서
도 대만의 면적이 제일 크고 다음이 해남도(海南島)와 상해 부근의 숭명
도(崇明島)이다.

쉽게 예를 들자면 한반도의 44배, 대한민국의 100배 정도에 해당되며
지구 육지 총면적의 15분의 1이며, 아시아의 4분의 1을 차지한다. 또한 유
럽 전체를 합한 것과 대략 비슷하다고 볼 수 있다.

■ 중국의 동서남북 끝 지점

    경도   최동단   동경 135도   흑룡강과 오소리강이 합류하는 지점

             최서단   동경 73도   파미르고원

    위도   최남단   북위 4도   남사군도 증모암사

             최북단   북위 53도   흑룡강성 막하

여기서 한 가지 재미있는 사실은 동서의 길이가 약 5,200킬로미터나 되니, 경도 차이는 약 62도가 되고, 경도 15도마다 1시간의 시차가 생기므로, 최동단과 최서단의 시차가 거의 네 시간 정도 난다는 것이다. 그러나 현재 중국은 북경 시간을 중심으로 전국을 단일시간제로 운영하고 있다. 간단히 상상해 보면 저 동해에 사는 어민이 아침에 일어나 일출을 보며 고기를 잡으러 나갈 때, 파미르고원은 아직 별들이 총총한 새벽으로 유목민들은 깊은 잠에 빠져 있을 것이다. 그런데 동일한 시간제를 사용하니 불편함이 많을 것이라 생각한다.

또한 남북의 거리차가 5,500킬로미터나 된다는 점은 문화적으로 볼 때 매우 중요한 의미를 지닌다. 중국의 최북단 북위 53도에 위치한 막하가 한온대에 속하는가 하면, 최남단 북위 3도에 위치한 남사군도는 적도 기후에 속한다. 뿐만 아니라 해발 4,500미터 이상의 청장고원은 일년 내내 겨울인 반면, 남해의 여러 섬은 일년 내내 여름이다. 운남 중부는 사계절이 봄처럼 따뜻하고, 그 나머지 지역은 대부분 사계절이 분명하다. 중국의 북쪽 끝과 남쪽 끝의 위도 차이가 약 50도이기 때문에, 대부분의 영토가 사계절이 뚜렷한 온대와 아열대 기후에 속하고, 일부 지역이 열대와 적도대 및 한대에 놓여 있는 것이다. 기후대 별로 보면, 북방에서 남방으로 가면서 한온대, 중온대, 난온대, 아열대, 열대, 적도대 등 6개 기후대로 나타나는데, 세계 여러 나라 중 이렇게 다양한 기후 유형이 모두 존재하는 국가가 거의 없을 정도이다. 일반적으로 온도대를 농작물 생장과 작물의 분포에 근거하면, 청장고원를 제외한 중국 지역을 크게 온대, 아열대, 열대인 3개의 온도대로 구분할 수 있다. 온대와 아열대의 경계선은 진령 회하이며, 아열대와 열대분계선은 대만성 남부 및 운남성 남부이다.

이렇듯 다양한 기후대가 존재하는 중국에는 그만큼 다양한 문화적 요소가 내재되어 있음을 의미한다.

우리가 주로 중국의 문화를 얘기할 때 북방문화와 남방문화로 구분하여 얘기하는 이유가 여기에 있다. 즉 중국이라는 하드웨어가 가지고 있는 지리적인 차이는 소프트웨어에 속하는 중국의 문화적 요소에도 큰 영향을 주게 된 것이다.

우선 중국의 실력 있는 정치집단은 주로 북방에서 나왔으며 따라서 수도는 주로 북방에 위치하였고, 중국의 병합과 통일을 위한 전쟁도 주로 북방지역에서 많이 이루어졌다.

반면 남방은 물산이 풍부하고 기후가 온화하여 경제가 발전할 수 있는 토대가 되었으며 남방 사람들은 말투가 비교적 완곡한 반면, 북방 사람들은 솔직하고 직설적인 편이다.

또한 남방은 주로 쌀을 주식으로 하지만 북방은 쌀농사가 힘들었기 때문에 대신 밀을 주식으로 한다. 남방 사람들은 단 음식을 좋아하지만 북방 사람들은 짠 음식을 좋아한다.

남방의 건축물은 개방적인데 비하여 북방의 건축물은 폐쇄적이며, 남방은 경제가 발단한 반면 북방은 정치문화가 발달하였다.

그래서 우리가 짧은 기간 동안 중국의 어느 한 지역만을 보고, 중국은 이렇다 저렇다 섣불리 판단하는 것은 잘못된 것이다. 중국의 전체를 보고, 그들의 문화 전반에 대한 이해가 있어야 우리는 중국이란 나라를, 중국 사람들을 잘 이해할 수 있다고 생각한다.

■ 중국의 중심은 어디인가?

중국 대륙의 중심은 감숙성 난주 부근이다. 즉 난주를 중심으로 원을 그리면 반지름이 2500킬로미터인 큰 원이 그려지는데, 이 원안에서 중국의 영토가 포함된다.

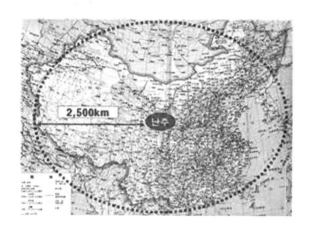

중국의 면적이 이렇게 넓다보니 예로부터 철도가 발달하였다. 즉 각종 물자를 운송하고 인력을 이동시키기 위하여 철도사업이 이른 시기부터 발전한 것이다.

현재는 까오티에(高鐵)라 불리는 고속열차가 있어서 중국이 점점 좁아지고 있지만, 예전에는 철도로 중국을 이동하기 위해서는 큰 인내력이 필요하였다.

예를 들어 하얼빈에서 베이징까지는 특급기차로 13시간이, 베이징에서 사천성의 청두까지는 28시간이, 베이징에서 상하이까지는 14시간이 걸렸다.

현재는 까오티에가 늘어나면서, 베이징에서 상하이까지 5시간, 베이징에서 시안까지 4시간 반, 베이징에서 하얼빈까지는 5시간이면 갈 수 있다. 베이징 근처의 또다른 직할시인 톈진까지는 불과 35분이면 갈 수 있으므로, 최근에는 베이징에서 톈진을 출퇴근하는 사람들도 늘어나고 있다.

이처럼 까오티에의 증설로 중국은 점차 이동 시간이 줄어들고 있다.

──── 까오티에(高鐵)

땅떵이가 넓다는 것 역시 문화적으로 중요한 의미를 지닌다. 즉 현재의 중국은 내륙으로만 약 22,800킬로미터에 달하는 국경선을 가지고 있는데, 긴 국경선만큼 15개나 되는 국가와 국경을 마주하고 있다. 즉 북한, 러시아, 몽골, 카자흐스탄, 키르기스스탄, 타지키스탄, 아프가니스탄, 파키스탄, 인도, 네팔, 부탄, 미얀마, 라오스, 베트남이다.

이렇듯 많은 국가와 국경을 접하고 있다는 것은 문화적으로 볼 때 큰 의미가 있다. 즉 중국의 서북쪽에서 국경을 접하고 있는 카자흐스탄, 키르기스스탄, 타지키스탄 등은 신강위구르 자치구의 문화와 매우 유사한 점을 공유한다. 즉 신강위구르 자치구는 행정구역 상으로는 중국에 속하지만 인종과 언어, 종교와 문화 등 다방면에서 걸쳐서 주변국과 공통점을 가지고 있다. 또한 서남쪽에서 국경을 접하고 있는 인도, 네팔, 부탄, 미얀마, 라오스 등은 중국의 운남성과 광서 장족자치구의 문화와 매우 밀접한 관계를 지닌다.

즉 역사적으로 유구한 세월을 거치는 동안, 접경 지역과의 인적·물적 교류는 지속되어 왔고, 자연스럽게 인근 지역의 우수한 문화적 요소가 전래되어, 그 지역의 문화와 융합되는 과정을 거쳐왔다고 할 수 있다.

따라서 거대한 땅덩이를 가진 중국의 문화는 한마디로 얘기하자면, '다양하다'고 할 수 있다.

많은 주변국으로부터 끊임없이 문화적 요소를 받아들이고, 또한 자신의 문화를 주변국으로 퍼뜨리면서 중국의 문화는 점층적으로 이민족의 우수한 문화를 받아들여 자신의 것으로 바꾸어 온 것이다.

바로 이 점에서 땅덩이가 넓은 나라의 문화가 지니는 우수성을 엿볼 수 있다.

2. 중국의 지형

중국의 지형은 크게 4단계로 구분할 수 있다.

즉 첫 단계는 해발 4,000미터 이상의 고원지대로, 주로 서북쪽에 위치하고 있으며, 청장고원이 대표적이다.

두 번째 단계는 해발 2,000미터에서 1,000미터 사이의 고원과 분지 지역으로, 내몽고고원, 황토고원, 운위고원 등이 해당된다.

세 번째 단계는 고도 500미터 미만의 구릉 지역으로, 동북평원, 화북평원 등과 장강 중하류 평원이 해당된다.

네 번째 단계는 수심이 200미터 미만인 대륙붕으로, 주로 중국의 동남쪽 연안지역에 해당된다.

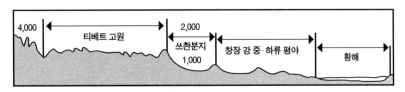

—— 중국의 북위 30도 부근 지형 단면도

이처럼 서쪽은 높고 동쪽으로 갈수록 낮아지는 서고동저의 중국의 지형은 문화적으로 큰 의미를 지닌다. 즉 서쪽이 높고 동쪽이 낮은 관계로 중국을 흐르는 대부분의 강은 서쪽에서 동쪽으로 흘러간다. 지금처럼 철도와 도로 등 내륙 이동 인프라가 드물었던 고대 중국사회에서는 험준한 산맥을 넘거나 높은 협곡을 건너기보다는 대부분 손쉽게 큰 강을 따라 이동했는데, 이처럼 대부분의 강의 서쪽에서 동쪽으로 흐르다보니 서부지역과 동부지역의 인적·물적 교류는 매우 활발했던 반면, 북방과 남방의 교류는 높은 산맥과 분지, 큰 강을 건너야 했기 때문에 활발하지 못했다. 그 결과 서방의 문화와 동방의 문화는 잦은 왕래를 통하여 자연스레 서로 융합되었으나, 북방의 문화와 남방의 문화는 서로 섞이지 않고, 각기 고유의 문화를 유지한 채 지속되어 왔다.

따라서 우리는 중국의 문화를 얘기할 때 크게 북방의 문화와 남방의 문화를 구분하여 설명하는 것이다.

또한 그 넓은 땅덩이를 자랑하는 중국이지만, 사실 사람이 살기에 적합한 평원지대는 전 국토의 약 12%에 불과하다. 나머지는 고원이 26%, 산지가 32%, 구릉이 10%, 분지가 19%를 점한다.

중국 대륙의 구조는 유라시아 대륙판이 동쪽 또는 남쪽으로의 이동 중에 태평양과 접촉하여 생긴 것이라고 하며, 중국 남서부는 북쪽으로 이동하는 인도양 판과 접촉한 것으로 보인다. 중국은 지형학적으로 크게 동부와 서부로 구분되는데, 두 지역 모두 지질구조는 과거 지질 환경과 지각 구조 운동이 다양하게 나타난 결과이며, 이로써 현재 경관이 다양하고 광물 자원종류도 광범위하게 되었다.

광활한 중국의 영토는 천차만별의 다양한 대자연의 모습을 보이고 있다. 고산과 빙천이 있는가 하면, 사막과 평원, 호수와 삼림 등 온갖 유형의 지형을 고루 갖추고 있다.

그 중에서도 특히 우리가 눈여겨보아야 할 부분은 그 넓은 땅덩이 속에 묻혀 있는 광대한 지하자원이다. 현재 등록된 지하자원 150종 가운데 중국에 묻혀 있는 지하자원은 148종이라고 한다. 향후 중국을 이끌어갈 중요한 원동력인 셈이다.

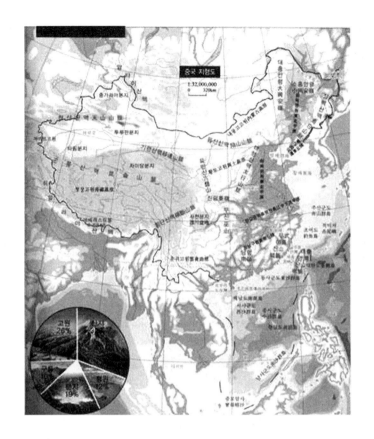

1. 중국의 산맥

천산산맥(天山山脈): 서쪽 카자흐스탄에서 시작되어 동쪽으로 신강 위구르자치구 중부를 가로로 관통하고 있다. 평균 해발 3,000~5,000미터로, 산맥의 전체 길이는 2,500킬로미터이다.

산꼭대기에 쌓여 있는 만년설이 유명하며, 만년설이 조금씩 녹아 흘러내리는 물은 서쪽 사막 초원지역의 오아시스 역할을 한다.

곤륜산맥(昆侖山脈): 서쪽의 파미르고원에서 시작하여 신강, 티베트, 청해성을 관통하며, 사천성의 사천분지까지 약 2,500킬로미터에 이르는 '아시아의 등뼈'이다. 평균 해발 5,500~6,000미터로 중국에서 빙하가 가장 많은 산이다.

진령산맥(秦嶺山脈): 총길이 1,500킬로미터로, 중국의 한가운데에 가로누워 있는 형상이어서, 중국의 남북을 나누는 지리분계선이 된다. 아열대와 난온대의 경계선이고 습윤지구와 반습윤지구의 경계선이며, 또 황하와 장강의 분수계이기도 하다. 평균 해발은 2,000~3,000미터인데, 남북이 비대칭으로 북쪽이 가파르고 남쪽이 완만하다.

대흥안령산맥(大興安嶺山脈): 중국의 동북 지역에 위치하고, 중국 전체 지형으로 볼 때는 제2단계에 해당하는 높이이다. 평균 해발 1,500미터 정도로, 서쪽이 완만하고 동쪽이 가파르다.

태항산맥(太行山脈): 평균 해발 1,500~2,000미터로, 산동성과 산서성을 가르는 경계가 되어 동서의 지형 구분점이 된다.

기련산맥(祁連山脈): 남산(南山)으로 불리기도 하는데, 흉노어로 기련산은 '천산'(天山)이라는 뜻이다. 평균 해발 4,000미터로, 감숙성 지역에 위치하여 청해성과의 경계를 이룬다.

히말라야산맥(喜馬拉雅山脈): 히말라야산맥은 청장고원의 남쪽 끝에 위치하며, 서쪽 파미르고원에서 시작하여 동쪽 브라마푸트라 강까지 이른다. 평균 해발 6,000미터인 히말라야는 티베트어로 '얼음과 눈의 마을'이라는 뜻이다. 최고봉은 에베레스트 산으로 일컬어지는 주목랑마봉(珠穆朗瑪峰)으로 해발 8,844미터이다.

2. 중국의 4대 고원

대표적인 고원으로 청장고원(靑藏高原), 내몽고고원(內蒙古高原), 황토고원(黃土高原), 운귀고원(雲貴高原)이 있는데, 이를 4대고원이라 부른다.

(1) 청장고원: 평균 해발 4,000미터 이상으로, 세계 최고의 고원이다. 과거에는 바다였는데, 수백만 년 전에 아시아 – 유럽 지판과 인도 지판이 부딪히면서 지각이 강렬하게 융기되었다. 야크는 이곳 유목민의 중요한 교통수단으로 고원의 배(高原之舟)라고 불린다.

(2) 내몽고고원: 중국의 북부에 위치하고, 평균 해발 1,000~1,500미터이다. 중국에서 두 번째로 넓은 고원이다. 파릇파릇한 초원 외에 모래바람이 날리는 사막도 있어, 천연 목장과 사막이 함께 하는 지역이다. 이 지역의 장가구(張家口)는 베이징의 북쪽을 향해 모래 바람을 날려, 봄철 황사의 주범이 된다.

—— 황토고원

(3) 황토고원: 내몽고고원 남쪽에 위치한, 중국에서 세 번째의 넓은 고원이다. 만리장성의 남쪽과 진령(秦嶺)의 북쪽에 위치하여, 중국 황하 문명의 발상지이다. 황토가 넓고 두텁게 분포되어 있고, 오랜 세월 동안 빗물에 황토가 유실되어 수많은 골짜기가 형성되기도 하였다.

(4) 운귀고원: 중국의 서남부 지역인 운남성과 귀주성에 주로 분포하는데, 서북쪽은 높고 동남쪽은 낮다. 비옥한 평야지대가 펼쳐지기도 하고, 광범위한 카르스트 지형도 존재한다.

3. 중국의 5대 분지

중국에는 타림(塔里木)분지, 중가리아(準噶爾)분지, 차이담(柴達木)분지, 사천(四川)분지, 투루판(吐魯番)분지의 5대분지가 있다. 이중 사천분지를 제외한 나머지 4개 분지는 모두 중국 서북내륙에 분포되어 있다.

타림분지: 중국 서북 내륙 신강위구르 자치구 남부에 위치한다. 타림분지 내에 있는 타클라마칸(塔克拉瑪干)사막은 중국에서 가장 큰 사막이다.

사천분지: 사천분지는 청장고원의 동쪽, 무산산맥의 서쪽, 운귀고원

의 북쪽에 자리잡고 있다. 사천성의 동부에 해당하고, 사천분지에는 유명한 성도평원(成都平原)이 있다. 산위와 산아래, 돌이나 흙 모두 자홍색을 띠고 있어서 '자색 분지'로 불린다.

투루판분지: 신강위구르 자치구에 위치한 중국에서 해발 고도가 가장 낮은 지역으로, 아이딩(艾丁)호는 호수면이 해면(海面)보다 154미터나 낮다.

4. 중국의 3대 평원

중국의 평원은 주로 지세의 제3계단에 집중되어 있는데, 주요 평원으로는 동북(東北)평원, 화북(華北)평원, 장강중하류(長江中下流)평원을 들 수 있다.

(1) 동북평원: 소흥안령(小興安嶺)과 장백산(長白山) 사이에 위치한 중국 최대의 평원이다. 흑룡강성, 길림성, 요녕성, 내몽고자치구에 걸쳐 있는데, 기름진 질 좋은 토양으로 중국의 가장 중요한 식량 생산지이다. 지하에는 석탄과 석유 등 지하자원이 풍부한데, 대경(大慶)유전도 이 동북평원 북쪽에 위치한다.

(2) 화북평원: 화북평원은 태항(太行)산맥의 동쪽, 연산(燕山)산맥의 남쪽, 회하(淮河) 부근에 펼쳐진다. 대부분 해발 50미터 이하로 지세가 평

탄하여 끝이 안 보일 정도로 넓게 분포한다. 하북성, 산동성, 하남성, 북경, 천진을 거치고 있는데, 황하, 회하, 해하(海河) 세 개의 큰 강에서 흘러운 흙이 바다를 메워 만들어진 전형적인 충적평원으로 '황회해(黃淮海)평원'이라고도 한다. 중국 고대 문명의 발상지이다.

(3) 장강중하류평원: 장강과 그 지류에 형성된 평원이다. 호북성, 호남성, 강서성, 안휘성, 강소성, 절강성, 상해시에 걸쳐 있다. 지세가 낮고 평형하며 하천들이 밀집되어 있는데, 물고기와 쌀이 많이 생산되어 '어미지향(魚米之鄉)'으로 불리기도 한다.

5. 중국의 사막

중국의 서북 및 서남 지역은 고온 건조한 기후 때문에 사막지대가 넓게 형성되어 있다. 중국의 주요 사막으로는 고비(戈壁)사막과 타클라마칸(塔克拉瑪干)사막을 들 수 있다.

(1) 고비사막: 몽고어로 '초목이 살기 어려운 땅'이라는 뜻일 정도로, 척박한 땅이다. 중국의 북방에 위치한다.

(2) 타클라마칸사막: 신강위구르 자치구 타림분지 안에 위치한 사막으로 실크로드의 경유지이기도 하다.

6. 중국의 강

중국의 강은 남방을 대표하는 장강(長江)과 북방을 대표하는 황하(黃河)로 대표된다. 여기에 흑룡강(黑龍江)과 주강(珠江)을 포함하여 4대 강으로 언급된다.

(1) 장강: 전체 길이가 6,300킬로미터로 나일강과 아마존강에 이어 세계에서 세 번째로 긴 강이면서 중국에서 가장 긴 강이다. 장강은 청해성 청장고원의 탕굴라(唐古拉)산맥에서 발원하여 청해, 서장, 사천, 운남, 중경, 호북, 호남, 강서, 안휘, 강소, 상해 등 11개의 성, 시, 자치구를 거쳐 최종적으로 동해로 유입된다.

장강의 중하류 지역은 기온이 온난다습하고 토지가 비옥하여 생산물자가 풍부하고 경제가 발달하였다. 중경, 무한, 남경, 상해 등 대도시가 이곳에 집중되어 있다.

장강은 중국의 남방문화를 대표한다.

(2) 황하: 중국에서 두 번째 긴 강으로, 길이 5,464킬로미터이다. 황하 지역은 중국 고대 문명의 발상지이고, 북방 문화를 상징한다. 청해성에서 발원하여 청해, 사천, 감숙, 영하, 내몽고, 산서, 섬서, 하남, 산동 등 9개의 성과 지역을 거쳐 최종적으로 발해(渤海)에 유입된다. 그 흐름을 따라 지도를 그리면, 마치 '幾'자의 모양처럼 보인다. 황하의 물은 진갈색의 황토물인데, 황토고원에서 내려온 진흙이 강물에 유입되어 황토 강물을 만들어 낸다.

황하는 중국의 북방문화를 대표한다.

(3) 흑룡강: 중국 북부에 위치한 흑룡강은 길이 3,420킬로미터로 중국에서 세 번째 큰 강이다. 몽고와 내몽고자치구에서 발원하여 최종적으로는 오호츠크 해로 흘러들어간다. 중국과 러시아의 경계선이 되기도 한다.

흑룡강의 물빛은 짙은 흑갈색을 띠는데, 학룡강 일대의 중국인들은 예전에 검은 용이 살았었는데, 그 용이 흑룡강에 들어가 살고 있기 때문에 물빛이 검은색을 띤다고 여긴다.

(4) 주강: 중국 남부에 위치한 주강은 길이가 2,197킬로미터이고, 운남, 귀주, 광서, 광동을 거쳐 최종적으로 남해에 유입된다. 주강은 수량이 풍부하여 제2의 장강이라 불리며, 특히 1990년대 초반 중국에서 시작된 경제 개혁개발이 바로 주강 부근의 중소도시로부터 시작되었기 때문에 주강 삼각지는 중국의 경제 성장을 의미하기도 한다.

■ 경항대운하(京杭大運河)

운하(運河)는 교통이 원활하지 못했던 시절에, 이미 있는 하천을 서로 연결하여 수로를 만들어 물자 수송을 용이하게 해주었던 인공하천이다. 중국 대부분의 하천이 서쪽에서 동쪽으로 흐르기 때문에 동서로의 운반은 편리했지만, 남북 교통은 쉽지 않았다. 수 양제(煬帝)는 남북의 교통 및 운수에 커다란 변화를 주기 위하여 운하를 건설하였고, 가장 큰 운하가 바로 북경과 항주를 잇는 경항대운하이다. 북경, 천진, 하북, 산동, 강소, 절강 등 6개의 성과 도시를 지나는 이 운하는 기존의 해하(海河), 황하, 회하, 장강, 전당강(錢塘江) 등 5개의 강을 연결하여 총 길이가 1,782킬로미터에 이르는 남북물류의 대동맥이다.

북경과 항주를 이어주는 운하이므로, 각 지명의 두 글자를 따서 경항대운하라고 칭한다.

7. 중국의 호수

중국에는 면적 1제곱킬로미터 이상이 되는 호수가 2,800개 정도 있다. 담수호(淡水湖) 중에서는 파양호(鄱陽湖)와 동정호(洞庭湖)가 유명하고, 함수호(鹹水湖)로는 청해호(靑海湖)가 제일 크다.

(1) 청해호: 청해성 동북부에 위치하고 있는 중국 최대의 염호이다. 몽고어와 티베트어로 '푸른 바다'라는 뜻으로, 얼어붙은 겨울 호수는 거울처럼 햇빛을 반사한다.

(2) 파양호: 강서성 여산의 근처에 있는 파양호는 면적 3,583제곱킬로미터인 중국 최대의 담수호로 현재는 호숫가에 철새관망대를 설치하여 철새 관람의 명소로 각광받고 있다.

(3) 동정호: 파양호와 더불어 중국의 양대 담수호이다. 호남성 북부에 위치하는데, 유명한 악양루(岳陽樓)도 여기에 있다. 호수의 면적이 계절에 따라 큰 차이가 날 정도로 수량의 변화가 많다.

8. 중국의 5대 명산

중국에서는 5대 명산을 오악(五岳)이라 부른다. 오악은 역대 황제가 제를 올리는 봉선(封禪)의 장소이다. 위치에 따라 동서남북의 네 곳과 중앙에 한 곳을 말한다.

(1) 태산(泰山): 오악 중 동악(東岳)인 태산은 산동성 중부에 위치하며, 공자가 자주 언급하였고, 또한 한국과 가장 가까운 곳에 위치하여 한국인에게 가장 친근한 산이다. 대표적인 산봉우리인 옥황정(玉皇頂)의 일관봉(日觀峰)에서 바라보는 일출과 운해는 절경에 속한다.

(2) 화산(華山): 오악 중 서악(西岳)인 화산은 섬서성에 위치한다. 산 정상에 '천엽석련화(千葉石蓮花)'가 자라는데, '花'와 '華'의 중국어 음이 같기 때문에 화산이라는 명칭이 생겨나게 되었다.

(3) 형산(衡山): 오악 중 남악인 형산은 호남성 중부에 위치한다. '하늘과 별자리는 평형이 있다'라는 의미에서 형산이라는 명칭이 붙었다.

(4) 항산(恒山): 오악 중 북악인 항산은 산서성 동북부에 위치한다.

(5) 숭산(崇山): 오악 중 중악인 숭산은 하남성 중부에 위치한다. 숭산에 있는 소림사(少林寺)는 무술로 유명하고, 중국 선종 불교의 발원지이다.

소림사가 위치가 숭산을 에워싸고 각종 대형 무술학교들이 난립되어 있다. 모두가 이연걸 같은 슈퍼스타를 꿈꾸는 어린 학생들이다. 다만 무술학교들의 난립으로 숭산의 경관이 망가진 것은 무척 안타까운 일이다.

3. 중국의 행정지리

대한민국의 지도는 한 마리의 포효하는 호랑이에 비유된다. 중국 지도는 수탉에 비유되는데, 동북지구가 닭벼슬과 닭머리, 신강서장지구가 닭꼬리, 대만과 해남도가 닭의 두 다리같은 형상을 하고 있기 때문이다.

중국의 행정구역은 전국을 크게 성(省), 현(縣), 향(鄉)의 3급으로 구분하는데, 이 중 성급은 성, 자치구, 직할시를 포함하며 현재 전국은 모두 4개의 직할시와 23개의 성, 5개의 자치구, 2개의 특별행정자치구로 구분된다.

1. 4대 직할시

(1) 北京市 (京: 北京)

화북평원(華北平原) 북단에 위치하며 진(秦), 한(漢) 이후 당(唐)나라 말기에 이르기까지는 동북 변방의 정치 군사상의 요충지였다. 요(遼)를 물리친 금(金)은 연경(燕京)이라고 명칭하였고, 원(元)은 대도(大都)라고 명명하였다.

명대(明代)에는 처음에는 현재의 남경(南京)이 수도였다가 이후 1420년 영락제(永樂帝)가 이곳을 수도로 정하고 북경(北京)이라 칭하였는데, 북경이라는 명칭은 이때에 비롯되었다.

(2) 天津市 (津: 天津)

북경에서 동남쪽으로 140킬로미터 떨어진 곳에 위치하며, '天津'이라는 명칭은 명 영락제(永樂帝)가 이곳에서 나룻터를 건너 출병하였다는 뜻의 천자도진(天子渡津)의 줄임말이다. 화북평원 동북부에 위치하고 있고, 동쪽으로는 발해(渤海)와 접해있다. 중국 북부지역의 주요 공업도시이며, 수도 북경의 관문이다. 최근에는 고속철의 개통으로 북경에서 35분이면 천진에 갈 수 있게 되었다.

(3) 上海市 (滬: 上海)

장강(長江)하구로, 장강이 바다로 들어가는 곳에 위치한다. 동쪽으로는 태평양 연안이고, 서쪽으로는 절강성(浙江省), 항주(杭州), 강소성(江蘇

省)을 접하고 있다.

상해의 오송강(吳淞江)의 옛 명칭인 호독(滬瀆)에서 호(滬)라는 약칭이 생겨나게 되었다.

북경이 정치의 중심지라면, 상해는 경제의 중심지이다. 그래서 2,000년 전의 중국을 만나려면 서안에 가고, 1,000년 전의 중국을 만나려면 북경에 가고, 현재의 중국을 만나려면 상해에 가보라는 말이 있을 정도이다.

■ 포동(浦東)지구와 동방명주탑(東方 明珠塔)

중국 정부는 1992년부터 외국 자본을 끌어들이기 위해 과거 이곳을 지배했던 서양의 자본가들을 다시금 부르고 있다. 2010년 상해를 아시아 제일의 무역항으로 키우겠다는 계획이 바로 황포강 동쪽의 포동신구(浦東新區) 개발계획이다. 황포강의 서쪽은 옛 시가지(外灘: 외탄)가 되고 동쪽은 1990년대에 들어 새로 개발한 이른바 포동(浦東)지구이다. 포동지구에는 곧게 뻗은 도로와 수십 층의 빌딩이 즐비한데, 그 중 대표적인 것은 동방명주(東方明珠) TV수신탑이다. 외탄 건너편 포동 개발지구에 세워진 TV 수신탑은 전체 높이 468미터로 아시아에서 제일 높고 세계에서 4번째로 높은 TV 수신탑이다.

———— 동방명주탑

(4) 重慶市 (渝: 重慶)

1997년 중국의 네 번째 직할시로 편입되었다. 원래는 사천성에 속했었는데, 직할시로 편제되면서 인구가 약 3,000여만 명으로 늘어나, 중국에서 인구가 가장 많은 도시가 되었다. 중경을 흐르는 가릉강(嘉陵江)의 옛 명칭인 투주(渝州)에서 투(渝)로 약칭해 부르기도 한다. 사천분지(四川盆地)의 동남부에 위치하고 있는데, 시내는 구릉이 기복을 이루어 '산의 도시'라고 불린다. 여름에는 너무 더워 무한(武漢), 남경(南京)과 더불어 '3대 화로도시'로도 유명하다.

2. 23개의 성(省)

(1) 화북(華北) 지역

河北省(冀: 石家莊): 황하 이북이라는 의미에서 河北省이라는 명칭이 생겨났다. 옛날 기주(冀州) 지역이므로 기(冀)라 약칭으로 불린다. 하북 지방은 밀과 면화의 주산지이며 또한 공업 지역으로 발전하고 있고, 성도는 석가장이다.

河南省(豫: 鄭州): 황하 이남이라는 의미에서 河南省이라는 이름이 붙었다. 옛날 예주(豫州)지역이므로 예(豫)라고 약칭된다. 황하 중류에 위치한 충적평야로서, 황하 문명의 발상지이다. 중국 7대 고도의 하나인 개봉(開封), 낙양(洛陽)이 있다.

山東省(驀: 濟南): 태항산맥(太行山脈)의 동쪽에 위치하여 山東省이라고 부른다. 춘추전국시대 노(魯)나라의 근거지였으므로, 魯로 약칭된다. 공자의 고향인 곡부(曲阜)와 맹자의 고향인 추현(鄒縣)이 있어서, 중국 전통 사상의 원류가 흐르는 곳이라고 할 수 있다.

山西省(晋: 太原): 태항산맥의 서쪽에 위치하여 山西省이라고 부른다. 춘추시대 진(晋)나라의 근거지였으므로, 晋으로 약칭된다. 산서성은 황토(黄土)고원의 중앙을 차지하는데, 동쪽은 하북성, 남쪽과 남동쪽은 하남성, 서쪽으로는 섬서성, 북쪽으로는 내몽고자치구와 경계를 이루고 있다. 성의 대부분이 평균고도 300~900미터에 달하는 고원이며 산으로 둘러싸여 있는 산악지대로 땅은 척박하고 기후도 열악하다.

(2) 화중(華中) 지역

江蘇省(蘇/江: 南京): 장강의 하류에 있으며, 동쪽에 바다를 접하고 있다. 옛 행정구역인 강녕부(江寧府)는 지금의 남경이고, 소주부(蘇州府)는 지금의 소주인데, 여기서 두 글자를 따서 강소성이라 불리게 되었다.

浙江省(浙: 杭州): 강소성의 남부에 위치하며 바다와 접해 있다. 이 성에 있는 전당강(錢塘江)을 절강(浙江)이라고도 명칭하여 절강성이 되었다.

■ 서호(西湖)

항주는 서호(西湖)가 유명한데, 항주 서쪽에 자리 잡고 있다고 하여 붙여진 이름이고, 고대 중국의 미인 서시(西施)에 비유하여 서호라는 이름이 붙었다고도 한다. 서호의 절경을 서호(西湖) 10경이라 부르는데, 중국의 유명한 시인 백거이와 소동파가 西湖를 주관하여, 백제(白堤)와 소제(蘇堤)를 만들기도 하였다.

湖北省(鄂: 武漢): 장강의 중류 지역에 있는 호수인 동정호(洞庭湖)의 북쪽에 위치하여 호북성으로 불리게 되었다. 성도인 무한을 당송 시대에 악주(鄂州)라고 불렀기 때문에 악(鄂)으로 약칭한다. 무한은 7, 8월에 기온이 40도까지 올라가 중국 3대 화로도시로 유명하다. 또한 무한에는 천하 절경으로 꼽히는 명루(明樓) 중의 하나인 황학루(黃鶴樓)가 있다.

—— 동정호에 위치한 악양루

■ 수상 주유소

호북성과 호남성의 경계가
되는 동정호는 그 크기가 매우
넓어서, 그곳에서 고기를 잡는
작은 배들을 위하여 호주 중간
중간에 수상 주유소가 있다.

安徽省(皖: 合肥): 성내 도시의 옛날 이름인 안경부(安慶府)와 휘주부
(徽州府)의 두 글자를 따서 안휘성으로 부르게 되었다. 성내에 환산(皖山)
이 있어서 환(皖)으로 약칭한다. 화동지역의 남북부에 위치하고 있고, 성
안을 장강과 회강(淮江)이 서쪽에서 동쪽으로 흘러간다. 성도인 합비는 2
천년 역사의 고도로서, 삼국시대 치열한 전쟁터였다.

안휘성 동쪽에 위치한 황산(黃山)은 중국에서 가장 아름다운 산 가운
데 하나이다.

(3) 화남(華南)지역

福建省(閩: 福州): 복건성의 명칭은 복주(福州)와 건주(建州)에서 유래
하였다. 그리고 약칭인 민은 이 지역에 민월(閩越) 민족이 거주했기 때문
에 붙여진 이름이다. 복건성은 화동의 동남쪽 연해에 위치하여 대만해협
을 사이에 두고 대만과 마주하고 있다. 이 일대의 사람들은 민남어(閩南
語)를 사용하는데, 민남은 통상 천주(泉州), 하문(厦門), 장주(漳州)지역을
말한다.

천주는 해상 실크로드의 출발점이다. 중국의 실크, 도자기, 차 등을 수출하였으며, 마르코폴로는 『동방견문록』에서 천주항을 '동방의 베니스'라고 칭찬하였다.

江西省(贛: 南昌): 당나라 때 장강 이남을 동과 서로 나누어 강남동도(江南東道), 강남서도(江南西道)로 불렀고, 서쪽인 강남서도를 강서도(江西道)로 약칭하면서, 현재의 강서성으로 불리게 되었다. 결국 장강 이남의 서쪽 지역이라는 뜻이다. 성내에 흐르는 감강(贛江)이라는 명칭에서 감(贛)이라는 약칭도 생겨났다.

湖南省(湘: 長沙): 호남성은 장강의 중류 지역에 있는 동정호(洞庭湖)의 남쪽이라는 의미이다. 省 안을 흐르는 상수(湘水)의 명칭을 따서 상으로 약칭된다.

廣東省(粵: 廣州): 중국대륙의 최남단에 위치한 성이다. 五代시대에 지금의 광동과 광서지역을 광남(廣南)이라 하였고, 北宋 때 광남로(廣南路)로 명칭하였고, 이를 동과 서로 양분하여 광남동로(廣南東路)와 광남서로(廣南西路)로 불렀다. 이 광남동로가 다시 광동로(廣東路)로 줄어들고, 그 영향으로 명초에 지금의 광동성으로 명칭이 변경된 것이다. 지금의 광서성은 광남서로에서 온 것이다. 또한 광동성 지역은, 진시황이 중국을 통일하기 이전인 선진시대 때 남월(南越, 粵) 민족이 거주하던 지역이었기 때문에 지금 월(粵)로 약칭한다.

성도인 광주(廣州)는 약 2,800년의 역사를 가진 경제와 문화의 古都로서, 중국의 개혁 개방 이후 인근 홍콩과 마카오의 우수성을 바탕으로 중국 남부의 경제 중심이 되었다.

海南省(瓊: 海口): 중국의 남쪽 바다에 있는 섬이라 하여 해남성이라 한다. 1988년 광동성에서 분리되어 중국의 마지막 성으로 승격되었다. 대만 보다 약간 작은 중국의 두 번째 섬으로, 해안선은 굴곡이 심하여 대만 섬의 해안선보다 길이가 길다.

경주(瓊州)해협을 끼고 본토의 뇌주(雷州)반도와 마주하고 있어서, 경(瓊)으로 약칭된다.

臺灣省(臺: 臺北): 대만은 고대에 이주(夷洲), 유구(流求)로 불렸고, 16세기에는 고산족(高山族) 부락(部落)의 이름을 음역한 대원(大員)으로 바뀌었고, 다시 17세기에 大員과 음이 비슷한 글자인 대만(臺灣)으로 바뀌어 지금에 이른다. 약칭은 대(臺)이다.

대만은 중국에서 가장 큰 섬으로, 역사적으로 1624년 네덜란드에 점령됐다가 수복되었고, 1895년 시모노세키조약의 결과로 일본의 식민지가 되었다. 1945년 포츠담선언에 의해 해방되고, 1949년 10월 10일 모택동의 공산당 정권에게 쫓겨온 장개석이 국민당 정부를 세워 지금의 대만에 이르고 있다.

(4) 동북(東北) 지역

遼寧省(遼: 沈陽): 성내에 요하(遼河)가 있고, 그 일대가 편안하라는 의미로 요녕성이라는 명칭이 생겨났다. 요녕성은 중국 동북의 남부에 위치하고, 성도인 심양은 동북 지방 최대의 중공업 도시이다.

요동반도(遼東半島) 남단에 위치한 대련(大連)은 '북해의 진주'라고 불리는 아름다운 항구도시이다.

吉林省(吉: 長春): 청나라 때 이 지역의 송화강(松花江) 연안에 길림오랍(吉林烏拉)이라는 도시가 있었는데, 만주어로 吉林은 '沿'(~를 따라 있다)이고, 烏拉는 '大川'(큰 강)이라는 뜻이다. 결국 吉林烏拉는 '沿着松花江'(송화강 연안에 있다)라는 만주어이고, 이를 간단하게 吉林으로 부르게 된 것이다. 길림성은 요녕성과 흑룡강성의 중앙에 위치하고, 동남부는 백두산을 두고 북한과 국경을 마주하고 있다. 성도는 장춘이다.

黑龍江省(黑: 哈爾濱): 중국 최북단에 위치한 성으로 러시아와 국경을 접하고 있다. 성내에 흑룡강이 흐르고 있기 때문에, 흑룡강성이라고 부른다.

성도인 하얼빈은 만주어로 '어망을 말리는 곳'이라는 뜻으로, 본래 어촌이었으나 철로가 개통된 이후

에 점차 부흥하였다. 19세기 말 하얼빈은 제정 러시아의 침략을 받았고, 1931~1945년에는 일본의 침략을 받는 수난을 겪었다. 그래서 러시아풍이 많이 남아 있어서 '동방의 모스크바'라는 말이 있다. 겨울엔 송화강의 얼음 조각을 이용하여 열리는 빙등제(氷燈祭)가 유명하다.

(5) 서북(西北) 지역

陝西省(陝/秦: 西安): 당나라 때 섬서절도사(陝西節度使)를 설치하였는데, 이때부터 섬서성으로 부르게 되었다. 섬서성은 옛날 秦나라의 근거지였으므로, 진(秦)으로 약칭된다. 황하 중류에 위치하고, 북부의 황토고원과 남부의 진령산맥 사이에 있다.

성도인 서안은 3,000년의 역사를 가진 古都로, 12차례에 걸쳐 중국의 수도였다. 가장 번성했던 시기는 장안(長安)으로 불렸던 唐나라 때였다.

섬서성 위수(渭水) 지역에 위치하여, 서역의 길목인 감숙성으로 가기 위해서 반드시 거쳐야 하는 교통의 요지로, 마르코폴로는 『동방견문록』에서 서안을 실크로드의 출발지로 기술하였다.

甘肅省(甘/隴: 蘭州): 감숙성 안의 도시인 감주(甘州:지금의 張掖)와 숙주(肅州: 지금의 酒泉)를 합해서 성의 명칭으로 삼았다. 성안의 농산(隴山)에서 농(隴)으로 약칭하기도 한다.

황하 상류와 영하, 섬서성, 사천성, 섬서성, 사천성, 청해성, 신강위구르, 내몽고와 접경해 있다. 내몽고고원, 황토고원, 청장고원 지대에 위치한다. 기련산맥을 남쪽에 놓고, 북서방향으로 길이 1,000킬로미터에 달하는 좁고 긴 하서주랑(河西走廊)을 달리는데, 이것이 바로 실크로드이다.

성도인 난주(蘭州)는 감숙성 중부에 위치하고 있고, 서북 지역의 교통 중심지이다.

青海省(靑: 西寧): 성안에 최대의 호수인 청해(靑海)가 있어서 청해성으로 명명된다. 앞 글자를 따서 청(靑)으로 약칭한다. 청해성은 중국의 문명을 태동하게 한 근원과도 같은 존재인 장강과 황하가 시작되는 발원지이다. 동쪽으로는 황토고원이 있고, 서쪽으로는 청장고원이 있다. 성의 서북쪽은 차이담분지(柴達木盆地)이고, 곤륜산이 남북에 병풍처럼 펼쳐져 있다.

(6) 서남(西南)지역

四川省(川/蜀: 成都): 송나라 때 익주(益州), 재주(梓州), 이주(利州), 기주(夔州) 등을 사로(四路)로 구분하여 천협사로(川峽四路)라 했고, 간단히 사천로(四川路)라고 약칭하게 되었다. 이것이 현재 사천성의 유래가 되었다. 삼국시대 蜀나라의 근거지였기 때문에, 촉으로 약칭된다.

사천성은 장강 상류에 위치하는데, 사방이 산맥으로 둘러싸여 있고, 해발 400~800미터에 불과한 분지 형태의 광대한 농경지이다. 서쪽으로는 청장고원에 접해 있고, 동쪽으로는 장강에 접하며, 북쪽으로는 진령산맥, 남쪽으로는 운귀고원이 자리잡고 있다.

사천성의 성도인 성도(成都)는 사천분지의 북서쪽에 위치한다.

貴州省(貴/黔: 貴陽): 이 지역에는 진나라 때 검중군(黔中郡)이 설치되어 있었고, 唐나라 때에는 검중도(黔中道)를 두었다. 당나라 때 이 지역 명칭이 구주(矩州)였는데, 宋대에 이르러 당시 발음으로 구주(矩州)와 귀주(貴州)가 차이가 없어서 귀주로 쓰기 시작했고, 원대 이후 귀주가 정식명칭이 되었다. 약칭은 검중군의 첫 글자를 따서 검으로 칭한다.

해발 1,000미터 이상의 운귀고원 동북부에 위치한 귀주성은 다민족이 함께 하는 성이다. 한족 외에 묘(苗)족, 포의(布依)족, 동(侗)족, 이(彝)족, 수(水)족, 회(回)족, 요(瑤)족 등 12개의 소수민족이 성 전체 인구의 35%정도를 차지한다.

성도는 귀주(貴州)이고, 1972년 닉슨과 모택동이 정상회담 당시 마셔서 유명해진 모태주(茅台酒)도 귀주에서 생산된다.

雲南省(雲/滇: 昆明): 한 무제(武帝)때 오색 구름이 남쪽에 보였다고 해서 운남(雲南)이라고 불렀다는 주장과, 운령(雲嶺) 이남에 위치하기 때문에 운남이라고 부른다는 주장이 있다. 한편, 운남성의 곤명(昆明)이 옛날 전국(滇國)이라는 명칭으로 불렀기 때문에 전으로 약칭된다.

서남쪽으로는 미얀마, 남쪽으로는 라오스, 동남쪽으로는 베트남과 접경하고 있으며, 해발 2,000미터의 전형적인 고산기후를 가진 곳이다.

운남성 중부에 위치한 성도인 곤명은 사계절 내내 꽃이 피어, 꽃의 도시 또는 봄의 도시(春城)로 불린다.

3. 5개 자치구

(1) 內蒙古自治區(蒙: 呼和浩特)

몽고(蒙古)는 원래 몽고고원에 살던 부족의 이름인데, 그 명칭이 唐나라 문헌에 처음으로 보인다. 13C초 징기스칸이 몽고제국을 세웠고, 1947년 내몽고자치구가 되었다. 성도인 호화호특(呼和浩特)은 몽골어인 '훅호츠'(푸른성: 靑城)의 음역이다

(2) 寧夏回族自治區(寧: 銀川)

옛날 하(夏)나라 땅이 편안하라는 뜻에서 영하(寧夏)로 명명되는데, 1958년 영하회족자치구가 되었다. 성도인 은천은 송대 서하(西夏)의 수도였는데, 명승고적이 많다.

(3) 新疆維吾爾自治區(新: 烏魯木齊)

중국의 서북 변경에 위치하여 러시아, 몽골, 파키스탄 등과 접경을 이룬다. 한민족이 예로부터 서역(西域)이라 불렀고, 청대에 '新開闢的疆域'(새롭게 개척하는 변경 지역)이라는 의미에서 약칭 '신강'(新疆)으로 명칭되었다. 1955년부터 위구르족의 자치구가 되었다.

자치구의 3분의 2가 위구르족이고, 한족과 카자흐족이 그 다음이다.

자치구의 중심인 우루무치(烏魯木齊)는 위구르어 표기로는 'Wulumuchi', 몽골어로는 'Urumchi'인데, '아름다운 목장'이라는 뜻으로 음역된 것이다.

(4) 西藏自治區 (藏: 拉薩)

중국의 서남단, 청장고원의 서남부에 위치한 이 지역은 원대에 오사장(烏斯藏)으로 불렸는데, 오사(烏斯)는 '중앙'이라는 뜻이고 장(藏)은 '성결'의 의미이다. 이후 '서쪽의 신성한 지역'이라는 의미로 '서장'(西藏)이 되었다.

1950년 10월 중국은 티베트를 침공하였고, 1951년 티베트를 중국의 영토로 정하였다. 1959년 독립을 위한 봉기가 있었지만 무력 진압하였고, 1965년 서장자치구로 인정하였다.

성도인 라싸(拉薩)는 해발 3,700미터에 세워진 티베트 정치, 종교의 중심지이다. 일년 내내 햇빛이 비춰 '햇빛의 도시'라고도 불린다.

(5) 廣西壯族自治區(桂: 南寧)

秦나라 때 이곳에 계림군(桂林郡)을 두어 통치하였다. 北宋때에는 광남로(廣南路)로 명칭하였고, 이를 동과 서로 양분하여 광남동로(廣南東路)와 광남서로(廣南西路)로 불렀다. 광서라는 명칭은 광서남로에서 온 것이다. 당시 중심도시가 계림이었기 때문에 계(桂)로 약칭한다.

1958년 자치구가 되었는데, 이 지역 4대 소수민족인 장족(壯族), 요족(瑤族), 묘족(苗族), 동족(侗族) 중 제일 인구가 많은 장족의 이름을 따서 광서장족자치구로 부르는 것이다.

대표적인 도시인 계림은 자치구의 북동부에 있고, '계림의 산수는 천하제일이다(桂林山水甲天下)'라는 명성이 있을 정도로 아름다운 경관을 자랑한다.

4. 2개 특별행정자치구

(1) 홍콩특별행정자치구

홍콩은 중국어로 '香港', 영어로 'Hong Kong'이다. 홍콩은 크게 구룡(九龍) 지역, 홍콩 섬 그리고 新界(신계) 지역으로 구성되어 있으며 인구의 대부분이 홍콩 섬 북부와 구룡반도에 밀집되어 있다.

동방의 진주라고 불리는 홍콩은 1942년 아편전쟁의 결과로 맺어진 남경조약에 따라 영국의 통치를 받게 되었고, 중국과는 다른 자본주의 경제체제 하에서 눈부신 발전을 이루게 된다. 1984년 등소평은 홍콩의 자치권과 자본주의 생활방식을 보장하고, 사회주의와 자본주의가 병존할 수 있다는 일국양제(一國兩制)를 제시하여, 1997년 7월 1일 영국으로부터 홍콩을 반환받게 되었고, 특별행정자치구로 지정하였다.

(2) 마카오특별행정자치구

마카오(澳門)는 홍콩에서 서쪽으로 64킬로미터 떨어진 곳에 위치한 작은 섬으로, 주강(珠江) 삼각주의 서안에 있다. 1553년부터 포르투갈의 통치를 받기 시작하였는데, 포르투갈인들이 바닷물에 젖은 화물을 말린다는 핑계로 이 땅을 강제로 빌려 사용하였다. 1986년과 1987년 중국과 포르투갈의 우호적인 협상을 통하여 1999년 12월 20일 중국에 반환되었다.

중국의 인구와 소수민족

1. 중국의 인구

중국은 세계에서 가장 많은 인구를 가지고 있다. 최근의 통계인 2015년 7월 자료에 의하면 현재 중국의 인구는 13억 6천만 명으로, 이는 G7, 즉 미국, 영국, 독일, 프랑스, 캐나다, 이탈리아, 일본 등 일곱 나라의 인구를 합한 것보다도 더 많은 인구이며, 전 세계에서 가장 많은 인구이다.

RANK	COUNTRY	POPULATION	DATE OF INFORMATION
1	CHINA	1,367,485,388	JULY 2015 EST.
2	INDIA	1,251,695,584	JULY 2015 EST.
3	EUROPEAN UNION	513,949,445	JULY 2015 EST.
4	UNITED STATES	321,368,864	JULY 2015 EST.
5	INCONESIA	255,993,674	JULY 2015 EST.
6	BRAZIL	204,259,812	JULY 2015 EST.
7	PAKISTAN	199,085,847	JULY 2015 EST.
8	NIGERIA	181,562,056	JULY 2015 EST.
9	BANGLADESH	168,957,745	JULY 2015 EST.
10	RUSSIA	142,423,773	JULY 2015 EST.
11	JAPAN	126,919,659	JULY 2015 EST.
12	MEXICO	121,736,809	JULY 2015 EST.

그러나 사실 중국사람 중에 그들이 13억 6만 명이란 것을 믿는 사람은 그리 많지 않은 것 같다.

예를 들어, 중국은 4년에 한 번씩 인구통계조사를 시행하는데, 이때 戶口 없이 대도시에 거주하는 인구는 통계를 피해 숨기 때문에, 이들에 대한 인구 통계는 제대로 이루어지지 않는다.

즉 중국은 농촌 인구의 도시로의 유입을 통제하기 위하여 각 성마다 戶口라 불리는 호적을 관리하는데, 만일 농촌에 살던 사람이 도시로 이사를 하려면 도시의 戶口가 있어야 한다. 도시의 학교로 진학을 하든 아니면 도시에 있는 기업체에서 근무를 해야 戶口가 발행되는데, 이처럼 戶口를 취득하기가 어렵기 때문에 戶口 없이 몰래 도시에서 생활하는 농촌사람들이 많이 있다.

만약 적발이 되면 바로 농촌으로 추방이 되기 때문에 戶口 없이 도시에서 사는 사람들은 인구조사 기간이 되면 농촌으로 도망을 가거나 도시 안에 꽁꽁 숨어 산다.

또한 인구 조사원은 집집마다 직접 방문하여 신발, 가재도구, 심지어 칫솔의 숫자까지 일일이 검사를 하는데, 이 역시 허점은 있어서 집에 있으면서 문을 안 열어주면 조사원들은 어쩔 수 없이 아파트 관리실에 가서 가족 수를 물어 조사를 마친다. 이러다보니 도시에 숨어 사는 농촌 인구는 인구통계에서 빠질 수밖에 없게 된다.

또한 인구조사가 정확하지 않은 가장 큰 이유는 黑孩子, 즉 어둠의 자식들 때문일 것이다.

중국 정부는 지난 1980년대 초반부터 철저한 인구제한정책(계획생육정책)을 펴고 있는데, 즉 한 가구 한 자녀 낳기이다. 만약 아이를 둘 이상 낳게 되면 많은 벌금을 내야하고, 특히 공산당원이나 국영기업체에 근무하는 사람들이 이 규정을 어기면 상당한 처벌을 받기 때문에, 대부분의 중국인들은 한 가구에 한 자녀만 두는 것이 일반적이다. 이들 외동딸, 외동아들을 소황제, 즉 어린 황제라 부른다.

이른바 계획생육정책으로 중국 인구의 자연 증가율은 1970년 25.8%에서 2013년 4.92%로 다섯 배 정도 낮아졌다.

반면 둘째나 셋째를 낳은 후 벌금이 없는 가난한 사람들은 아이들을 입적시키지 않고 호적 없이 그냥 키우는데, 이들이 바로 흑해자, 어둠의 자식들이다.

현재 흑해자가 전국에 얼마나 되는가에 대해서는 정답을 찾기가 어려운 상황이며, 더욱 큰 문제는 이들이 호적이 없어서 학교에 다니지 못하기 때문에 교육수준이 형편없이 낮다. 그러다보니 성인이 되어서도 합법적인 일보다는 불법적인 일에 종사하는 경우가 많다는 점이다.

따라서 현재 13억 6천만이라는 중국의 인구통계에는 이들 흑해자가 포함되어 있지 않으므로, 이렇게 조사된 통계, 즉 13억 6천만 명이란 인구를 믿기는 어려울 것 같다.

■ 계획생육정책의 변화

계획생육정책에도 예외는 있어서, 장애가 있는 자녀를 낳은 경우, 소수민족, 부모 모두 형제자매가 없는 경우 등과 같은 일부 사례에 대해서는 계획생육정책에서 예외로 인정한다. 또한 홍콩과 마카오 같은 특별행정구와 중국에 거주하는 외국인들은 이 정책에서 배제된다.

그리고 2013년 11월 중국공산당은 제18기 중앙위원회 제3차 전체회의를 통해 각 가정에 한 자녀만 두는 것으로 제한해 온 '한 자녀 갖기' 정책을 사실상 폐지하고 부부 중 한 명이 독생자이면 두 자녀까지 허용하는 산아제한 완화 정책을 발표하였다.

이후 2015년 10월 말에는 북경에서 개최된 5중 회의에서 한 자녀 정책을 폐지하고 두 자녀 정책으로 변경하였으며, 2016년 3월 중국 양회에서 정식 제정하여 공식화되었다.

2. 중국의 소수민족

유구한 중국의 역사 속에서 등장한 민족의 수는 약 140여 종족에 달하지만, 수천 년 동안 동화과정 속에서 현재까지 남아 생존하고 있는 민족은 한족 이외에 55개의 소수민족이 있다. 이처럼 중국은 다양한 민족이 다양한 색채와 생활 양태를 그대로 지닌 채로 살아가는 통일된 다민족 국가이다.

현재 중국에는 13억 4천만 명 정도가 살고 있으며, 이중 91.5%는 한족이, 8.5%는 55개 소수민족이 차지한다. 8.5%라 하니 별것 아니라고 생각할 수 있겠지만, 13억 6천만 명의 8.5%면 1억이 넘는 인구이다.

현재 55개 소수민족 중 인구가 가장 많은 종족은 壯族으로, 1,692만 명 정도되며 주로 광서성, 운남성, 광동성에 살고 있다.

우리의 동포인 조선족도 이 안에 포함되며, 2010년 통계에 의하면 192만명이라고 한다.

이렇듯 다양한 민족이 함께 살아가다 보니, 우리나라와 같은 단일민족국가에서는 볼 수 없는 광경이 펼쳐지고는 한다.

즉 중국 서북쪽 신강성에 가면 중국인의 모습과는 완전히 다른 서역의 분위기를 느낄 수 있는 위구르족을 만날 수 있고, 서남쪽 티베트자치구에 가면 라마교와 관계가 있는 티베트 사람들을 볼 수 있다. 중국의 북쪽 영하회족자치구에 가면 중동사람들과 비슷한 종족을 만날 수 있는데, 그들이 이슬람교도이다. 이와 같은 중국의 소수민족은 자신들끼리만 거주하는 집단적 주거 형태를 보이기보다는 한족과 더불어 공존하는 형태를 유지하고 있다.

소수민족의 인구는 비록 중원의 한족에 비해 적지만, 지역 분포는 전국토의 64%에 달할 정도로 매우 넓다. 소수민족은 주로 중국의 서북부와 서남부, 동북지역에 살고 있는데, 5개 소수민족 자치구(自治區)와 30개 자치주(自治州) 그리고 116개 자치현(自治縣)으로 되어 있다.

이들 지역은 자원이 풍부하고, 중국의 변방지대에 있다는 중요성 때문에 중국 당국은 소수민족에게 자치권을 부여하여 한족과의 동화(同化)를 시도하고 있다. 소수민족 고유의 풍속습관 및 종교 신앙도 허용하고, 1자녀만 낳을 수 있게 하는 한족에 대한 강력한 인구 정책과 달리, 소수민족에게는 인구 제한 정책을 쓰지 않고 있다.

또한 자치구 지역으로 한족을 이주시켜 중국화하는 정책도 꾸준히 병행하여, 현재 티베트 지역을 제외한 대부분의 소수민족 지역에 한족의 인구 비율이 절반을 넘어서고 있다. 또한 소수민족의 인구는 계속 줄어들 가능성이 많다.

소수민족과 한족이 결혼하여 자녀를 낳았을 때, 그 자녀는 한족과 소수민족 중에서 선택할 수 있기 때문에 주로 한족을 선택하게 된다. 소수민족보다는 중국의 정통 민족인 한족이라는 신분을 취득하는 것이 앞으로의 생활에 유리하다고 판단하기 때문이다.

이렇게 다양한 민족으로 구성된 국가의 안정된 통일을 유지하기 위해서 중국은 모든 민족의 평등이라는 이념을 기반으로 하여 잘 짜여진 소수민족정책을 실시하고 있다. 이 정책은 무엇보다 소수민족의 지역자치를 시행토록 하며 민족 고유의 문화를 존중하고 그들의 언어와 문자를 사용하는 것을 권장한다.

또한 소수민족의 종교적 자유를 보장해주고 그들의 사회적 환경과 삶의 질의 개선과 발전을 도모함으로써 수많은 소수민족의 지지를 얻고 있다.

그러나 이와 같은 보장에도 불구하고 소수민족 지역은 단지 명목상의 자치 지역일 뿐이다. 한족이 최종적으로 통제를 하고, 소수민족이 중앙정계에 진출하기가 쉽지 않기 때문이다. 결국 소수민족의 정체성을 인정해준다는 중국 정부의 외형적인 배려는 하나의 중국을 위한 한족의 의도적인 측면이 강하다고 할 수 있다.

중국에서 민족을 결정하는 요인은 어느 특정한 민족이 공동의 언어, 공동의 주거지역, 공동의 경제생활, 공동의 문화라는 민족 형성의 네 가지 조건을 충족하고 있는가이다. 또한 개개의 민족이 독자적인 민족단위로 존재할 의사를 가지고 있는가 하는 것이다.

중국은 이러한 조건을 충족하고 있는 민족을 55개로 확정하여 소수민족으로 인정하고 있다.

중국 소수민족 중에서 인구가 가장 많은 민족은 장족(壯族)으로 약 1,600만 명에 이른다.

　인구가 500만 이상인 소수민족이 9개, 100~500만인 소수민족이 9개에 달한다.

　현재 중국은 소수민족 중에서 인구가 대략 1,000만 명이 넘으면 자치구로 인정해 주는데, 중국의 동북방에 있는 우리와 뿌리가 같은 조선족은 약 200만명 정도이기 때문에 자치구가 아닌 조선족 자치주(自治州)라고 불린다.

　■ 조선족

　조선족이 가장 많이 분포하는 지역은 길림성이며, 중국 내 조선족 전체 인구의 약 60%가 거주한다.

주요 거주 지역인 연변 조선족 자치주는 길림성 동남부에 위치하여 동으로는 러시아와 국경을 접하고 남으로는 두만강을 사이에 두고 북한과 마주하며 북으로는 흑룡강성과 연결된다.

한편 조선족은 근래에 들어 인구 증가가 정체되면서 여러 가지 요인으로 인하여 인구 감소가 이루어지고 있는 문제가 대두되고 있다.

조선족이 중국 내 도시 지역 및 한국 등 국외로 대규모 이주를 하면서 결혼적령기의 젊은 세대는 생활 조건과 환경 변화 등으로 인하여 결혼시기가 과거 세대에 비하여 늦어지고 있어 출생률이 떨어지고 있으며 또한 다른 민족과의 통혼도 증가하고 있다.

소수민족이 가장 많이 살고 있는 성은 운남성으로, 약 35개의 소수민족이 거주하고 있다. 특히 각 소수민족의 사회 발전상황과 생활의 질의 차이는 중국의 문화 지역 차이의 중요한 근원이 된다. 전체적으로 볼 때 서남 지역의 소수민족은 물질 생활 면에서 생활의 지수가 낮게 나타난다. 이는 운남성 지역의 소수민족이 갖고 있는 독특한 생활 풍속 때문이다.

【 인구 5백만 이상의 소수민족과 주거 지역 】

민 족	인 구	주요 주거 지역
장족(壯族)	1,618만	광서성, 운남성, 광동성
만주족(滿洲族)	1,068만	요녕성, 베이징, 하북성, 흑룡강성, 길림성
회족(回族)	982만	영하, 감숙성, 하남성, 신강, 청해성, 운남성
묘족(苗族)	894만	귀주성, 호남성, 운남성, 사천성, 광서, 호북성
위구르족(維吾爾族)	840만	신강
토가족(土家族)	803만	호남성, 호북성, 중경, 귀주성
이족(彛族)	776만	운남성, 사천성, 귀주성, 광서
몽고족(蒙古族)	581만	내몽고, 요녕성, 길림성, 하북성, 흑룡강, 신강
티베트족(藏族)	542만	서장, 사천, 청해성, 감숙성, 운남성

(『中國2000年人口普査資料』, 中國統計出版社, 2002년)

주목할 점은 이들 소수민족의 분포지역이다.

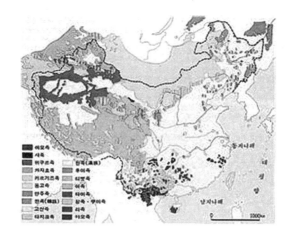

앞의 소수민족 분포도와 인구밀집도를 통해서 알 수 있듯이, 전체 인구의 8.5%를 차지하는 55개 소수민족은 대부분 중국의 서쪽에 거주한다. 즉 동북에서 서남으로 대각선을 그으면, 그 대각선의 좌측에 주로 55개 소수민족이 모여서 거주하는 것을 알 수 있다.

대신 인구의 90% 이상을 차지하는 한족은 그 대각선의 우측에 집중적으로 거주하는 것으로 나타난다.

그런데 그 대각선이 의미하는 것은 여러 가지가 있다.

즉 강수량, 평균기온 등 인간이 거주하기 적합한 여러 가지 척도를 중심으로 살펴보면, 모두가 대각선의 우측은 강수량도 적당하고, 평균기온도 온화하여 사람이 거주하기에 적합한 반면, 대각선의 좌측은 강수량도 적도, 기온도 너무 높거나 낮거나 하여 사람이 거주하기에 부적합한 땅임을 알 수 있다.

즉 현재 중국은 소수민족에 대해서 우대정책도 많이 펴고 있으나, 결국은 사람이 거주하기에 적합한 곳에는 대부분 한족이 집중적으로 거주하고 있음을 알 수 있다.

중국의 언어와 문자

사유의 구조는 사유 주체가 사용하는 언어의 특성과 밀접한 관계가
있다. 언어의 구조는 그 언어의 사용 주체가 공유하는 사유 방식의 특성과
밀접한 관계를 지닌다. 문화가 그 문화를 공유하는 사람들이 만들어 낸 모
든 유형·무형의 産物(산물)이라고 본다면, 문화는 그 문화를 만들고 향유
해 온 사람들의 사유 구조와 밀접한 관련이 있음을 알 수 있다. 그렇다면
문화는 그 문화를 공유하는 사람들이 사용하는 언어와도 밀접한 관련이
있으며, 언어 역시 그 언어권의 사람들에 의하여 영향을 받아왔다고 말할
수 있다.

또한 문자는 언어를 기록하는 수단이므로, 인간의 사유는 문자를 기
초로 이루어지며, 문자는 다시 인간의 사유를 통하여 다듬어지고 인간의
삶을 통해 변화한다고도 할 수 있다. 이러한 측면에서 본다면 漢字는 중
국 언어의 특징을 담지하고 있을 뿐만 아니라, 중국 문화와도 일정 정도

심각한 상호 영향 관계를 맺어 왔다고 말할 수 있다.

본 장에서는 중국 문화를 이해하기 위한 준비 작업으로, 중국 언어와 문자의 일반적인 특징에 대해서 잠시 얘기해 보고자 한다.

1. 중국 언어의 특징

일반적으로 우리는 '중국어'라고 얘기하지만, 사실 이러한 명칭은 일본 사람들에 의하여 만들어진 것이다. 중국인들은 그들의 언어를 '중국화(中國話)', '보통화(普通話), 또는 '한어(漢語)'라고 부른다. 이와 별도로 중국 언어를 지칭하는 것으로 '만다린(Mandalin)'이란 것도 있다. 중국 음식점 이름에도 심심찮게 보이는 이 명칭은 관화(官話)(Official Language)라는 의미를 지닌 범어(Sanscrit)를 음역(音譯)한 것으로, 방언(方言)이 유독 많았던 중국에서 중앙정부의 관리가 쓰는 언어를 지칭하는 명칭이었다.

다음에서 중국 언어의 일반적인 몇 가지 특징에 대해서 살펴보기로 하자.

1) 고립어(Isolating Language)

고립어란 간단히 정의하면, 성(姓), 수(數), 격(格), 시제(tense)에 따른 낱말의 형태 변화가 없는 언어를 지칭한다. 즉 굴절어에 속하는 영어나 교착어에 속하는 한국어의 경우에는 낱말의 형태 변화가 매우 다양하게 일어나지만, 고립어인 중국어의 경우는 낱말의 형태 변화가 결코 일어나지 않는다. 영어를 예로 들면 다음과 같다.

I see him.→He saw me.

영어의 1인칭 I의 경우, 주격으로 쓰이면 I로 쓰지만, 목적어의 자리에 오면 목적격으로 바뀌어 me가 된다. see라는 동사는 과거 시제에서는 saw라는 형태로 변화한다.

그러나 중국어는 그렇지 않다. 즉

我看他. → 他看了我.

주격이던 목적격이던 我와 他의 형태에는 변화가 없고, 과거 시제로 바뀌었어도 '보다'라는 의미의 동사 '看'의 형태에는 변화가 없다.

이러한 언어를 고립어라고 하며, 대표적인 고립어는 바로 중국어이다.

중국어가 고립어가 된 연원은 문자에서 찾을 수 있다. 즉 중국인들은 처음 문자를 만들 때 언어의 발음을 표기하는 음성부호를 문자로 삼은 것이 아니라, 언어의 의미를 나타내는 형상을 취하여 문자로 삼았다. 따라서 각각의 문자는 완전한 의미를 지님과 동시에 한 음절로 표기되는 음절문자였다. 이에 따라 문자의 형태를 변화하는 것은 불가능했던 것이다.

반면 이집트의 상형문자(hieroglyphic)는 자음만을 표기한 자음문자였기 때문에, 이후 점차 상형적 요소는 사라지고, 음성문자로 변화된 것이다. 특히 고대 희랍어의 경우, 어순(word order)이 비교적 유동적이었기 때문에, 문장을 쓰는 사람에 따라 낱말을 나열하는 순서가 각기 달랐고, 따라서 그러한 문장을 정확하게 읽어내기가 어려웠다. 이에 따라 고대 희랍어에는 엄격한 품사 구분이 필요했고, 이를 위하여 성, 수, 격, 시제에 따라 철저하게 형태를 달리하게 되었다.

2) 성조 언어(Tone Language)

세계의 언어는 성조의 유무에 따라 성조 언어와 비성조 언어로 나뉘어진다. 비성조 언어에서 음높이의 변화는 어조의 변화만을 나타낼 뿐, 의미를 변별하는 작용을 하지 않는다.

예를 들어, 영어 book<buk>의 음절은 발화 환경에 따라 음높이가 점차 하강하기도 하고 점차 상승하기도 하는데, 하강하면 서술형 어조가 되고, 상승하면 의문형 어조로 바뀐다. 그러나 어떤 경우에도 '책'이라는 의미는 전혀 변화하지 않는다. 그러나 중국어의 경우는 이와는 다르다. 예를 들어 'shū'라고 평평하게 읽으면 '책(書)'이란 의미이지만, 음높이를 점차 올려가면서 'shú'라고 읽거나(熟), 음높이를 점차 낮아지게 'shù'라고 읽으면(樹) 전혀 다른 의미가 된다. 이처럼 중국어의 특징 중 하나는 성조가 있다는 점이며, 성조는 성모, 운모와 마찬가지로 의미를 변별하는 기능을 한다. 현대 중국어에는 1, 2, 3, 4성의 기본 성조와 경성(輕聲), 반삼성(半三聲) 등이 있다.

성조 언어는 두 가지 유형으로 나뉘는데 하나는 고저형이고, 다른 하나는 선율형이다. 고저형의 성조언어는 음의 높낮이에 따라 성조가 구분된다. 아프리카와 미주의 성조언어가 대부분 고저형에 속하며 가장 적게는 고(高)와 저(低) 두 가지 성조만 있다. 반투어 중의 콩고어를 예로 들면 <laokolo>의 세 음절을 모두 저조로 읽으면 '종려열매'라는 의미이고, 뒤의 두 음절을 고조로 읽으면 '부적'이라는 의미가 된다. 나이지리아 서부의 요루바어의 경우에는 고, 중, 저의 세 가지 성조가 있는데, <owa>라는 두 음절을 모두 고조로 읽으면 '그가 온다'라는 뜻이고, 앞이 높고 뒤가 중간조이면 '그가 본다'라는 뜻이며, 앞이 높고 뒤가 낮으면 '그가 있다'라는 뜻이 된다.

선율형의 성조언어는 중국어처럼 음의 높낮이 이외에 오르내림의 변화에 따라 성조를 구분한다. 일반적으로 한장어족(漢藏語族; Sino-Tibetan Family) 언어의 성조는 모두 선율형이다.

어떤 언어에서 성조는 단어의 의미를 변별하는 기능외에도 어법적인 기능도 가지고 있다. 나이지리아의 남부 에도어의 경우 <i ma>의 두 음절을 모두 저조로 읽으면 "나는 자랑한다"이고, 앞을 높고 뒤를 낮게 읽으면 "나는 막 자랑하고 있는 중이다"라는 진행의 의미가 되며, 앞을 낮게 뒤를 높게 읽으면 "나는 자랑했다"라는 과거형이 된다.

3) 단음절어(mono-syllabic Language)

중국어는 단음절어이다. 단음절어란 하나의 음절이 의미를 지닌 최소의 음운단위인 것을 말한다. 즉 한 음절로 된 하나의 문자가 하나의 독립된 의미를 지닐 때, 이러한 언어를 단음절어라고 한다. 예를 들어 고대 한어의 경우 "學 而 時 習 之 不 亦 說 乎"(『논어(論語)』)라는 문장에서 각각의 낱글자는 하나의 음절이면서 하나의 독립된 의미를 지닌 낱말들이다.

그러나 현대 한어를 보면, 두 개 이상의 글자가 결합되어 의미를 갖는 다음절어(多音節語)가 훨씬 많다. 앞에서 예로 든 『논어(論語)』의 문장을 현대 한어로 바꾸어 보면, "學習 而且 按 時間 練習, 這 又 不是 很 喜悅 的 嗎?"가 될 것이다.

이 경우 學習, 而且, 時間, 練習, 喜悅 등의 단어는 물론 다음절어라고 할 수 있지만, 각각의 다음절어를 구성하고 있는 개별 글자들이 여전히 고유의 의미를 유지하고 있다는 점에서, 현대 한어 역시 단음절형태소 언어라고 해도 무방하다.

현대한어에서 이처럼 두 개 이상의 글자가 결합된 합성어(Affixation)의 비율은 약 90%를 차지한다.

4) 어순(word order)

중국어 어순은 영어와 같이 주어, 동사, 목적어의 순서이다. 한국어가 주어, 목적어, 동사인 것과는 사뭇 다르다. 따라서 한국인 중국어 학습자들은 중국어를 배울 때, 성조와 함께 어순 때문에 어려움을 느끼곤 한다.

중국어 어순은 영어와 유사하지만, 고립어라는 특징으로 인하여 '어순이 매우 고정적'이라는 특징을 지닌다. 가족을 그리는 마음을 노래한 宋代의 「寄懷一首」라는 시를 예로 들어 보자.

가족을 그리는 마음을 듬뿍 담아 객지에서 남편은 시를 적어 아내에게 보냈다.

孤燈夜守長寞寂, 夫憶妻兮父憶兒.
(외로운 등불은 한밤에 길고 긴 외로운을 지키고, 지아비는 아내를 그리워하고, 아비는 아이를 그리워하는구나)

아내는 남편의 시에 대해 답시를 적어 보냈다.

兒憶父兮妻憶夫, 寂寞長守夜燈孤.
(아이는 아비를 그리워하고, 아내는 지아비를 그리워하네, 적막함이 길고 긴 밤을 지키니 등불이 외롭구나)

한 글자도 바꾸지 않고, 다만 순서만 완전히 거꾸로 적어 보낸 것이다. 그러나 그 의미는 답시로 충분하다.

현대 한어의 경우에도, 주어와 목적어의 위치가 달라지면 그 의미가 완전히 달라진다. 예를 들어 '我愛你'라는 문장에서 주어와 목적어의 위치를 달리하여 '你愛我'라고 하면, "나는 너를 사랑해"라는 문장이 "당신은 나를 사랑해"라는 문장으로 바뀐다. 이는 중국어에 구조조사를 제외한 나머지 주격, 목적격 등의 조사가 없기 때문이다. 따라서 중국어에서는 문장의 어순이 문장의 의미를 결정지어주는 역할을 한다.

5) 방언(Dialect Language)

중국을 여행하다 보면, 각 지역별로 다양한 방언이 현재도 쓰이고 있음을 알 수 있고, 바로 이 점 때문에 의사소통에 문제를 겪기도 한다. 현재 중국어의 방언은 관화(官話), 오(吳), 상(湘), 공(贛), 객가(客家), 월(粤), 민(閩) 방언으로 크게 7가지로 구분하는 것이 일반적이다.

중국어 방언은 그 역사가 매우 오래된 것으로 보인다. 주(周)나라 때 이미 여러 가지 방언이 각 지역에서 사용되었고, 여러 제후국은 당시 주(周)나라의 말을 아언(雅言)이라 부르며, 외교상의 공식적인 언어와 시(詩)를 짓는데 사용하였다. 이처럼 오랜 역사를 지닌 중국어 방언은 사실 엄밀한 의미에서 보자면, 별개의 언어라고 해도 무방할 만큼 서로 다른 점을 지니고 있다. 그럼에도 이들 방언을 별개의 언어(Language)로 보지 않고, 중국어 내의 방언(Dialect Language)으로 보는 이유는 첫째, 중국이란 나라가 아주 오랜 역사를 지녀왔고, 오랜 기간 정치적 공동체를 유지하여 왔다는 점이다. 둘째, 유불도(儒佛道)의 종교를 오랜 기간 공유하여 왔기 때문에 정신적 공동체가 형성되어 왔다는 점이다. 셋째는 진시황(秦始皇)의 문자 통일 이후, 입말은 달라졌다고 해도 적어도 공식적은 글말만큼은 동일한 시스템의 '한자(漢字)'를 사용하여 왔다는 점이다.

물론 한자를 사용하여 왔다고 해서, 각 지역의 방언을 한자로 그대로 옮겨 적었을 때, 의사소통이 100% 가능하다는 것은 아니다. 즉 오늘날의 상해말을 한자로 그대로 적는다고 해서, 북경 사람들이 그 문장을 정확하게 읽어낼 수 있는 것은 아니다. 다만, 경학(經學)을 중시해 온 중국인들은 입말과 다른 고문(古文)을 암기했고, 고문(古文)을 쓰는 문형만큼은 방언의 차이와는 무관하게 항상 일관된 질서를 유지하여 왔기 때문에, 어느 정도 배운 사람들의 경우에는, 각지의 방언과는 무관하게, 고문(古文)의 문형으로써 문장을 써 왔다. 따라서 한자를 통하여 의사소통이 가능했다고 말할 수 있는 것이다.

■ 광동어란 무엇인가?

광동어는 광동성(廣東省) 일부와 광주시(廣州市) 및 홍콩의 표준방언이며 영어로는 'Cantonese'라고 한다. 광주의 주강(珠江) 삼각주 유역을 중심으로 광동성(廣東省)의 남서부와 광서성(廣西省) 남동부 일대에 분포하며, 사용인구는 약 4700만 명으로 추정된다. 인도차이나 지역 화교의 반수가 광동인이며, 북미 캘리포니아 화교 중에도 광동계가 많기 때문에, 동남아와 북미 화교들 사이에 가장 많이 쓰이는 중국어 방언이다. 이 방언 지방은 옛날의 남월(南越) 또는 백월(百越)에 해당되는데, 중원(中原)에서 이주한 사람들이 문화를 전달하였으며, 근세에도 스스로를 당인(唐人)이라 칭하고 자신들의 말을 당화(唐話)라고 부른다.

자음의 수는 600개 정도로 북경어(北京語)의 400개보다 많으며, 수(隋), 당(唐) 등 중고(中古)시대의 한자음 체계를 잘 보존하고 있다. 예를 들어 북경어에 없는 -p, -t, -k의 입성(入聲)과 -n, -m의 파열음미(破裂音尾)가 있고 아홉 개의 성조(음운적으로는 6종)가 있다. 또한 발음과 어휘뿐만 아니라 통사면에서도 차이를 보인다. 우리가 영화를 볼 때 중국어는 중국어인데, 어딘가 말이 빠르고 고저의 변화가 무쌍한 중국어가 있다면, 광동어일 가능성이 높다. 유덕화(劉德華), 성룡(成龍), 이연걸 등 홍콩 배우들이 주로 쓰는 말이다.

6) 입말과 글말

1919년 5·4 운동 이후, 중국에서는 신문화운동이 활발히 전개되었다. 그 중 하나가 바로 문체개혁운동인데, 간단히 요약하면 '말하는 그대로 쓰자'는 것이었다. 즉 중국인들은 그전까지 말하는 그대로를 글로 적는 것이 아니라, 고문(古文)의 문형에 따라 다시 한 번 다듬어서 글로 적어왔다.

따라서 사고하는 그대로를 글로 표현하지 못했으며, 글을 읽고 이해할 수 있는 사람들의 층도 얇을 수밖에 없었다. 따라서 '민주주의'와 '과학'을 부르짖던 20세기 초반의 중국인들은 문체개혁을 주장할 수밖에 없던 것이다.

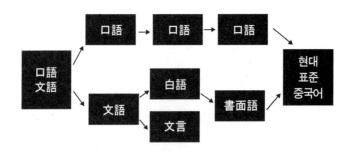

그렇다면 중국인들의 글말과 입말과 달라지게 된 원인은 무엇인가?

■ 진시황(秦始皇)의 분서갱유(焚書坑儒)

봉토건국(封土建國), 즉 봉건제(封建制)를 처음 시작한 주(周)나라 천자(天子)는 각 제후국의 충성을 담보하기 위하여 제후국의 왕들과 이중계약을 맺는다. 하나는 군신(君臣)의 관계이고, 하나는 혈연(血緣) 관계이다. 그러나 세월이 지나면서 피로 맺은 관계는 점차 희석되고, 군신(君臣)의 관계마저 냉랭해지면서, 천자(天子)의 권위는 땅에 떨어지고, 서로 전국의 패권을 탐내는 춘추전국(春秋戰國)시기가 도래하게 된다. 기존의 가치관이 붕괴되면서, 그들에게는 새로운 통치 이데올로기가 필요했는데, 바로 이때 활발하게 활동한 사람들이 제자백가(諸子百家)이다.

그들은 나름대로의 논리를 펴면서 새로운 질서를 만들고자 했는데, 공자(孔子)를 비롯한 수많은 제자(諸子)들이 실패한 반면, 법가(法家) 사상가들만이 유일하게 정치적으로 성공을 거둔다.

즉 진(秦)나라는 법가 사상을 채택하여 강력한 법치주의(法治主義)를 표방하며, 모두의 예상을 깨고 동방의 여섯 나라 연(燕), 제(齊), 초(楚), 한(漢), 위(魏), 조(趙)를 차례로 점령하며 중국 최초의 통일왕조를 건국한다. 진시황(秦始皇)은 통일 후 분서갱유(焚書坑儒)을 통하여 철저하게 유가(儒家) 사상을 통제하였다.

바로 이어진 한(漢)나라는 진(秦)나라 패망의 이유를 철저하게 분석하였다. 그들이 내린 결론은 법가 사상이 민심(民心)을 얻는데 실패했기 때문이라는 것이었다.

따라서 그들은 공자(孔子)의 유가(儒家) 사상을 새로운 통치 이데올로기로 삼고, 이를 국교(國敎)로 승격시킨다. 문제는 짧은 기간임에도 진(秦)나라의 철저한 유가사상 배척으로 인해, 유가사상에 대한 전범(典範)이 구축되지 않았다는 점이다. 이에 한(漢)나라는 박사(博士)를 세우고, 전국에 흩어져 있는 유가의 서적을 구하고, 머리 속에 유가의 경전을 외우고 있는 노인(老人)들을 직접 찾아가 한 줄 한 줄 귀하게 수집하였다. 문제는 각 지역의 방언과, 제한된 암기력, 그리고 노인들의 부정확한 발음 등으로 인하여, 한(漢)나라의 권의를 상징하는 유가 경전으로서의 품위에 맞지 않았다는 점이다. 이에 박사(博士)들은 수집된 자료와 기록된 내용들을 갈고 다듬기 시작한다. 점차 당시의 언어와는 괴리되기 시작한 것이다.

경전(經典)으로 승격된 이러한 유가 서적들의 문형은 과거시험을 통과하기 위해서 반드시 암기해야 할 텍스트가 되었고, 글공부를 하는 서생들은 자신들의 입말과는 이미 달라진 이러한 문형 스타일로 글을 적기 시작하였다.

■ 송대(宋代)의 설화인(說話人)

입말은 시대의 변화에 따라 계속 변화되어 왔지만, 글로 기록되는 글말은 문형이 고정되어 있었기 때문에 큰 변화 없이 줄곧 이어져 왔다. 이에 따라 입말과 글말의 차이는 점차 커질 수밖에 없었다.

당대(唐代)에는 중국의 불교(佛敎)가 흥성하였다. 불교가 흥성했다는 것은 결국 사찰(寺刹)에 많은 돈이 모인다는 것이고, 대부분의 종교집단이 그러하듯이, 당대(唐代)의 승려들 역시 모인 돈을 들고 각지에 포교활동을 떠나기 시작했다. 그러나 당시의 인민들은 어렵고 고리타분한 불교의 교리를 들어낼 만한 참을성이 부족했다. 승려들은 고민을 했고, 결국 사람들을 모아 차(茶)를 대접하며(중국의 차(茶)가 민간에 대중화된 것도 바로 이 시기이다), 재미있는 옛날이야기와 노래를 적절히 섞어가면서 인민들에게 불교에 대한 이야기를 전파하기 시작했다. 반응은 매우 좋았다.

송대(宋代)에 지방 소도시가 발전하면서, 새로운 돈벌이를 찾는 사람이 많아졌다. 그들은 당(唐)나라 승려들이 사람들을 모아 놓고 노래와 설교를 함께 하는 것을 보면서, 새로운 창업 아이템을 찾아냈다. 즉 사람들을 모아 놓고 재미있는 이야기를 들려주는 전문 이야기꾼, 설화인(說話人)이 등장한 것이다.

설화인(說話人)들은 사람들을 모아놓고 이야기를 재미있게 하기 위해서 연습을 했다. 그 연습을 위해 사용된 대본은 평이하고 질박한 용어로써 말을 하듯이 적어 놓은, 백화(白話)의 형태였다. 왜냐하면 원고를 외워 그대로 사람들 앞에서 이야기를 해야 했기 때문이다.

이러한 설화인(說話人)들의 이야기 대본, 즉 화본(話本)은 결국 송(宋)나라 때 발전한 인쇄술의 도움을 받아 책으로 출판되었고, 이러한 화본(話本)소설이 결국 중국 백화소설(白話小說)의 효시가 되었다.

물론 이러한 백화(白話) 역시, 문언(文言)보다는 입말과 가까워졌지만, 여전히 말하는 그대로를 적은 것이라고는 할 수 없었기 때문에, 이를 서면어(書面語)라고 부른다.

2. 중국 문자의 특징

중국어를 학습하는 많은 학생들은 중국어를 학습할 때 한자학습이 가장 어렵다는 대답을 자주 한다. 그 이유는 크게 두 가지로 나뉘는데, 첫째는 한자의 자형이 너무 복잡하다이고, 다른 하나는 외워야 할 한자의 수가 너무 많다라는 점이다.

일반적으로 처음 중국어를 공부할 때 b p m f 등 중국어 발음체계와 발음을 나타내는 기호인 한어병음을 배우는데, 한어병음은 중국의 문자가 아니다. 중국의 문자는 한자, 그 가운데에서도 현대 한자는 바로 간체자인데, 간체자에 대한 학습 없이 바로 你好吗?로 넘어간다. 따라서 한자에 대한 교육은 고스란히 학생들의 몫으로 넘어가며 전문적인 교육은 이루어지기 어렵다.

하지만 한자는 중국어를 공부하기 위해서 반드시 해야 할 부분이며, 동시에 중국어와 상관없이 한국 사람이 한국에서 한국어를 잘하기 위해서도 반드시 알아야 한다. 통계에 의하면 한국어 어휘의 약 70%가 한자로 이루어진 한자어라고 한다.

중국, 문화, 교재, 대학교 등 우리가 즐겨 사용하는 어휘의 대부분이 한자로 이루어진 한자어인 것이다.

따라서 한국 사람은 중국어를 배우기 위해서 뿐만 아니라 한국말을 잘하기 위해서도 반드시 한자 공부를 해야 한다.

그런데 많은 사람들이 한자에 대해서 부담을 느끼고, 이런 부담으로 인해 한자 학습을 게을리 하곤 한다. 그러니 아는 한자가 별로 없게 되고,

한자는 복잡하고 외워야 할 게 많은 골칫덩이라고 생각하게 되는 것이다.

하지만 기본 부수 214개를 익히고, 이들의 결합방식인 육서를 통해서 한자를 학습한다면, 한자는 오히려 쉽고 재미있는 작업이 될 수 있다.

우리는 한자를 많이 사용하면서도, 한자에 대한 기본적인 지식마저 부족한 경우가 많다. 다음에서는 한자와 관련된 몇 가지 특징에 대해서 살펴보기로 하자.

1) 한자는 누가 만들었을까

누가 처음 한자를 만들었을까. 춘추시대(春秋時代)의 학자들은 이 문제를 해결하기 위하여 창힐(倉頡)이란 인물을 만들어냈다.(창힐작서설(倉頡作書說)). 문헌에 등장하는 창힐(倉頡)의 지위 역시 시간이 갈수록 승격된다. 즉 상고(上古)시대의 한 사람, 황제(黃帝)의 사관(史官), 심지어 창힐(倉頡)이 황제라는 주장까지 나오게 된다. 또한 창힐(倉頡)이 처음 한자를 만들어낸 방법 역시 '어려서부터 알고 있었다'. '태어날 때 이미 알고 있었다' 등으로 확대되면서 창힐(倉頡)의 가치를 높였다. 심지어 상형문자라는 한자 형태의 특징을 참고하여, 창힐이 날아가는 새와 들짐승의 발자국 등을 보고 한자를 만들어냈다는 주장도 나오게 되었고, 이러한 주장은 결국 창힐(倉頡)에게 우리와 같은 범인들이 보

창힐(倉頡)

지 못하는 것까지 볼 수 있도록 두 개의 눈을 더 달아주게 되었다.

　그러나 한자는 한 개인에 의해서 단기간에 만들어졌을 가능성이 없고, 또한 창힐(倉頡)이 실존했다는 명확한 증거자료도 없기 때문에 춘추시대 학자들의 이러한 주장은 사실로 받아들이기 어렵다. 다만, 창힐이 어려서 한자를 좋아했고, 평생 한자와 관련된 일을 하였다는 순자(荀子)의 언급은 참고할 만하다.

■ 문자 탄생 이전 시기의 원시적 의사소통 수단

　문자가 만들어지기 이전, 고대 중국인들은 어떠한 방식으로 서로의 의사를 소통하였을까.

　우리가 알 수 있는 방법 중에는 결승(結繩), 즉 매듭문자가 있다. 문자가 없어서 멸망했다는 고대 잉카제국의 문명 중에도 얼마 전 매듭문자가 있었다는 주장이 나온바 있다.

　매듭을 묶는 방식과 매듭의 모양, 묶인 매듭의 수, 줄의 길이 등을 다양하게 변화시키면, 우리가 상상하는 것 이상으로 복잡한 내용을 매듭을 통해서 기록할 수 있었다. 물론 결승(結繩)은 중국 고유의 것은 아니었고, 전세계 고대문명에서 공통적으로 사용하였던 원시적인 의사소통 혹은 기억보존의 방식이었다.

　이외에도 서계(書契), 혹은 부절(符節)이라 불리던 나무판도 있었다. 즉 어떤 사항에 대해서 당사자끼리의 약속 내용을 나무판에 그린 뒤, 이를 둘로 쪼개어 하나씩 가지고 있다가, 그 내용을 이행해야할 시점이 되면, 서로 보관하고 있던 나무판을 합하여 서로의 기억을 보조하는 수단으로 활용되었다.

그러나 이러한 방법들은 아직까지 문자와는 거리가 멀다. 왜냐하면 결승(結繩)은 본래 기억을 보조하고, 모종의 사건을 전달하는데 사용된 것이기 때문에 문자와 상당히 비슷한 역할을 했다. 하지만 첫째, 문자란 언어의 시공(時空)의 결점을 보완하기 위해 생겨난 것이므로 언어가 갖는 모든 효용을 모두 발휘할 수 있어야 하는데, 결승(結繩)은 단지 기억을 도와주거나 특정한 사실을 표현하는 기능을 하는데 불과하기 때문이다.

둘째, 문자는 어떤 약정된 일종의 부호로서 존재하지만, 결승은 자연물의 구성에 의한 실체(實體)로서 존재하기 때문이다.

셋째, 문자는 광범위한 사회성을 지니고 있는 것이기 때문에 동일한 생활범위 이외의 사람에게까지 전달할 수가 있으나 결승은 단지 개인이나 몇 사람간의 모종의 기억이나 행위만을 위하여 확정된 기호에 불과하므로 사회적 의의를 지니지 못하기 때문이다.

넷째, 결승은 목적한 바가 완료되면 그 실효성을 상실하므로 언어의 기록 혹은 전파의 작용을 할 수가 없다.

다섯째, 한자는 갑골문 이후 현재까지 형태 변화에 있어 일정한 계통성을 지니고 있지만, 결승은 갑골문과 아무런 형태적 연관성을 찾을 수 없다.

따라서 결승은 문자의 기원이나 문자로 볼 수 없으며, 문자가 생겨나기 이전에 인간의 기억을 보조하고 의사를 전달하는데 사용된 보조적인 수단으로밖에 볼 수 없다.

서계(書契)는 결승과 달리 부호로서 표기된 것이다. 따라서 결승에 비하자면 훨씬 더 문자에 접근한 것이라고 볼 수 있으며, 전달이 쉽기 때문에 사회적 전파력 역시 강하다고 할 수 있다. 그러나 사용되는 부호에 고유한 음(音)이 없고(현재까지 문자학계에서 서계에 음이 존재했었다는 가정은 아무도 하지 못하고 있다), 전달할 수 있는 내용이 극히 일부(수량 등)에 불과하므로 역시 문자로 보기는 어렵다.

서계가 비록 문자로서의 요건은 갖추지는 못했지만, 한자의 순수 지사자인 숫자가 바로 이 서계의 습관에서 생겨난 것이라고 추측할 수는 있다.

2) 한자의 변천

(1) 도자기에 새겨진 문자 – 도문(陶文)

한동안 최초의 한자는 갑골문(甲骨文)으로 인정하여 왔다. 그러나 최근 섬서성(陝西省) 반파(半坡) 등을 중심으로 앙소문화(仰韶文化) 시기의 도문(陶文)이 발견되면서, 한자의 역사는 수천 년 소급될 가능성이 있다.

위의 그림은 반파(半坡)에서 출토된 도자기의 파편들이다. 이를 복원하면 그릇의 주둥이 부분에 한 글자씩 문자가 새겨진 것임을 알 수 있는데, 도자기에 새겨진 문자라는 뜻에서 이를 '도문(陶文)'이라고 부른다.

다만, 도문(陶文)을 문자로 인정할 것인가에 대해서는 학자마다 이견이 있기 때문에, 아직까지는 최초의 한자라고 단정할 수는 없다. 하지만 보다 많은 도문(陶文)이 발견되고, 이에 대한 연구가 진행된다면, 도문(陶文)이 최초의 한자가 될 가능성을 배제할 수는 없다.

(2) 거북의 배딱지에 새겨진 갑골문(甲骨文)

1899년, 북경(北京)의 국자감(國子監) 재주였던 왕의영(王懿榮)은 달인당(達仁堂)에서 지어온 자신의 약재 속에서 문자를 발견한다. '용골(龍骨)'이라 불리던 이 짐승의 뼈 조각에는 무언가 문자 비슷한 것이 새겨져 있었는데, 일반인의 눈에 띄지 않던 이 문자들은 금석학(金石學)에 조예가 깊었던 왕의영(王懿榮)의 눈에 띄었다.

이후 용골(龍骨)이었던 이 약재는 중국 최초의 문자로 새로 태어나게 된다.

지금으로부터 약 3,500~3,800년 전의 상(商)나라 사람들은 국가의 중대사나 왕(王)의 일상에 대해서 점을 쳤다. 즉 전쟁, 사냥, 제사, 상왕(商王)의 혼례(婚禮), 왕후(王后)의 출산(出産) 등을 앞두고 그들은 손질된 짐승의 뼈에 찬(鑽)과 착(鑿)이라는 홈을 파고, 그 뒷면을 불로 지져 갈라지는 홈의 모양새에 따라 길흉을 판단했다. 아래 그림 중의 검게 그을린 흔적들이 바로 점을 친 흔적들이다.

그들은 점은 친 후, 점을 친 날짜, 정인(貞人)의 이름, 점 친 내용, 점 친 결과를 가장 자리 혹은 뒷면에 새겨 두었는데, 바로 이렇게 새겨진 문자를 우리는 '갑골문(甲骨文)'이라고 부르며, 바로 이 갑골문(甲骨文)이 현존 최고(最古)의 한자이다.

지금까지 발견된 갑골 조각의 수는 학자들마다 편차가 큰데, 많게는 15만 조각, 적게는 10만 조각이라는 주장이 있다.

대부분의 갑골(甲骨)은 반경(盤庚)이란 왕이 商나라의 도읍을 은(殷)으로 옮긴 이후, 주(周)나라에 의하여 멸망할 때까지의 273년간 만들어진 것이다.

발견 초기에는 은(殷)나라의 문자이므로 은상(殷商) 문자, 점을 칠 때 사용된 문자이므로 정복(貞卜)문자, 혹은 은허서계(殷虛書契) 등의 명칭으로 불렸으나, 점을 칠 때 가장 많이 사용된 재료가 거북의 배딱지(귀갑(龜甲)와 짐승의 뼈(수골(獸骨))였기 때문에 귀갑수골(龜甲獸骨) 문자로 불리게 되었고, 이후 줄여서 '갑골(甲骨)' 문자가 되었다.

—— 소의 어깨뼈(肩胛骨)   —— 거북의 배딱지(龜甲)

현재까지 발견된 자종(字種) 수는 약 5천자 정도이며, 이 중 자음(字音)
과 자의(字義)가 모두 명확하게 고석된 것이 약 천 자, 자음(字音)은 불명
확하지만 편방의 구조와 자의의 추정이 가능한 것이 약 800자이다.

갑골문은 최초의 한자라는 점에서도 큰 의의가 있지만, 상(商)나라 사
람들의 사유의 방식과 일상의 모습을 반영하고 있다는 점에서 중국 고대
문화사 연구에서 차지하는 비중 역시 매우 높다.

(3) 청동기에 주조된 금문(金文)

고대 중국인들에게 청동기(靑銅器)의 발명은 핵폭탄의 발명에 버금
가는 대단한 것이었다. 새로운 청동기 무기를 든 종족은 마제석기(磨製石
器)를 들고 투항하는 방국(方國)과 싸워 자신들의 역량을 확대해 갔다. 그
들에게 청동기(靑銅器)는 권위를 상징하는 것이었다.

주(周)나라 사람들은 이러한 청동기(靑銅器)의 내부에 문자를 새겨 넣
었다.

갑골문(甲骨文)에서 금문(金文)으로의 변화는 단순히 서사(書寫)재료가 짐승의 뼈에서 청동기로 바뀌었다는 것 외에도 한자의 발전에 많은 영향을 끼쳤다.

첫째는 한자의 수가 증가했다는 점이다. 갑골문은 주로 점을 친 내용을 기록한 것이었기 때문에, 사용된 한자의 종류에도 제한이 있었다.

그러나 금문은 제후국 왕의 집안 내력을 적거나, 큰 공을 세운 선조의 공덕을 칭송하거나, 시집가는 딸에게 혼수로 청동 세수대야를 주면서 집안 자랑을 하는 등 그 내용이 갑골문에 비하여 훨씬 다양해졌기 때문에, 새로운 한자가 많이 필요하였다.

둘째는 한자의 모양이 보다 방형(方形)으로 정형화되었다는 점이다. 이는 청동기에 글자를 새겨 넣은 과정이 갑골문과는 달랐기 때문이다. 즉 갑골문은 원시적인 도구로 딱딱한 짐승의 뼈에 글자를 새겨 넣은 것이었으므로, 필획이 날카롭고 곡선이 거의 없다. 반면 금문은 청동기를 주조하는 과정에서 모(模)와 범(範)을 만들어 찍어 넣은 형식이었기 때문에, 필획이 두툼하고 곡선이 많으며, 글자와 글자의 간격이 균일하고 글자의 모양도 보다 섬세해졌다.

황하 유역의 섬세한 황토 흙은 정교한 청동 문양이나 크기가 작은 금문(金文)을 새겨 넣을 수 있는 토대(infla)를 제공하였다.

(4) 대전(大篆)과 소전(小篆)

주(周)나라 천자(天子)의 권위가 떨어지면서, 각 제후국은 주(周)나라의 문물 대신 고유의 것을 만들고 싶어했다. 이에 기존에 동일했던 화폐, 도량형, 수레의 궤폭 등이 달라지게 되었고, 문자 역시 조금씩 달라졌다.

—— 대전(大篆)

진시황(秦始皇)은 전국을 통일한 뒤, 통일 전에 자신들이 사용해 왔던 대전(大篆)을 조금 개량한 소전(小篆)을 만들고, 이를 전국의 공용문자로 선포하였다. 중국 최초의 문자 개혁이다.

간과할 수 없는 사실은, 대전(大篆)은 주(周)나라의 금문(金文)과 크게 다르지 않았다는 점이다.

즉 동방의 육국(六國)이 조금씩 다른 문자, 즉 고문(古文)을 만들어 사용할 때, 진(秦)나라만큼은 주(周)나라의 문자를 거의 그대로 쓰고 있었다.

진시황(秦始皇)은 전국 통일 후, 당연히 자신들의 문자인 대전(大篆)을 토대로 소전(小篆)을 만들었고, 이를 가지고 전국의 문자를 통일한 것이다.

만일 진(秦)나라가 아닌 동방의 여섯 나라 중 한 나라가 전국을 통일하고, 그들의 문자를 가지고 전국의 문자를 통일했다면, 오늘날 갑골문, 금문으로 이어지는 한자의 역사에 다소간의 공백이 생겼을 가능성도 전혀 배제할 수는 없다. 바로 이 점이 진시황(秦始皇)이 한자에 미친 영향이다.

■ 진시황(秦始皇)의 서동문(書同文)

전국(戰國) 시대에는 사회, 경제 및 문화가 이전 시기에 비해 급성장을 했고, 이에 따라 문자의 사용 범위나 사용 계층 역시 확대되면서 한자가 변화와 발전을 거듭하게 된다. 하지만 정치적으로는 전국(戰國) 칠웅(七雄)이 할거하며 끊임없이 전쟁을 벌이던 혼란기였기 때문에 동일한 체계의 한자를 사용하는데도 불구하고 자체(字體)는 나라마다 차이가 심하게 되었다.

통일 이전에야 각국에서 개별 문자로 사용되어 별 문제가 없었을 것이지만, 전국이 통일된 후에는 중앙집권 정치를 위해서 당연히 문자 통일의 필요성이 생겨날 수밖에 없었을 것이다.

현존하는 전국(戰國) 시대의 자료들을 보면 한 글자에 대해 여러가지 이체자(異體字)가 존재하고 있어서 통일 후에는 공동으로 사용하는 기록 수단이 필요해졌으리라는 것을 짐작할 수 있다. 그런 까닭에 진시황(秦始皇)은 통일 이후 "書同文(동일한 문자 쓰기)"이라는 문자 통일 정책을 펼쳐 진(秦)에서 원래 쓰던 문자인 대전(大篆)을 개량한 소전(小篆)을 정자(正字)로 삼고 기타 다른 지역에서 통용되던 각종 이체자들은 모두 폐기시켰으며, 새로 제정된 소전을 보급시키기 위해 글자 교본을 편찬했는데 그것이 바로 이사(李斯)의 『창힐편(蒼頡篇)』, 조고(趙高)의 『원력편(爰歷篇)』, 호무경(胡毋敬)의 『박학편(博學篇)』이다.

(5) 하급관리들의 실용적인 문자, 예서(隸書)

진시황(秦始皇)에 의하여 전국의 문자는 소전(小篆)으로 통일되었으나, 당시 매우 바쁜 하루를 보내던 하급 관리들에게 소전(小篆)은 불편하기 짝이 없었다. 왜냐하면 소전(小篆)은 구불구불 이어지는 필획으로 인해, 글자를 쓰기도 어려웠을 뿐만 아니라, 잘못 읽는 경우도 많았기 때문이다. 이로 인해 딱딱 끊어써서 알아보기 쉬운 새로운 문자가 탄생하게 된다.

이 새로운 문자를 '예서(隸書)'라고 부르는데, 이 명칭에는 예서(隸書)에 대한 경시(輕視)가 반영되어 있다. 즉 '예(隸)'란 '노예'를 지칭하는 것으로, 당시 옥리(獄吏)처럼 신분이 낮은 계층에서 또박또박 끊어쓰는 예서(隸書)를 쓰고, 높은 신분의 사람들은 여전히 소전(小篆)을 썼기 때문에 붙여진 명칭이다.

우리가 요즘 '국(國)'자는 11획이다라고 말할 때 획(劃)이란, 한 번 붓을 종이에 댔다가 떼어내는 횟수를 의미한다. 바로 이러한 획(劃)의 개념이 처음 적용된 것이 예서(隸書)이며, 이에 우리는 한자를 고문자와 금문자로 구분할 때, 금문자의 시작을 예서(隸書)부터로 삼는다.

(6) 휘갈겨 쓴 초서(草書)

구불구불 이어지던 소전(小篆)의 필획을 딱딱 끊어썼던 예서(隸書)는 알아보기 쉬었던 반면에 쓰기가 불편했다. 왜냐하면 당시의 서사(書寫) 도구가 오늘날의 볼펜 같은 것이었다면, 쓰기 편했겠지만, 붓으로 종이에 글자를 써야했기 때문에, 딱딱 끊어써서 필획의 양끝이 뭉툭했던 예서(隸書)는 글자를 빨리 쓰기에는 불편함이 있었다. 이에 중국인들은 딱딱한 예서(隸書)를 빠른 속도로 휘갈겨 쓰는 새로운 서체(書體), 초서(草書)를 만들어냈다.

이 구 진 / 陶淵明의 詩 50 × 200
LEE, GOO-JEON / Tao Yun Myohg's Poem

그러나 초서(草書)는 빨리 쓴다는 장점이 있었던 반면, 글자를 알아보기 힘들다는 단점을 지니게 되었다. 즉 초서(草書)는 장초(章草)—금초(今草)—광초(狂草)의 단계로 발전하면서, 글자의 일부를 생략하거나, 윤곽만을 휘갈겨 쓰게 되었고, 이에 쓴 사람조차 잘 알아보기 어려울 정도로 변화된 것이다.

따라서 이때부터 초서(草書)는 언어를 기록하는 문자로서의 역할 외에 심미적인 만족감을 충족시키는 예술의 장르로 발전하게 되었다. 서예(書藝)의 시작인 것이다.

(7) 가장 모범적인 해서(楷書)

예서(隷書)의 알아보기 쉽다는 장점과 초서(草書)의 빨리 쓸 수 있다는 장점을 결합하여 탄생한 서체(書體)가 바로 해서(楷書)이다. 해서(楷書)는 위진남북조(魏晉南北朝) 시기에 서서히 등장하다가 당대(唐代)부터는 한자(漢字)의 가장 전형적이고 모범적인 서체(書體)가 되었다.

오늘날 우리가 사용하는 한자(漢字)는 해서(楷書)에 해당된다.

(8) 해서(楷書)의 필기체, 행서(行書)

초서(草書)의 서법(書法)이 유행하고 있던 시기, 새로운 해서(楷書)의 등장은 초서(草書)의 전통을 쉽게 받아들였다. 즉 해서를 초서의 서법(書法)으로 쓴 행서(行書)가 등장한 것이다. 그러나 행서(行書)는 초서(草書)와는 달리 해서(楷書)를 빨리 휘갈겨 썼음에도 필획을 생략하지는 않았기 때문에, 초서(草書)처럼 알아보기 힘들지는 않았다. 오늘날 해서(楷書)를 만일 손으로

쓴다면, 넓은 의미에서 행서(行書)라고 할 수도 있다. 따라서 행서(行書)는 해서(楷書)의 보조 서체(書體)로써 오늘날까지 즐겨 사용되고 있다.

(9) 인민을 위한 간체자(簡體字)

1949년, 모택동(毛澤東)은 새로운 중국(新中國)을 건국하였다. 그러나 그에게 남겨진 것은 가난하고 헐벗고 무식한 노동자, 농민, 부녀자였다. 보다 큰 문제는 그들 대부분이 문맹(文盲)이었다는 점이다. 모택동(毛澤東)은 한자 학습의 어려움이 첫째, 한자의 모양이 너무 복잡하다.

둘째, 외워야 할 한자가 너무 많다,

셋째, 각 지역마다 방언(方言)과 음(音)의 차이가 커서 동일한 글자임에도 발음이 서로 상이하다라는 것을 알고, 바로 한자개혁을 시작한다. 진시황(秦始皇) 이후 두 번째 한자 개혁인 셈이다.

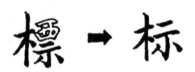

우선, 한자간화(漢字簡化) 통하여 복잡한 한자의 필획을 간단하게 변형시킨 간체자(簡體字)를 만들었다. 물론 수만 자에 이르는 모든 한자의 모양을 간화(簡化)한 것은 아니었고, 2,262자에 대해서 간화(簡化)를 진행하였다.

둘째, 잘 쓰지 않는 벽자(僻字), 고자(古字)를 없애고, 동일한 글자임에도 모양만 조금씩 다른 이체자(異體字)들을 폐기함으로써, 외워야 할 한자의 수를 대폭 줄였다.

셋째, 영문 자모를 가지고 한자의 발음을 병기해 주는 한어병음(漢語拼音)을 채택하여 한자의 발음을 통일하였다.

■ 반절(反切)이란 무엇인가?

알파벳 자모로써 중국어의 발음을 표기하기 전에는 어떻게 한자의 발음을 표기했을까?

동한(東漢)시기부터 줄곧 한자의 발음을 표기해온 가장 전통적인 음 표기법은 반절(反切)이다. 반절(反切)이란 반절(反切) 상자(上字)와 하자(下字)로써 한 글자의 성모(聲母)와 운모(韻母)의 음(音)을 표기하는 방식이다. 예를 들면 다음과 같다.

東, 德紅切

반절상자인 덕(德)의 성모는 [d]이고, 반절하자인 홍(紅)의 운모는 [ong]이다. 이 둘을 합하면 [dong]가 되는데, 이것이 바로 피반절자(被反切字)인 '동(東)'의 독음이 된다. 이처럼 중국인은 한자의 발음을 성모(초성)와 운모(중성과 종성)의 둘로 구분하여 인식하였고, 이러한 전통은 요즘 사용하는 한어병음(漢語拼音)에도 그대로 남아있다.

반절은 별다른 음표기 방법이 없던 시기에 한자의 독음을 적절하게 표기하는 수단이었으나, 몇가지 문제점이 있었다. 하나는 반절에 사용되는 반절 상자와 하자의 독음을 모르면, 피반절자의 독음을 알아낼 수 없다는 점이다. 둘째는 각 지역의 방언 음의 차이에 따라, 반절에 사용되는 상 자와 하자가 다를 수 있었고, 만일 동일하다고 하더라도 피반절자의 독음 이 다르게 조합될 수도 있었다는 점이다.

그러나 반절(反切)은 중국인이 만들어낸 매우 독창적인 음표기법으로 써, 한어병음(漢語拼音)이 사용되고 있는 요즘에도 여전히 고자(古字)나 벽자(僻字)의 독음을 표기하는 방법으로 각종 사전에서 사용되고 있다.

3) 한자를 만드는 여섯가지 방법 - 육서(六書)

고대 중국인들이 바라보는 세계는 어떠한 모양이었을까. 그들은 외부 세계를 어떠한 방식으로 인지하고, 해석하였을까. 그들에게 세상만물은 어떠한 의미였을까.

이러한 문제를 해결하는 데에는 고대 중국인들이 만들어 사용해온 초 기 한자가 큰 도움이 될 수 있다. 왜냐하면, 한자는 처음 만들어질 때 언어 의 의미가 담지하고 있는 형상을 취하여 문자로 만들어졌기 때문이다.

다음에서는 한자를 만드는 여섯 가지 기본 방식에 대해서 간략히 살 펴보기로 한다.

(1) 사물의 형체를 따라 구불구불 그린 문자 – 상형(象形)

고대 중국인은 세상에 펼쳐진 '나무'들을 보고, '나무'라는 이미 지를 머리 속에 담지하기 시작하였 다. 이후 그들은 그 '나무'라는 것

을 '나무'라는 언어를 통해서 구체화한다. 점차 문명화되면서 그들은 '나무'라는 언어를 기록해야 할 매체, 즉 문자를 필요로 했고, 결국 객관적으로 존재하는 '나무'의 형상을 간략히 형상화하여 '나무'라는 글자를 만들어냈다. 이러한 방식이 바로 '상형(象形)'이다.

(2) 추상적인 개념을 위한 부호 문자 – 지사(指事)

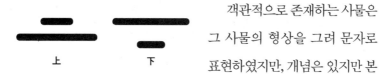

객관적으로 존재하는 사물은 그 사물의 형상을 그려 문자로 표현하였지만, 개념은 있지만 본뜸 대상이 없는 것들은 상형(象形)의 방법으로 문자를 만들 수 없었다. 이에 고대 중국인은 추상적인 부호를 만들어냈다. 예를 들어, '위 / 아래'라는 개념을 표현하기 위하여 그들은 기준선인 횡선을 긋고, 횡선의 위와 아래에 점이나 짧은 횡선을 그려 넣음으로써, '위'와 '아래'라는 의미를 글자로 표현하였다. 이러한 방식을 지사(指事)라고 한다.

(3) 상형과 지사의 결합

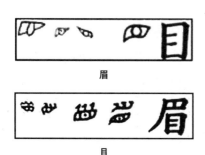

고대 중국인들의 위의 두 방법을 결합하여 보다 쉽고 빨리 새로운 문자를 만들어낼 수 있게 되었다. 예를 들어 사람의 '눈'의 모양을 본떠 '목(目)'자를 만들어 낸뒤, '눈'의 형상에 '눈썹'을 의미하는 짧은 곡

선들을 추가함으로써, '눈썹'이라는 의미를 나타내는 새로운 글자를 만들어냈다. 이러한 방법으로 새로운 한자를 만들기 시작하면서, 유사한 의미들을 보다 명확하게 분석하여 인식하게 되었고, 한자의 자의(字義) 역시 보다 세분화되고 구체화되는 경향을 보이게 되었다.

(4) 의미와 의미의 결합 – 회의(會意)

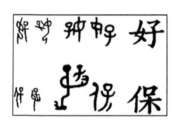

이미 사용 중인 상형자(象形字)에 추상적인 부호를 더하여 새로운 글자를 만들어내는 것은 한자 조자법(造字法)에 일종의 혁신이었다고 할 수 있다. 결국 이 방법은 기존 독체자(獨體字)를 2개 이상 결합하여 새로운 글자를 만드는 회의(會意)로 발전하게 되었다.

회의(會意)란 두 개 이상의 글자를 결합하여 새로운 의미를 나타내는 글자를 만드는 방법인데, 이때 만들어진 새로운 글자의 자의(字義)는 결합에 사용되는 글자들의 자의(字義)와 직접적인 연관관계는 없다. 다만 두 글자의 자의(字義)가 비교적 합리적으로 연관되어야만 새로운 의미를 나타내게 된다.

예를 들어 여성을 나타내는 여(女)와 아이를 나타내는 자(子)를 결합하여 '좋아하다'는 의미의 '호(好)'자를 만들고, 사람의 옆모습을 상형한 인(人)과 아이(子)를 결합하여 보호하다는 의미의 '보(保)'자를 만들었다.

갑골문(甲骨文) 시기에는 아직 글자의 모양이 정형화되지 않았기 때문에, 갑골 조각마다 동일 글자의 모양이 조금씩 다를 수 있었다.

예를 들어 위의 그림에서 호(好)자의 갑골문은 ⚌ 와 ⚌ 등 다양하게 나타난다. 그러나 회의(會意)의 방법으로 글자를 조자할 경우, 결합되는 두 글자의 의미상의 연관관계는 반드시 고려되어야 한다. 즉 여성이 아이를 앞에 안고 있어야 '좋아하다'는 의미를 나타낼 수 있기 때문에, '호(好)'자의 갑골문은 반드시 '여(女)'자의 앞 쪽에 '자(子)'자가 놓인다. '보(保)'자의 경우도 마찬가지여서, 사람(人)의 등 부분에 '아이(子)'가 놓여야 한다.

가로 세로 1센티미터, 엄지손톱 만한 공간에 새겨진 3,500년 전의 갑골문(甲骨文)이지만, 이처럼 과학적인 시스템이 내재되어 있다는 점은 세인(世人)들을 놀라게 하기에 충분하다.

(5) 소리와 의미의 결합 – 형성(形聲)

사유체계가 보다 발전되고 문물이 발달하면서, 고대 중국인들에게는 예전에 없던 새로운 말들이 많이 만들어졌고, 이에 따라 새로운 문자도 보다 많이 필요하게 되었다. 그러나 기존의 상형, 지사, 회의 등의 방법으로는 빠른 속도로 증가하는 언어를 모두 기록하기 어려웠다. 이에 고대 중국인들은 표의문자인 한자에 표음성분을 추가하는 형성(形聲)의 방법을 고안하게 되었다.

형성이란, 글자의 의미를 나타내는 형부(形符)와 글자의 독음을 나타내는 성부(聲符)가 결합하여 만들어진 글자로, 한자 조자법(造字法)에 일종의 혁신이라고 할 수 있다. 예를 들어, 처음 고대 중국인들은 하늘에서 내리는 모든 것을 '우(雨)'라고 여기고 yǔ라고 불렀다.

그러나 점차 서리, 구름, 안개 등의 자연현상은 '비'와는 다르다는 것을 인지하게 되었고, 이에 이들을 부르는 새로운 말, shuāng, yún, wù 등이 생겨났다. 문제는 이들 말을 기록할 만한 새로운 한자를 만들어내야 한다는 점인데, 이들을 구분하여 기록하기란 쉽지 않았다. 이에 고대 중국인들은 '서리'라는 뜻의 'shuāng'이란 언어를 기록하기 위하여 우선 '서리'가 하늘에서 내린다고 생각하여 '雨'자를 취하고, 기존의 글자 중에서 shuāng과 발음이 비슷한 '相'자를 취하여 '霜'자를 만들었다.

형성(形聲)의 방법으로 한자를 만들기 시작하면서 고대 중국인들은 보다 쉽고 편리하게 새로운 한자를 만들어내게 되었고, 이에 한자의 수는 빠른 속도로 증가하였다.

갑골문 중에도 이미 형성자(形聲字)가 보이며, 동한(東漢)때 편찬된 중국 최초의 자전(字典)『설문해자(說文解字)』에도 표제자(標題字)의 약 80%가 형성자(形聲字)이다.

■ 허신(許愼)의 『설문해자(說文解字)』

『설문해자(說文解字)』는 화제(和帝) 영원(永元) 12년(A.D. 100年)에 허신(許愼)에 의하여 완성된 뒤, 안제(安帝) 건광(建光) 원년(A.D. 121년)에 그의 아들인 허충(許沖)이 조정에 바친 것으로, 체계를 갖춘 중국 최초의 자전이다.

총 9,353자의 표제자와 1,163자의 중문(重文)(이체자)을 수록한 이 자전(字典)은 여러 가지면에서 가치가 높다.

우선 육서(六書)의 세부 항목에 대해서 처음으로 구체적인 설명을 하고, 예자(例字)까지 제시하였다는 점에서 그 가치가 높다. 즉 육서(六書)라는 명칭은 주대(周代)에 이미 보이지만, 『주례(周禮)·지관(地官)·보씨(保氏)』에 "保氏는 왕의 잘못을 간하고 나라의 자제들을 교육하는 일을 관장하여 그들에게 六藝를 가르쳤다. 六藝란 五禮, 六樂, 五射, 五馭, 六書, 九數를 말한다.(保氏掌諫王惡而養國子之道, 乃敎之六藝. 一曰五禮, 二曰六樂, 三曰五射, 四曰五馭, 五曰六書, 六曰九數.)"라고만 기록되어 있었기 때문에, 육서(六書)에 대한 구체적인 내용은 알 수 없었다.

둘째는 중국 최초로 부수(部首)의 개념을 만들고, 부수(部首)에 따라 글자를 귀속시켜 배열하였다는 점이다. 이외에도 우리가 볼 수 있는 가장 많은 고문자(古文字)의 자형을 수록하여 놓았고, 또한 당시 본의(本義)라고 여겨진 글자들의 의미를 수록하고 있으며, 자음(字音)에 대한 많은 설명 및 이체자(異體字)에 대한 정보도 대량으로 얻어낼 수 있다는 점에서 그 가치가 높다.

■ 옥편(玉篇)

한국인에게 자전(字典)의 대명사로 알려진 옥편(玉篇)은 중국 육조시대에 고야왕(顧野王: 519~581)이 편찬하고, 이후 소개(蕭愷)가 개수(改修)한 『설문해자(說文解字)』 계통의 자전이다. 하였다.

542개의 부수(部首)와 1만 6917자를 수록하고, 반절(反切)을 달았다. 이후 당대(唐代)의 손강(孫强), 송대(宋代)의 진팽년(陳彭年) 등이 친자(親

字)를 증보하고 설해(說解)를 삭감하였다. 현행 간본(刊本)인『대광익회
(大廣益會) 옥편』은 송대 1013년에 증수(增修)한 것이다.

■ 강희자전(康熙字典)

청(淸)나라 강희제(康熙帝)의 칙명(勅命)으로 당시의 대학사(大學士)
진정경(陳廷敬)·장옥서(張玉書) 등 30명의 학자가 5년 만인 1716년(강희
55)에 완성한 자전이다. 명(明)나라의『자휘(字彙)』,『정자통(正字通)』등
의 구성을 참고하고 내용을 더욱 충실하게 하였으며, 12지(支)의 순서로
12집(集)으로 나누고 119부(部)로 세분하였다.

본문 이외에 총목(總目)·검자(檢字)·변사(辨似)·등운(等韻)·비고(備
考)·보유(補遺)가 수록되어 있다. 약 4만 7,000자를 214개의 부수에 배속시
켜 획수 순으로 배열하고, 각자(各字)마다 반절(反切)에 의한 발음·훈고·자
해(字解)를 달았으며, 속자(俗字)·통자(通字)를 구분하여 표시하였다.

(6) 글자를 운용하는 방법
－ 전주(轉注)와 가차(假借)

육서(六書)라는 명칭은 이
미 주대(周代)에 보이지만, 구
체적으로 무엇을 말하는 것
인가에 대해서는 명확하지

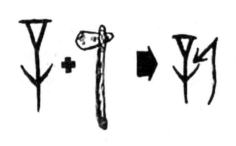

않았다. 이후 동한(東漢)때 허신(許慎)은 육서(六書)의 여섯 항목에 대한

설명을 비교적 구체적으로 하였고, 육서(六書)는 한자를 만드는 가장 기본적인 방법(造字之本)으로 여겨져 왔다. 그러나 宋代에 이르러 정초(鄭樵)는 전통적인 육서설(六書說)에 반기를 들고 육서(六書) 중의 전주(轉注)와 가차(假借)는 조자법(造字法)이 아니라 용자법(用字法)이라는 새로운 주장을 제기하였다. 즉 새로운 글자가 만들어지면 조자법(造字法)이지만, 그렇지 않다면 조자법(造字法)으로 볼 수 없다는 것이다. 예를 들어 설명해 보자

좌측의 갑골문은 나뭇가지와 도끼의 형상이 결합되어 만들어진 글자로, 오늘날의 신(新)이다. 그러나 본래의 의미는 오늘날처럼 '새롭다'가 아니라 '땔감, 땔나무'였다. 이후 고대 중국인들은 '새롭다'라는 추상적 관념을 알아냈고, 이에 이를 기록할 새로운 문자가 필요하였다.

그러나 이를 문자로 만들어내기는 그리 쉬운 일이 아니었을 것이다. 따라서 그들은 새로운 글자를 만드는 대신, 기존의 글자 중에서 발음이 같은 '신(新)'자를 빌려서 '새롭다'라는 뜻으로 쓰기 시작하였다. 이를 가차(假借)라고 한다. '신(新)'자가 '땔감'과 '새롭다'라는 두 가지 의미를 지니게 되자, 사람들은 의미상의 혼동을 막기 위하여, 신(新)자에 초(艸)를 더한 신(薪)을 새로 만들고, 이를 '땔감'이란 의미의 전용자(專用字)로 삼았다. 이때 본래의 신(新)과 신(薪)은 한동안 서로 주석(注釋)을 달 때 사용되었으므로, 신(薪)과 신(新)을 전주(轉注)의 관계라고 한다.

이처럼 가차(假借)와 전주(轉注)는 새로운 한자를 만드는 방법은 아니었지만, 한자를 폭넓게 운용하는데 반드시 필요한 용자법(用字法)이었다.

4) 문자체계로서의 한자의 장점과 단점

한자는 중국어를 기록하기 위하여 만들어진 문자체계이다. 문자는 언어를 가장 정확하고 빨리 기록할 수 있어야 좋은 문자라고 할 수 있다. 이런 측면에서 보자면 한자는 사실 많은 불편함을 지닌 문자체계이다. 그러나 동시에 한자는 표의문자라는 특성으로 인하여 매 글자가 고유의 의미를 지니고 있기 때문에, 새로운 단어를 합성해 내는 조어(造語) 능력이 매우 뛰어나다. 다음에서 문자체계로서의 한자의 장점과 단점에 대해서 간단히 살펴보기로 한다.

(1) 한자의 외래어 표기방법

2008년 북경 올림픽을 앞두고, 중국에는 변화의 움직임이 활발히 일어나고 있다. 'Olympic', 한국어로는 '올림픽'이라고 소리 나는 대로 쓰면 되지만, 중국어는 그렇지가 못하다.

즉 중국인들은 'Olympic'을 '奧林匹克'라고 쓴다. 무슨 뜻인지 잘 모르지만, 몇 번 읽어보면 알 수 있다. 즉 'ào lín pǐ kè', '올림픽'이다.

이처럼 표의문자인 한자는 외래어를 표기하는 데에는 무척 불편한 문자이다. 요즘 중국인들은 외래어를 표기하기 위하여 네 가지 방식을 사용한다. 간단히 살펴보기로 한다.

① 외래어의 발음만을 음역(音譯)

한자의 뜻과는 상관없이 외래어의 음만 소리 나는 대로, 비슷한 음의 글자를 찾아 옮기는 방법이다. 이 경우 음역된 외래어의 글자상의 의미는 원어와 아무런 상관이 없다. 몇 가지 예를 들어 보자.

중국어	발음	원어	뜻
吨	dūn	ton	톤
磅	bàng	pound	파운드
威士忌	wēi shì jì	whisky	위스키
咖啡	kā fēi	coffee	커피
沙拉(色拉)	shā lā	salad	샐러드
巧克力	qiǎo kè lì	chocolate	초콜릿
的士	dí shì	taxi	택시
模特儿	mó tèr	model	모델
撒旦	sā dàn	satan	사탄
夏娃	xià wá	eve	이브
亞当	yà dāng	adam	아담
沙發	shā fā	sofa	소파
迪斯科	dí sī kē	disco	디스코
紐約	niǔ yuē	New York	뉴욕

위의 단어들을 해석하려고 한다면 매우 엉뚱한 말이 되지만 중국어로 발음하면 외래어의 발음과 비슷하다는 것을 알 수 있다. 예를 들어 쇼파 (sofa)를 기록한 '沙發'을 해석하면 "모래가 출발하다"는 이상한 의미가 된다.

② 외래어의 발음과 의미를 모두 고려한 방법

외래어의 음도 비슷하지만, 그 뜻도 고려하여 옮기는 방법을 말한다. 이들은 전체 단어를 음역하였을 뿐만 아니라, 의미가 적절히 전달되는 글자를 사용하여 의역도 곁들였다. 몇 가지 예를 들어보자.

중국어	병음	원어	뜻	한자 의미
繃帶	beng dai	bandage	붕대	팽팽하게 잡아당기는 띠
俱樂部	ju le bu	club	클럽	모두 즐거운 곳
可口可樂	ke kou ke le	cocacola	코카콜라	입에 맞고 매우 즐겁다
基因	ji yin	gene	게놈	근본을 이어받다
幽黙	you mo	humour	유머	그윽하고 고요하다
索引(引得)	(yin de)	index	색인	얻은 것을 바로잡다
維他命	wei ta ming	vitamin	비타민	사람의 생명을 유지하다
浪漫	lang man	romantic	낭만	물결이 출렁거리다
香波	xiang bo	shampoo	샴푸	향기가 나다
台風	tai feng	typhoon	태풍	태풍
雷射	lei she	laser	레이저	폭발력이 강한 화기를 쏘다
百事可樂	bai shi ke le	Pepsicola	팹시콜라	백가지일이 모두 즐겁다
家樂福	jia le fu	Carrefour	까르푸	집으로 복이 굴러온다
引擎	yin qing	engine	엔진	끌어올리다
康乃馨	kang nai xin	carnation	카네이션	당신의 명성을 풍성하게 하다
碰碰車	peng peng che	bumper car	범퍼카	부딪치고 부딪치는 차
百事吉	bai shi ji	Biscuit	비스켓	백가지 일이 길하다
樂天利	le tian li	Lottery	롯데리	즐거운 날들이 이익이 된다.
耐克	nai ke	Nike	나이키	당신은 승전한다

영어의 coca cola를 可口可樂라고 쓰면, kě kǒu kě lè로 읽어서 발음도 비슷하고, '입에 맞고 즐겁다'라는 의미 역시 제품 이미지 제고에 도움이 된다. 우리 나라 유통 브랜드인 '이마트(E-Mart)'는 '易買得'로 쓰는

데, yì mǎi dé라는 발음도 비슷하지만, '쉽게 구득할 수 있다'는 의미까지 전할 수 있어서 일거양득이다.

■ 可口可樂의 유래

1920년대 중국에 처음 들어 온 코카콜라는 처음에는 '蝌蝌啃蠟'라고 이름을 붙였었다. 이것은 단순히 코카콜라의 발음만을 고려하여 만든 이름(kē kē kěn là)으로, '蝌蝌'는 '올챙이'라는 의미이고, '啃'은 "입으로 뭔가를 들이킨다." 혹은 "깨물다"라는 뜻이다. 따라서 중국인들에게 생소한 검은 액체가 처음 소개될 때, 제품도 생소한데다가 이름까지 이상해서, 중국인들은 '올챙이를 바짝 말려서 깨물어먹거나 혹은 후루룩 들이마시는 것'이라는 느낌을 가졌었다고 한다.

뜨거운 차를 마시는데 익숙한 중국인들에게 이름까지 이렇게 이상한 탄산음료는 선뜻 받아들이기 힘든 대상이었다.

이런 문제를 간파한 영국 런던의 코카콜라 회사는 1933년 6월 런던 시민을 대상으로 코카콜라의 중국 이름 짓기 경품 행사를 벌였고, 그때 마침 영국에 유학하던 중국 청년이 생활비를 벌기 위해 이 행사에 응모하여 당선되었는데, 그 이름이 바로 可口可樂였다.

③ 외래어의 발음을 음역하고 한자를 더하여 표기

먼저 외래어를 음역한 뒤, 해당되는 종류의 이름을 한자로 더하는 방법이다. 예를 들면 다음과 같다.

중국어	발음	원어	뜻	결합 원리
因特网	yin te wang	internet	인터넷	因特(음역)+网(net)
高爾夫球	gao er fu qiu	golf	골프	高爾夫(음역)+球(공)
乒乓球	ping pang qiu	ping-pong	탁구	乒乓(음역)+球(공)
霓紅灯	ni hong deng	neon	네온등	霓紅(음역)+灯(등)
吉普車	ji pu che	jeep	지프차	吉普(음역)+車(차)
香檳酒	xiang bin jiu	champagne	샴페인	香檳(음역)+酒(술)
啤酒	pi jiu	beer	맥주	啤(음역)+酒(술)
芭蕾舞	ba lei wu	ballet	발레	芭蕾(음역)+舞(춤)
艾滋病	ai zi bing	AIDS	에이즈	艾滋(음역)+病(병)
卡片	ka pin	card	카드	卡(음역)+片(조각)
咖哩粉	ka li fen	curry	카레	咖厘(음역)+粉(가루)
鯊魚	sha yu	shark	상어	鯊(음역)+魚(물고기)
愛克斯光	ai ke si guang	X-ray	엑스레이	愛克斯(음역)+光(빛)
芒果	mang guo	mango	망고	芒(음역)+果(과일)2)
綁級跳	bang ji tiao	bungee jump	번지점프	綁緊(음역)+跳(뛰기)
保齡球	bao ling qiu	bowling	볼링	保齡(음역)+球(공)
賓果游戱	bin guo you xi	bingo game	빙고게임	賓果(음역)+游戱(놀이)
桑巴舞	sang ba wu	samba	삼바	桑巴(음역)+舞(춤)
薩克管	sa ke guan	saxophone	색스폰	薩克(음역)+管(관)
奧運會	ao yun hui	Olympic	올림픽	奧運(음역)+會(회)
康康舞	kan kan wu	cancan	캉캉	康康(음역)+舞(춤)

이러한 유형의 공통점들은 앞부분은 영어의 발음을 음역(音譯)한 것이고, 뒷부분은 해당 외래어의 종류를 한자로 나타낸다는 점이다. 즉 '啤酒'에서 啤(pí)는 'beer'의 발음을 음역한 것이고, '酒'는 맥주가 술의 한 종류임을 나타내 준다.

④ 외래어의 의미를 나타낼 수 있게 새로 만드는 방법

외래어의 발음은 고려하지 않고, 그 뜻만 중국어로 옮기는 방법이다.

이를 의역(意譯)이라고 한다. 몇 가지 예를 들어보자.

중국어	발음	원어	뜻	한자 의미
鷄尾酒	ji wei jiu	cocktail	칵테일	혼합주(수탉의 꼬리)
電腦	dian nao	computer	컴퓨터	전자뇌
复印	fu yin	copy	복사	흔적을 되풀이 하다
減肥	jian fei	diet	다이어트	지방을 줄이다
煤气灶	mei qi zao	gas range	가스레인지	가스(기체 석탄) 나오는 부뚜막
紗布	sha bu	Gaze	가아제	성글게 짠 천
笑星	xiao xing	gagman	개그맨	웃음을 주는 스타
黑体字	hei ti zi	Gothic	고딕체	검은 모습의 글씨
樹膠	shu jiao	gum	고무	나무(에서 추출한) 아교
守門員	shou men yuan	goal keeper	골키퍼	골 지키는 사람
花邊	hua bian	race	레이스	주변에 있는 꽃 모양
唱片	chang pian	record	레코드	노래가 담긴 판
口紅	kou hong	lipstick	립스틱	입이 붉어진다
米老鼠	mei lao shu	mickey mouse	미키마우스	미국 쥐(미국을 대표하는 쥐)
黑洞	hei dong	black hole	블랙홀	검은 구멍
黑匣子	hei he	black box	블랙박스	검은 상자
汽水	qi shui	cider	사이다	기체가 들어 있는 물
絲襪	si wa	stocking	스타킹	가는 실로 만든 양말
美洲虎	mei zhou hu	jaguar	재규어	미국에 있는 호랑이
宝馬	bao ma	BMW	비엠더블류	귀한 말(차)
皇冠	huang guan	crown	크라운	왕관
熱狗	re gou	hot dog	핫도그	뜨거운 개

3. 신조어와 사회현상

언어는 사람과 사람사이에 의사소통을 위한 도구이며 정보를 전달하고 생각을 표현하는 동시에 사회생활과 사상의 변화를 반영하는 거울이다. 따라서 언어의 존재와 변화는 사회의 존재와 변화와 그 맥을 같이 한다고 할 수 있다. 사회가 발전해 감에 따라 언어의 각 구성부분에는 많은 변화가 일어나는데, 어휘는 사회적 변화에 대해서 가장 직접적이고 민감하게 반응하며, 다른 구성부분, 즉 어법이나 어음보다 그 변화속도가 현저하게 빠르다.

어휘변화란 그 양상이 매우 복잡하지만 신조어의 출현, 옛말의 소멸, 어휘의 의미변화 등 세 가지 측면으로 귀납할 수 있다.

이 세 가지 측면 가운데 옛말의 소멸과 어휘의 의미변화는 신조어가 생성되는 속도에 비하여 상대적으로 느리고, 그 변화의 속도가 단시간 안에 명확하게 나타나지 않으므로, 어휘변화의 핵심은 바로 신조어의 생성이라고 할 수 있다.

인류사회가 변화하고 발전하여 새로운 사물과 현상들이 대거 출현하게 되면 인간의 사유능력도 한층 성숙하게 된다. 이때 이에 부응하는 새로운 어휘가 생성되지 않는다면 사람과 사람 사이의 교류가 불편해지고 사회발전에 역행하게 된다.

따라서 새로운 어휘, 즉 신조어가 생성되어 이러한 문제를 해결하고 합당한 역할을 하게 되는 것이다.

즉, 언어는 사회적 현상이므로 사회 각 분야와 밀접한 관계가 있으며 사회에 새로운 사물이나 새로운 개념이 출현하면 신조어를 통해서 사람과 사람 사이의 교류나 사회발전에 적응할 수 있도록 하는 것이다.

그러므로 사람들은 기존 언어자료를 이용하여 많은 신조어를 만들게 되며 바로 이로 인해 어휘는 더욱 풍부해지는 것이다.

1980년대 이후 중국은 개혁·개방정책의 실시로 사회 각 분야에 많은 변화가 일어났고, 이러한 변화를 대변하는 새로운 어휘, 즉 신조어의 출현이 필수불가결한 요소가 되었다.

따라서 빠르게 변화·발전하는 현대 중국의 다양한 면모를 이해하기 위해서는 신조어에 대한 연구가 병행되어야 한다. 예전에 없던 새로운 어휘, 즉 새로운 신조어가 탄생하는 것은 예전에 없던 새로운 사회·문화현상이 현대 중국사회에서 발생하였기 때문이며, 신조어는 이러한 새로운 사회·문화적 변화를 가장 직접적이고 정확하게 반영할 수 있기 때문이다.

다음에서는 80後와 관련이 있다고 보이는 신조어를 취합하여 新義, 즉 새로운 의미를 분석하고, 이를 통하여 중국에서 80後들이 만들어낸 문화 양상을 살펴보기로 한다.

이러한 작업은 향후 현대 중국을 보다 정확하게 이해하는데 있어서 유익한 정보를 제공할 것이며 동시에 보다 고급스러운 중국어를 구사하는 데에도 도움이 될 것으로 기대된다.

(1) 80後의 여성관·남성관

① 白富美 [báifùměi]

新义는 흰 피부에 돈이 많고 집안 좋은 예쁜 여자를 뜻한다. 즉 白는 피부가 하얗고, 富는 경제력이 있으며, 美는 예쁜 여자를 말하는데, 현대판 '퀸카'를 지칭한다.

중국의 경제성장이 급속도로 이루어지면서 도시와 농촌 간의 소득격차가 커지고, 도시 안에서도 빈익빈부익부의 현상이 심화되면서, 소위 1등 신부감의 가치기준도 바뀌어 이제는 이런 여성들이 최고의 신부감으로 꼽힌다.

②高富帅 [gāofùshuài]

新义는 키가 크고 돈도 많고 잘 생긴 남자를 가리키는 말이다. 인터넷에서 유행하기 시작한 신조어로 '高'는 키가 크다, '富'는 돈이 많다, '帅'는 잘 생겼다는 뜻이다. 즉 키가 크고 돈이 많고 외모가 준수한 남자를 표현한 단어로 인기가 많은 '킹카'를 지칭한다. 반대말은 키가 작고 가난하며 못생긴 남성을 뜻하는 '矮穷矬'이다.

③凤凰男 [fènghuángnán]

新义는 산골짜기에서 나온 우수한 인재를 가리킨다. 농촌의 빈곤한 출생으로 힘들게 대학을 졸업하고, 졸업한 후에 도시에 남아 일하며 생활하는 성공한 남자를 일컫는다. 주로 孔雀女들이 鳳凰男을 선호하는 현상이 있다.

④孔雀女 [kǒngquènǚ]

新义는 대도시에서 자라 어릴 때부터 어리광을 부리는 부유층의 딸을 가리킨다.

　부모의 지나친 자식사랑으로 고생을 해본적도 없고 금지옥엽처럼 떠받들어 자란 아가씨이며, 좋은 것만 입고 먹고 눈치와 아부와 필요 없이 풍요로운 생활을 누리기만 하면 된다. 따라서 일부 孔雀女들은 금전의 중요성을 알지 못하며, 이에 따라 배우자를 고를 때 남성의 경제력 보다는 남성 자체의 능력과 가정에 대한 책임감을 중요시한다. 왜냐하면 남성의 능력만 있으면 풍족한 생활을 영위할 수 있다고 생각하기 때문이다. 따라서 孔雀女들 중 상당수는 鳳凰男을 배우자로 선택하는 경향이 있다.

　⑤ 三瓶女人[sānpíngnǚrén]

　三瓶이란 화병, 식초병, 약병을 지칭한다. 즉 젊은 여성 중에서 미모는 출중하나 재능이 없는 여성은 화병이라고 하고, 질투가 심한 여성은 식초를 잘 마신다고 비유한다. 이처럼 능력은 없고 외모만 예쁜 여성이 젊은 시절엔 화병처럼 주위의 시선을 끌고 살다가 결혼 후에 식초병처럼 질투심만 강하며, 노년에는 병을 얻어 약병을 끼고 산다는 것을 풍자한 신조어이다.

　알리바바 그룹의 馬雲 회장이 2013년 12월 7일, 한 강연회에서 "三瓶女人이 되지 말고, 여성도 능력을 겸비해야 한다."라고 얘기한 이후 널리 사용되는 신조어가 되었다.

　⑥ 剩女 [shèngnǚ]

　新义는 나이가 많은데도 불구하고 눈이 높아서 결혼을 하지 못하거나 하지 않는 여성을 지칭한다. 이들 골드미스들은 학력이 좋고 높은 수입과 안정적인 직장이 있으며, 출중한 외모로 자유로운 연애도 한다. 單身派라고도 불리는 이들 剩女는 '3S女人'이라고도 불리는데, 3S는 Single, Senenties(이들 대부분은 1970년대 말에 태어났기 때문에 'Senenties'라고 한다), Stuck을 말한다.

2009년, 통계에 따르면 북경의 剩女는 대략 55만 명을 돌파했으며, 일반적으로 28세 이상의 여성들이 해당된다. '剩女'가 양산되는 이유는 중국의 전통 관념이 원인으로 꼽히는데, 즉 결혼 적령기의 남성은 여자보다 연령, 키, 학력, 연봉 등 네 가지가 높아야한다는 '四高'이다.

⑦ 随女[suínǚ]

新义는 똑똑하고 부지런하며 어려움과 고통을 이겨 내고 또한 침착하고 솔직한 여성을 가리킨다. 海慧儿라는 작가가《傍富者》라는 여성주의 관련 책을 쓰면서 剩女와 상반되는 의미로 사용한 이 신조어는 여성도 어려움을 당하더라도 포기하지 않고 자신감을 가지고 열심히 살아야 한다는 의미를 담고 있다.

⑧ 牛孩[niúhái]

新义는 어떠한 방면에서 실력이 뛰어나서 사람들을 탄복하게 하는 아이, 즉 '천재 아이들'을 지칭한다. 牛에는 원래 '소'라는 의미 외에도 '대단하다', '최고다'라는 의미가 있으므로, 이 같은 천재 아이들을 牛孩라고 부르는 것으로 보인다.

⑨ 备胎 [bèitāi]

글자 자체의 의미는 '스페어로 달고 다니는 타이어'이나, 新义는 남자가 일방적으로 여자를 사랑하는데 여자가 그 남자를 필요할 때는 찾고 필요 없을 때는 마지못해 상대하는 것을 지칭한다. 남자는 그 같은 사실을 알고 있으면서도 언제든지 여자가 시키는 대로 행동하는 현상이다. 주로 白富美와 같은 여성 주변에 이 같은 남성들이 많으며, 새로운 신세대 연애 풍조를 풍자한 신조어이다.

(2) 80後의 연애관·결혼관

① 摆婚族[bǎihūnzú]

新义는 결혼을 할까 말까 망설이는 사람들을 가리키는 말이다.

2010년 6월에 개봉한 영화《摇摆de婚约》에서 나온 단어로, 그 영화는 여자 주인공이 두 명의 남자 주인공을 놓고서 결혼을 해야 할지 말지를 갈등하는 내용을 그렸다. 현대 중국사회에서 젊은이들은 사랑하는 대상이 있으면서도 결혼에 따르는 비용 및 결혼 이후의 출산, 육아 등에 부담을 느끼고, 결혼을 망설이는 남녀가 많아지고 있는데, 이들을 지칭할 때 사용하는 신조어로 활용되고 있다.

② 丁克 [dīngkè]

新义는 딩크(DINK), 즉 영어의 'double income no kids'의 약자인 'DINK'를 음역한 것이다. 요즘 많은 젊은 부부가 맞벌이를 하여 수입은 많지만 자녀 육아에 부담을 느껴 아이는 낳지 않으려는 생활 방식을 지칭하는 신조어이다.

③失独家庭 [shīdújiātíng]

新义는 외동아들이나 외동딸이 불의의 사고로 장애가 생기거나 사망했을 때 부모가 자식을 더 낳지 않고 자녀를 입양한 가정을 가리키는 말이다.

④老婆迷[lǎopómí]

新义는 아내를 끔찍이도 사랑하는 남성을 가리킨다. 이 같은 신조어는 현대 중국사회에서 여성의 사회진출이 급증하고, 이에 따라 고수익을 창출하는 주부가 많아지면서, 이러한 아내를 위해 외조를 아끼지 않는 남편들이 늘어나면서 생긴 것이다. '~迷'는 '축구를 열광적으로 좋아하는 사람들'이란 의미의 신조어인 球迷와 동일한 형식으로, 어떠한 대상이나 현상을 무척 사랑하는 일련의 무리를 나타낸다.

⑤裸婚 [luǒhūn]

新义는 집도 없고 자동차도 없고 심지어 결혼반지도 없는 상황에서 결혼하는 현상을 일컫는다.

즉 중국의 '80後' 사이에서 무 결혼식, 무 드레스, 무 반지, 무 신혼여행, 무 주택, 무 자동차 등으로 요약되는 '裸婚族'이 늘어나고 있는데, 이들은 결혼에 필요한 경제적 능력이 없어서 혼인신고만 하고 신혼생활을 시작하는 도시의 젊은이들이다.

이 같은 현상은 체면을 중시하던 중국인들의 결혼문화가 변화하고 있음을 나타낸다. 즉 중국의 경우, 결혼비용은 매년 급속도로 증가하고 있지만, 결혼 축의금은 10년 전과 크게 달라진 것이 없다고 한다. 따라서 많은 신혼부부들은 결혼식 이후 많은 재정난을 겪고 있으며, 이 같은 어려움을 해소하기 위하여 최근 젊은 부부들은 체면을 버리고 현실을 받아들여 화려한 결혼식은 과감히 던져버리고, 심지어 예물도 없이 혼인신고로 결혼식을 대신하고 있다.

⑥ 闪婚 [shǎnhūn]

闪(번쩍일 섬)과 婚(혼인 혼)자가 결합하여 만들어진 신조어로 바쁜 현대인이 연애할 시간도 없이 만나자마자 결혼부터 하는 중국의 신풍속을 일컫는 말이다. 이러한 결혼은 상대에 대한 정확한 이해 없이 즉흥적으로 이루어지는 경우가 많아서 또한 높은 이혼율과 연계되는데, 결혼한지 얼마 안되어 급하게 이혼하는 현상은 '번개 이혼', 즉 '闪离'라고 한다.

閃婚族이 늘어나는 이유에 대해서는 두 가지 해석이 있는데, 하나는 경제 불황과 외부 환경의 변화로 마음이 조급하고 불안하여 정서적인 안정을 찾고자 급하게 반려자를 찾기 때문이라는 것이고, 다른 하나는 돈만 있으면 사랑도 이룰 수 있다는 금전적인 사고방식이 원인이라고 분석하기도 한다.

⑦ 蜗婚[wōhūn]

글자의 뜻은 '달팽이 혼인'이나, 新义는 부부가 이혼한 후에도 같이 한 집에서 사는 현상을 지칭한다. 즉 요즘 젊은이들이 결혼한 지 얼마 안 돼서 이혼하는 경우가 많아지고 있는데, 이혼한 후에 집을 어떻게 나누느냐 하는 것이 문제가 되었다. 왜냐하면 결혼할 때 보통 양쪽 부모가 반반

씩 돈을 모아서 집을 샀기 때문이다. 최근 중국의 집값이 큰 폭으로 급등했기 때문에 이혼을 하고 집을 팔아도 반쪽의 돈을 가지고서는 다시 집을 살 수가 없다. 따라서 이혼 후에도 집을 팔아 돈을 나누지 않고, 그냥 같은 집에서 사는 이혼 부부가 늘고 있고, 이러한 세태를 반영하여 蝸婚이라는 신조어도 유행하게 되었다.

⑧亚婚姻[yàhūnyīn]

新义는 법적으로 결혼한 사이인데도 서로 사랑하지 않은 상황을 가리키는 말이다. 현대 중국 사람들의 결혼 풍속도의 특징은 사랑하여 결혼을 결심하는 것 보다는 집을 사기 위해서 결혼하는 사람도 있고 그냥 서로 직장 생활에 도움을 주고받기 위해서 결혼하는 사람도 있다고 하며 심지어 돈 때문에 결혼하는 사람도 많다. 이와 같은 세태를 풍자하기 위하여 亚婚姻라는 신조어가 유행하고 있다. 亚婚姻은 결국 橡皮婚姻으로 연결되는 경우가 많다.

⑨橡皮婚姻[xiàngpíhūnyīn]

新义는 실제로는 원만한 결혼생활을 하고 있지 못하지만, 마치 행복한 결혼생활을 하는 것처럼 가장하는 부부들을 지칭한다. 이들은 사회적 지위와 체면 때문에 주변의 시선을 의식하여 공개적인 곳에서는 행복한 부부인 것처럼 행세하지만, 실제로는 부부가 서로 상대방에게 관심도 없고 이야기도 나누지 않으며, 간섭 없이 그냥 동거하는 사이를 유지한다. 한국어 신조어 중 '쇼윈도 부부', '디스플레이 부부'와 대응되는 신조어이다.

⑩ 再婚贬值费[zàihūnbiǎnzhífèi]

글자 자체의 의미는 '재혼의 평가절하 비용'이며, 新义는 이혼 후 재혼을 위하여 배우자를 선택할 때, 초혼보다 상대방의 조건이 떨어질 것을 대비하여 이혼 상대방에게 요구하는 일종의 배상비를 지칭한다.

앞서 언급한 閃婚, 閃離 등의 신조어를 통해 알 수 있듯이, 현대 중국의 일부 젊은이들은 쉽게 결혼하고 쉽게 이혼하는 경향이 강하다. 이런 경우, 재혼을 계획하는 여성은 재혼시 상대방의 경제적 조건이 초혼때 보다는 못할 것이라고 예상하고, 이혼시에 남편에게 이 같은 배상비를 요구하는 사례가 적지 않게 발생한다고 한다.

⑪ 足球寡妇[zúqiúguǎfu]

남편들은 축구 경기를 보기 위하여 텔레비전 앞에만 앉아 있고, 그 동안 아내는 과부처럼 홀로 외롭게 지내게 되는 세태를 반영한 신조어이다.

즉 4년에 한번 열리는 월드컵 경기를 보기위하여 남편들은 축구경기가 열리는 날이면 늘상 텔레비전 앞에서 축구만 본다. 이러한 현상이 심해지면 부부싸움을 하게 되고, 실제로 이러한 사유로 이혼하는 부부가 많아지면서 이러한 신조어가 생겼다고 한다.

⑫ 干爹[gāndiē]

本义는 '义父(수양아버지, 의부·대부(代父)'의 속칭이나, 新义는 젊은 여성에게 집과 돈을 지불하고 장기간 성관계를 유지는 여성의 아버지 연령과 비슷한 중년남자를 가리키는 신조어로, 최근 중국의 경제성장과 함

께 황금만능주의가 팽배하면서 이러한 직업을 스스로 택하는 젊은 여성
이 많아지고 있는 추세이다.

⑬ 公主[gōngzhǔ]

本义는 '공주'이나 新义는 술집이나 바(Bar)에서 근무하는 여성을 가
리킨다. 현대 중국에서 경제성장에 따라 이러한 유흥업소들이 음성적으
로 발전하고 있는데, 이러한 업종에 종사하면 쉽게 돈을 벌려는 젊은 여성
들이 많아지면서, 이들을 풍자적으로 公主라고 부르는 현상이 생겨났다.

⑭ 酒托[jiǔtuō]

新义는 젊은 여성 중에서 출중한 미모로 남자를 유혹하여 본인이 지
정한 술집이나 노래방 같은 장소로 이끌고 가서 남자를 구슬리거나 강제
적으로 높은 소비를 유도하는 여성을 지칭한다. 한국의 '꽃뱀'과 유사한
의미로 사용되며, 주로 도시에서 부유한 남성을 대상으로 금전을 갈취하
며 생활한다.

(3) 80後의 신문화·가치관

① 抱抱团[bàobàotuán]

新义는 공공장소에서 낯선 사람에게 포옹을 요구하는 젊은이 단체를
지칭한다. 서양의 Free Hugs를 중국에 도입한 사람은 장사(长沙)의 才子
豪라는 젊은이로, 장사에서 이 같은 단체를 결성하여 2006년 10월 21일
오후 1시부터 거리에 나와 프리허그를 시작했고 이후 전국으로 확산되었
다. 중국 현대 젊은이들의 문화를 알 수 있는 신조어라 보인다.

② 微公益[wēigōngyì]

新义는 아주 작은 기부금과 기부 물자를 거두는 봉사행위를 말한다. 즉 '티끌 모아 태산'이라는 정신으로, 최근 중국에서는 기부금 모집자나 일반 시민들이 기부금과 기부물자를 거두는 데 한 번에 많이 기부하는 대신 아주 조금씩 매일 기부하는 방식으로 한다. 예를 들어 사람들이 생수한 병을 사면 1分은 재해 지역에 기부하고, 신문 한 장을 사면 1毛는 희망학교 건설에 기부하는 방식이다. 2013년 3월 14일, 전국의 대학생들이 주체가 되어 青年志願者協會를 결성하였고, 이 협회처럼 미약한 힘으로 기부하는 행동을 微公益이라고 부르게 되었다.

③ 麦霸[màibà]

麦는 마이크라는 뜻의 '麦克风'의 줄임말이고, 霸는 '맹주'나 '제왕'이라는 뜻이다. 新义는 두 가지로 주로 사용되는데, 첫째는 노래방에서 마이크를 가로채고 끝까지 노래를 부르는 사람을 지칭하는 것이고, 둘째는 노래방에서 노래를 잘 부르거나 모든 노래를 다 부를 줄 아는 사람을 말한다. 중국에서도 최근 노래방문화가 젊은이들 사이에서 유행하면서 이 같은 신조어가 생긴 것으로 보인다.

④ 养牛 [yǎngniú]

本义는 '소를 기르다'이지만, 新义는 '养牛仔裤'라는 뜻으로 청바지를 패트(pet)처럼 여기면서 오랫동안 세탁하지 않는다는 의미이다.

50년대부터 미국에서 출발한 청바지문화는 도시의 젊은 층을 중심으로 전국으로 급속도로 확산되었다. 청바지문화를 숭배하는 젊은이들은 마음에 들면 가격이 비싸도 사게 되는데 청바지는 자주 갈아입을 필요가 없다는 점이 특징이다. 청바지를 빨지 않고 오래 입게 되면 점점 몸에 맞는 자연스러운 주름과 탈색이 되면서 나만의 청바지가 만들어지게 된다. 이것이 바로 养牛의 진정한 의미이다. 일본 젊은이들의 미국 따라 하기로 인해 养牛현상은 80년대부터 일본에서 큰 선풍을 일으켰고 현재는 중국에까지 상륙하게 되었다.

유사한 신조어로 '청바지를 매우 좋아하는 사람'을 牛迷라고 한다.

⑤ 自驾游[zìjiàyóu]

新义는 자가용으로 여행을 떠나는 사람들을 지칭한다. 즉 경제 개혁·개방 이후 중국의 경제가 급속도로 발전하면서 자동차를 개인 소유하는 가정이 점차 많아지고 있는데, 이들은 단체 여행(패키지)을 가지 않고, 자신들의 자가용으로 자유 여행을 즐긴다. 이 같은 무리가 확산되면서 이러한 신조어가 생성되었다.

⑥ 男漫 [nánmàn]

처음 이 신조어가 생겼을 때의 新义는 나이 들기를 거부하는 남성들, 즉 가정에 대한 책임의식 보다는 남자들끼리 어울려 놀기를 더 좋아하는 남성들을 지칭했고, 이후 온종일 보드 게임의 기술을 익히기 위해 애쓰는 젊은이들을 가리켰다. 최근에는 동성애가 아닌 남자들 간의 친밀한 관계를 말한다.

⑦萌文化[méngwénhuà]

萌은 '싹이 돋다', '발아하다' 등의 의미이며, '문화가 발아하다'라는 萌文化의 新义는 일부 사람들 사이에 유행하는 문화현상을 지칭하는 것으로, 애니메이션의 미소녀 역할을 좋아하고, 애니메이션의 캐릭터 특징에 따라 치장하고 꾸미는 현상을 말한다. '코스프레'와 유사한 의미로 사용되는 이 신조어는 근래 중국에서 만화에 대한 관심이 무척 높아졌음을 반영한다.

⑧捏捏族[niǔniuzú]

新义는 마트 등에서 전시되어 있는 각종 음식물을 손으로 부셔서 불만이나 스트레스를 표출하거나 푸는 사람들을 지칭한다.

주로 화이트칼라 계층이 많으며 경쟁이 치열한 환경에서 주관적인 심리조절이 잘 안되어 마트 등의 상품을 학대함으로써 스트레스를 푸는 사람들이다. 이들은 상품을 망가뜨림으로써 쾌감을 느낀다고 한다. 최근 중국의 젊은이들 사이에서 이 같은 행동을 하는 부류가 급속히 늘어나고 있으며, 이와 관련된 노하우나 소감을 공유하는 사이트까지 생겨남으로써, 사회적으로 문제가 되고 있다고 한다.

⑨独二代 [dúèrdài]

新义는 1970년대 말 중국의 산아제한정책 실시 이후 중국에서 태어난 일세대의 외아들, 외동딸, 즉 獨一代들이 성장하여 혼인하여 출산한 아이들은 獨二代라고 부른다.

⑩ 高分低能[gāofēndīnéng]

新义는 시험 점수는 높지만 실제 능력은 부족함을 뜻한다. 즉 공부는 잘하지만, 인간관계에 미숙하거나 사회생활 경험이 없는 사람들을 가리킨다. 최근 중국에서도 학력 중심의 사회분위기가 조성되면서, 좋은 학력을 지니고 훌륭한 스펙을 갖춘 젊은이들이 사회에 진출하지만, 의외로 개인의 적응능력과 문제해결능력이 부족한 젊은이가 많다고 하며, 이러한 세태를 반영한 신조어이다.

⑪ 官二代 [guānèrdài]

新义는 정부 및 국가기업의 고급관리들의 자녀들을 지칭하며, 이들은 고위관직자의 후손으로서 손쉽게 각 종 권리를 얻을 수 있는 동시에 취업도 쉽게 한다. 최근 중국에서 이와 같이 고위 관리직의 자녀들이 부모들의 후광에 힘입어 본인들의 능력보다 훨씬 더 좋은 직장을 얻거나 각 종 권리를 향유하는 현상이 심해지면서 생겨난 신조어이다. 이와 함께 이러한 부모로부터 부유함을 대물림한 신세대를 富二代라고 칭한다.

⑫ 海龟 [hǎiguī]

本义는 '바다거북'이며, 新义는 해외 유학을 마치고 귀국하는 유학생을 가리킨다. 최근 중국에서는 고등학교부터 해외에서 수학하는 조기 유학이 붐을 맞고 있으며, 이들은 대부분 해외에서 대학에 진학한다. 대학 졸업 후에 과거에는 현지에서 직장을 구하는 사례가 많았으나, 최근에는 중국 내 기업의 연봉이 해외 기업의 수준에까지 올라가면서, 유학을 마치고 직장을 구하기 위하여 귀국하는 유학파가 많아지고 있다.

⑬ 乐活族[lèhuózú]

新义는 건강하고 행복하게 삶을 영위하는 일련의 사람들을 지칭한다. 유래는 'LOHAS'로, 즉 Lifestyles of Health and Sustainability의 줄임말이다. 2008년 중국 청년 LOHAS의 문화 논단이 닝보(宁波)에서 열렸고, 여기서 乐活族이라는 생활 방식이 유행하게 되면서 신조어가 만들어졌다.

⑭ 抱伯 [bàobó]

新义는 고학력, 고수입으로 생활을 향유하며 문화 활동도 추구하면서, 독립의식을 갖춘 사람을 가리킨다. 영어 Bobo의 음역으로, bourgeois와 bohemian 두 단어를 합쳐 이루어졌고, 주로 성공적인 커리어와 재력을 갖췄으며 문화적인 생각과 미술품을 선호하는 사람을 지칭한다.

⑮ 同志[tóngzhì]

本义는 '동지'이나 新义는 게이, 남성 동성연애자를 지칭한다.

同志가 이 같은 신조어로 사용되기 시작한 홍콩이며, 지금은 중국과 대만에서도 게이를 일컫는 말로 사용된다. 1989년 홍콩게이영화제(香港同志电影节)에서부터 처음 사용되었고, 21세기 이후 확산되기 시작하였다.

⑯ 我一代[wǒyídài]

新义는 자기중심적 사고를 가진 현세대를 표현하는 신조어이다. 자기주장이 강하고 자기 자신 또는 관련 집단의 이익 외에는 무관심하고 자신의 욕구 충족만을 바라는 현대의 젊은 층을 풍자하여 사용하는 말이다. 중국에서는 주로 80년대 이후 태어난 외동아들, 외동딸을 지칭하는데, 영어의 'not me generation'을 '以自我中心的一代'로 번역한 후 이를 간단히 축약하여 我一代라 칭한다.

잘못되면 모두 남의 탓으로 돌려 책임을 전가하기에 바쁜 사람들을 지칭하는 신조어로, 서구사회에서 50년대 베이비 붐 세대에 태어난 자기 몫만 챙기는 '미 제너레이션 세대'의 또 다른 신조어이다. 예를 들면 자녀들의 성적 저하는 학교 탓, 난폭하고 산만한 성격은 할리우드 영화와 TV 탓, 자동차 산업의 사양은 일본 탓, 일자리 부족은 소수민족 탓 등으로 돌린다.

⑰打酱油 [dǎjiàngyóu]

글자 자체의 의미는 "간장을 사러 간다."이나 新义는 인터넷 용어로 "오리발을 내밀다", "자기와 상관없다." 등의 의미로 쓰이고 있다.

이 말은 2008년 화재사건 현장에서 기자가 tv인터뷰 중 시민에게 당시 발생한 사건에 대한 의견을 묻자 그 시민이 "저는 그냥 간장 사러 왔는데요"라고 말한 것에서 유래되어 지금은 '관심 없이 지나가다', '자신과 상관이 없다' 등의 의미로 바뀌게 되었다. 최근 중국 젊은이들 사이에서 남의 일에 상관하지 않고, 자신의 일만을 소중히 여기는 세태를 풍자한 신조어로 보인다.

(4) 80後의 스마트폰 문화

① 煲电话粥 [bāodiànhuàzhōu]

新义는 "전화기를 붙들고 살다", 즉 전화로 장시간 한담하다는 것을 가리킨다.

煲는 광동식 요리방법 중 장시간 끓이는 것을 의미하는데 직역하면 "장시간 전화 죽을 끓이다"라는 의미로, 요즘 젊은이들이 휴대폰을 손에 들고 사는 현상을 풍자한 신조어이다.

② 低頭族[dītóuzú]

新義는 '고개를 숙인 사람들', 즉 스마트폰에 몰입하여 항상 고개를 숙이고 다니는 사람들을 지칭한다. 요즘 중국에서도 스마트폰이 상용화되면서 특히   은층을 중심으로 스마트폰 문화가 극성을 부리고 있다. 길거리에서도 지하철에서도 거의 대부분의 사람들이 고개를 숙이고 스마트폰을 사용하는 장면을 쉽게 볼 수 있는데, 이러한 사회적 현상을 대변하기 위하여 이러한 신조어가 등장하였다.

③ 漂宅族 [piāozháizú]

新義는 겉으로는 늘 바쁘게 돌아다니며 일하는 것 같지만, 실제로는 이동하는 내내 스마트폰을 이용해 인터넷 세상에 머무는 사람들을 지칭한다. 漂宅族들은 다양한 어플리케이션을 이용해 업무를 처리하고 다른 사람들과 소통하며 교통 ,외식 ,쇼핑 등 크고 작은 생활 정보를 스마트폰에서 찾는다. 중국에서는 漂宅族이 늘어나면서 중국의 모바일 어플리케이션 시장도 자연스레 성장하고 있다.

④ 状态人 [zhuàngtàirén]

新义는 자신의 일분일초의 상황을 개인계정에 수시로 알리는 사람을 지칭한다. 통신기술의 발달로 이런 특징을 가진 사람들이 많이 나타나며 생겨난 신조어로, 이들은 웨이보나 QQ와 같은 개인계정을 많이 이용하여 자신의 상황을 알린다. 어떤 사람들은 자신의 불만을 털어놓거나, 좌우명을 적어 자신을 격려하기도 하고, 속마음을 드러내기도 하며 스트레스를 해소한다. 이들은 단조로운 생활 속에서 SNS상에 글을 올림으로써 다른 사람의 공감과 관심을 받으며 즐거움을 느낀다고 말하며, 이렇게 자신의 모든 감정을 털어놓는 것은 스트레스를 해소하는데도 도움을 주어 심리 건강에 유익하다고 여긴다.

⑤ 手機手 [shǒujīshǒu]

新义는 휴대폰 문자메시지의 과도한 작성으로 야기된 엄지손가락의 통증, 의학적으로는 엄지건초염을 말한다.

이른바 '엄지족'이라 불리는 사람들이 엄지를 주로 사용하여 휴대폰을 장시간 사용하다보니 이 증상이 나타나는 사람이 많다고 하며, 중국에서는 특히 안부문자가 폭주하는 춘절 연휴에 이 증상으로 병원을 찾는 사람들이 대단히 많다고 한다.

⑥ 自拍照 [zìpāizhào]

新义는 자기 스스로 자신의 사진을 찍는 것을 가리키는 말이다. 즉 카메라나 스마트폰이 발전하면서 사람들은 자기 스스로 찍는 것을 좋아하게 되었으며, 특히 현대의 젊은 층은 어디든지 언제든지 자신 스스로 자신의 사진을 많이 찍고 인터넷에 올리는 것이 유행하고 있다.

⑦ 切客[qiēkè]

新义는 스마트폰의 인터넷 기능을 사용하여 자신의 위치를 기록하고, 그 지역에서 재미있는 일이나 맛있는 음식을 기록하는 사람들을 가리키는 말이다.

'切客'라는 단어는 영어 'check in'을 중국어로 옮긴 것으로 중국의 포털싸이트 游玩网이 2010년 11월 25일 이름을 '切客网'으로 바꾸면서 유행하기 시작하였다.

⑧ 漫游 [mànyóu]

本义는 '슬슬 나돌아 다니다'이고, 新义는 휴대폰 '로밍서비스'라는 의미이다. 즉 로밍서비스에서 'roam'은 '정처 없이 걸어 다니다, 거닐다, 배회하다'라는 뜻이다. 최근 자신의 휴대폰을 해외에서 편하게 쓸 수 있는 로밍서비스의 등장으로 이 신조어도 널리 활용되게 되었다.

(5) 80後의 직업관

① 炒鱿鱼[chǎoyóuyú]

글자 자체의 의미는 '오징어 볶음'이지만, 新义는 '해고하다', '자르다' 등으로 쓰인다. 즉 중국에서는 직장에서 해고되거나 잘리면 "이부자리를 둘둘 말다"라고 말하는데, 요즘 사람들은 오징어 볶음 요리를 보고 요

리된 오징어 모양도 이부자리처럼 둘둘 말린다는 것을 인용하여 요즘은
직장으로부터 해고당하면 "이부자리를 둘둘 말다"라는 말 대신 "오징어
를 볶았다"라고 말한다. 최근 중국도 취업난이 심각해지고, 취업을 하더라
도 오래지 않아 정리해고 당하는 사례가 급증하면서 생겨난 신조어이다.

②裸辞族[luǒcízú]

新义는 근무하던 회사를 그만 두기 전에 그 다음 일자리를 찾지 않고 갑
자기 사직을 하는 현상을 가리킨다. 즉 직장 생활이 너무 힘들고 스트레스도
많이 받은 젊은이들이 '퇴직금 등을 받지 않고, 알몸으로 회사를 관두다'라
는 뜻의 裸辞라는 행동을 많이 하기 때문에 이러한 신조어가 만들어졌다.

③临时工[línshígōng]

本义는 '임시 직원'이나, 현재는 '책임을 회피하다.'라는 新義로 주
로 사용된다.

공공기업이나 공무원들이 업무상의 과실을 범했을 때, 책임을 지지
않고, 책임을 회피하는 사회적 현상이 일어나자, '철밥 그릇'으로 불리던
이들 공무원들을 풍자하여 반대의 의미인 '임시 직원'으로 부르면서 정
착된 신조어이다.

④午动族[wǔdòngzú]

新义는 젊은 직장인들 가운데 점심 쉬는 시간을 이용하여 자기 개발
을 위하여 독서를 하거나, 각종 양성반이나 외국어 수업을 듣는 등 자신을
재충전하는데 점심시간을 활용하는 사람들을 일컫는다.

이러한 신조어를 통하여 현재 중국의 젊은 직장인들이 회사 내에서의 경쟁이 치열하며, 보다 좋은 직장을 구하여 부단한 노력을 하고 있음을 알 수 있다.

⑤ 裝忙族[zhuāngmángzú]

新义는 직장에서 일을 할 때, 게으름을 피우며 이를 상사에게 발각되지 않기 위하여 직무를 가장한 다른 일을 하며 바쁜척하는 사람들을 가리킨다. 주로 대도시에 거주하는 화이트칼라들이 대상이며 겉으로 보기엔 늘 바빠 보이지만, 실제로는 게으름을 피우며 일을 하지 않는 일련의 젊은 이들을 지칭한다.

⑥ 求职红包[qiúzhíhóngbāo]

红包는 예로부터 축의금·세뱃돈 등을 넣는 붉은 종이봉투를 지칭하거나 특별 상여금, 보너스, 용돈, 뇌물 등의 의미로 활용되어 쓰였다. 求職紅包는 일부 학교에서 학생들이 외지에 가서 직업을 구하 것을 격려하기 위해 제공하는 보조금을 일컫는 신조어로, '학생들이 스승에게 주는 감사의 선물'이란 의미의 感恩红包의 형식을 빌려 새로 만든 단어이다.

최근 중국도 구직난이 심하여 사회 문제가 되고 있는데, 이처럼 일부 학교에서는 졸업생들의 구직활동을 돕기 위하여 경제적인 지원을 하고 있다고 한다.

⑦ 蚁族 [yzú]

新义는 도시에 거주하는 보통의 시민이나, 농민공, 고등학교 졸업자,

기술학교 졸업자 중에서 노동 시간이 매우 많거나 월급이 아주 낮아 개미처럼 일만 하고, 대도시나 도시 근교에 개미떼처럼 몰려 사는 젊은 층을 지칭한다.

최근 고학력 실업자가 급증하면서, 이들처럼 학력이 비교적 낮은 젊은이들은 노동에 대한 충분한 보상을 받지 못한 채, 개미처럼 일만 하는데도 낮은 임금을 받고 있으며, 이러한 세태를 반영하여 이러한 신조어가 생성되었다.

(6) 80後의 경제관

① 房奴 [fángnú]

新义는 은행 대출을 받아 무리하게 주택을 구입한 후 대출금 상환 때문에 궁핍한 생활을 하는 사람을 말한다. 이와 비슷한 신조어로 車奴는 자가용 구입의 대가로 어렵게 생활하는 사람을 말하는데, 최근 소득증대의 영향으로 자동차 소비가 급증한 현상을 묘사하고 있다.

② 月光族 [yuèguāngzú]

新义는 한 달 월급을 모두 써버리는 새로운 신세대 젊은 소비계층을 지칭한다.

월급을 뜻하는 '月薪'과 '다 써버리다'라는 의미의 '光'을 합친 단어로, 중국인의 소득 수준이 높아지면서 발생한 젊은층의 과도한 소비문화를 반영한다.

베이징대학 시장매체연구센터는 최근 '1990년 이후 출생 대졸자 직업보고서'를 통하여 중국 젊은이들의 잦은 이직과 과소비가 사회문제화 되는 가운데 대학 졸업자 3명 중 1명은 부모에게 경제적으로 계속 의존하고 있다고 밝혔다. 또한 전문대학과 4년제 대졸자 35만 명을 조사한 결과 역시 본인의 취업 여부와 상관없이 부모로부터 계속하여 경제적 지원을 받는 인원이 전체 인원의 34.1%에 달했으며 대졸자 가운데 취업한 사람의 40%는 월급을 한 푼도 저축하지 않고 모두 써버리는 일명 '月光族'으로 조사됐다.

이처럼 일부 중국 젊은이들의 자립심 부족과 부모에 대한 지나친 의존 현상은 중국 국이 지난 40년 넘게 고수해온 '한 자녀 정책'의 대표적인 폐해로 꼽힌다.

(7) 80後의 교육

① 过学死[guòxués]

新义는 학생들이 지나친 학습에 따른 과로로 인해 급사하거나 심한 학업 스트레스로 인해 자살하는 사회현상이 급증하면서 이러한 신조어가 생성되었다.

중국의 경우, 더 좋은 고등학교에 입학하기 위하여, 더 좋은 대학에 입학하기 위하여 매우 혹독한 학습활동을 하고 있는데, 이러한 활동의 부작용이 급증하고 있으며, 過學死는 過勞死와 함께 주요한 사회 이슈가 되었다.

② 空巢班[kōngcháobān]

空巢의 본래 의미는 '빈 집', '빈 보금자리'이나, 新义는 일부 고등학교 졸업반에 나타는 현상을 지칭한다. 즉 고등학교 3학년 학생들이 해외 유학 등의 이유로 수업을 빠져 교실이 텅 비는 현상을 가리킨다. 최근 중국에서도 대학을 해외로 진학하는 학생들의 수가 증가하면서 이 같은 현상이 생겼고, 이러한 현상을 나타내기 위하여 空巢班이란 신조어가 생긴 것이다.

③ 鸭梨 [yālí]

本义는 오리와 (과일) 배이다. 新义는 스트레스가 많음을 나타낸다. 즉 학업과 취업에서 경쟁이 치열해지고 물가와 일에 대한 스트레스가 커지면서 젊은 층은 영어이름 알렉산더의 음역인 '亚历山大'를 2010년부터 '스트레스가 산처럼 크다'는 뜻의 '压力山大'로 썼다. 원래 스트레스는 '压力'로 쓰지만 인터넷 상에서는 발음이 유사한 '鸭梨'로 쓰는 것이 유행하고 있다.

④ 学霸[xuébà]

新义는 열심히 공부에만 집중하고 시험을 잘 치는 학생, 또한 중요한 시험을 치루기 전에 밤새 침식을 잊을 정도로 공부하는 학생을 가리킨다.

즉 '学'는 공부라는 뜻이고 '霸'는 '맹주' '제왕'이라는 뜻이므로, '공부의 제왕'이라는 의미로 学霸라는 신조어가 생성되었다. 한국어에서 '공부의 신'이란 의미의 신조어 '공신'과 유사한 신조어이다.

"나는 오렌지족이었다."라고 말하면, '오렌지족'이란 한 단어로 인하여 그 사람의 젊은 시절이 어떠했는지를 짐작할 수 있다. 이처럼 신조어는 한 시대의 사건이나 사회 현상 등을 함축적이면서도 구체적으로 전달한다.

이같은 현상이 중국어에 더욱 두드러지게 나타나는 원인은 중국의 문자인 한자가 표의문자라는데에 그 원인이 있다.

즉 표의문자로서의 한자는 언어를 소리 나는 대로 표기하기에는 큰 불편함이 있으나 매 글자가 고유의 의미를 지니고 있기 때문에, 낱글자를 결합하여 새로운 낱말을 만들어 내는 조어(造語) 능력이 매우 뛰어나다는 장점을 지니고 있다.

4. 중국의 기타 문자

한자는 중국어를 기록하는 표준 문자체계이다. 그러나 현재 전 인구의 8%를 점유하는 55개 소수민족 중에는 고유의 문자와 언어를 사용하는 종족이 많이 있다.

예를 들어 위의 중국 화폐를 보면, 한자 외에도 각각 티베트, 위구르,

몽고, 광서(廣西) 장족의 문자가 한자와 함께 표기되고 있음을 알 수 있다. 이들 4개 문자는 현재 티베트 장족 자치구, 신강 위구르 자치구, 내몽고 자치구, 광서(廣西) 장족 자치구로 지정되어 있으며, 각 민족 고유의 문자와 언어가 여전히 중국어 및 한자와 함께 자치구 안에서 모국어처럼 통용되고 있다. 이외에도 중국에는 한자 외에 많은 문자가 사용되었고, 또 사용되고 있다.

■ 납서족(納西族)이 사용하는 동파(東巴)문자

인구는 27만 명이며, 주로 운남성(雲南省) 려강(麗江) 납서족(納西族) 자치현과 사천성(四川省)의 염원(鹽源), 염변(鹽邊), 목리(木里)등의 현, 그리고 티베트의 망강현(茫康縣)에 거주하고 있다. 납서족에게는 본래 두 종류의 문자가 있었는데, 하나는 표의상형문자인 동파문(東巴文)이고, 다른 하나는 표음음절문자인 가파문(哥巴文)이다. 이중 동파(東巴) 문자는 서기 7세기경에 만들어진 문자로, 현재 세계에 얼마 남아있지 않고 사용되고 있는 상형문자이다. 특히 동파(東巴) 문자로 쓰여진 「동파경서(東巴經書)」는 나시족 사회 발전의 역사를 연구하기 위한 귀중한 자료로 활용된다.

중국의 문학

문학은 문화예술의 한 영역으로 중국인들의 마음과 이상을 가장 잘 읽어낼 수 있는 수단이다. 중국은 원시시대부터 한자를 사용했고, 종이와 인쇄술을 발명한 나라로 수천 년이나 되는 문학 활동의 역사를 가진다.

유구한 역사와 빛나는 문학적 성취를 가진 중국문학을 한 눈으로 파악하는 것은 그리 쉬운 일이 아니지만 그래도 문학을 파악하기에 가장 좋은 방법은 갈래구분일 듯싶다. 여기서는 중국문학의 장르를 신화, 시가, 소설, 산문, 현대문학으로 나누어 기술하기로 한다.

1. 중국문학의 특수성

역사적 연속성은 중국문학의 가장 두드러진 특징이다. 그 연속성은 중국의 문학뿐 아니라 국가이데올로기를 비롯한 중국의 정치, 경제, 외교 등의 모든 국가시스템, 나아가 중국문화권 전반의 뚜렷한 특성이기도 하다. 특히 현대문학기로 접어들기 전까지의 중국문학사는 수천 년을 두고 비슷한 문학적 흐름이 지속되어 온 세계 문학사상 매우 보기 드문 경우이다. 중국문학의 특징을 꼽으라면 역사적 연속성을 우선 들어야 한다.

다음으로는 중국의 영토는 한대(寒帶)에서 열대(熱帶)에 이르는 광활한 지역을 차지하고 있기 때문에 황하 유역의 북방사람들은 현실적, 이지적, 투쟁적, 산문적 기질을 가지고 있는 반면에 장강 이남의 남방사람들은 환상적, 낭만적, 평화적, 시적인 기질을 지니게 되었다.

이러한 기질상의 차이는 문학작품에 광범위하게 반영되어, 선진시기에 벌써 북방적 기질이 두드러지는 『시경』이 황하유역에서 나왔으며, 장강 유역을 중심으로 한 남방에서는 『시경』과는 매우 대조적인 『초사(楚辭)』가 출현하였다.

중국의 고전문학은 이중적인 계층구조에 따라 형성된 이중적 구조를 가지고 있다. 물론 그 경계가 모호한 경우도 있지만 대체로 중국 고전문학은 사대부 문학이라고 할 수 있는 상류사회의 문학과 민간문학이라고 할 수 있는 하층사회의 문학으로 나뉘어 발전해 왔다.

중국의 고전문학에서 계층구조의 차이로부터 발생한 이러한 이중적인 구조는 산문문학에 하층계급의 접근을 허락하지 않았고, 소설과 희곡의 지위가 격상되는 것을 막았다.

끝으로 문학의 표현수단인 한자의 특성을 이야기하지 않을 수 없다. 그림에서 출발한 한자의 특성상 중국문학은 수식성이 강하고 형태미를 중시하는 경향, 즉 시각적인 심미성에 호소를 하는 데 많은 주의를 기울였다. 중국의 산문이 정형화와 간략화의 길을 걷게 된 것도 이러한 연장선상에서 이해해야 할 것이다.

2. 신화(神話)와 전설

신화는 고대 인류의 철학·문학·과학·의학 등 모든 지식의 종합체로서, 대부분 구전으로 대를 이어 전승되어 왔다. 우리가 신화에 열광하는 것은 단순하게 환상적인 이야기라서가 아니라 이런 신화를 통해 민족적 동일감, 정체성, 자긍심 등의 고양을 가져올 수 있어서이다.

중국신화는 단순히 중국인에게만 중요한 역사적 가치로 작용하는 것이 아니라 우리나라나 일본 등 동양문화와 밀접한 관계가 있다. 현재 염제(炎帝)편에 서서 황제와 싸웠던 치우(蚩尤) 등이 한민족의 조상이라는 논의가 조심스럽게 대두되고 있다. 따라서 중국 신화의 연구는 단순히 중국 문화나 정신의 원형을 찾는 게 아니라 우리 만족의 역사를 찾아갈 때도 중요한 작업이다.

1) 중국신화 바로보기

우리는 대부분 그리스 로마신화나 유대민족 신화와 같은 서구신화의 창을 통해 신화의 세계를 바라보기 시작한다. 서구신화가 신화–서사시–로망스–소설로 이어지는 서사문학적인 전통의 한 축을 담당하고 있는 반면에, 중국신화는 은·상 시대 전성기를 맞이한 이후, 주나라의 인문정신의 부흥으로 인해 역사시기 이래 줄곧 중국 문화의 전면에 나서지 못했다.

서구신화가 가지고 있는 특징들–직선적 세계관, 신과 인간의 대립적 관계–등은 중국신화에서는 찾아보기 쉽지 않다. 중국신화의 가장 큰 특징은 흔히 단편성과 역사화를 꼽는다.

이 둘은 독립적인 것이 아니라 동전의 양면처럼 뗄 수 없는 관계로 존재한다. 중국신화 또한 서구신화와 마찬가지로 풍부한 내용들을 가지고 있었지만, 서구신화에서의 호머(Homeros)나 불핀치(Bulfinch) 등의 부재로 인해 창조적인 재해석과 정리작업이 존재하지 않았다. 역대로 중국인의 실용정신과 공자 이래의 중국의 지식인이 지녔던 '경세치용(經世致用)'의 학술관념은 신화의 발전을 가로막았다.

괴이하고 환상적인 이야기들은 지식인들의 호응을 얻지 못하였고, 영웅들의 이야기는 기록서사의 발달과 함께 일찌감치 역사 속으로 편입되어 버렸다.

따라서 오늘날 볼 수 있는 중국신화는 단편적이고, 비체계적이며, 철학서와 역사서 속에 흩어져 존재한다. 수 천 년간 중국문화의 배후에 숨어 있던 신화가 그 모습을 드러낸 것은 근대 민족주의의 발흥과 밀접하게 관련되어 있다.

19세기 열강의 침략아래 흔들리던 만청(滿淸)정부를 뒤엎고 신해혁명을 일으켜 중화민국을 건립한 손문(孫文)을 비롯한 당시 한족 지식인들은 황제(黃帝)라는 신화인물을 내세워 민족적 자긍심과 정체성 확립의 도구로 활용하였다.

이는 신화가 지닌 이데올로기성을 극명하게 보여주는 한 예이다. 오늘날 중국각지에 보이는 숱한 삼황오제를 비롯한 신화인물들의 유적지는 조작된 것이기는 하지만, 그 자체로 충분히 신화적 상징성을 확보하고 있으며 중국대중들에게 강한 호소력을 가진다.

2) 동양의 헤라클레스 예(羿)신화

중국신화는 내용적으로 크게 천지창조신화(반고盤古신화), 영웅신화(삼황오제三皇五帝, 예, 여와女女咼), 자연신화(홍수신화, 공공共工) 등으로 분류할 수 있다. 이 가운데 천지창조신화는 본래의 중국 한족에게는 존재하지 않았던 것으로 삼국시대 이후 중국의 지배력이 장강 이남으로 확장됨에 따라 소수민족의 신화를 받아들인 것으로 보인다. 영웅신화는 일찌감치 역사서속에 편입되어 황제의 세계(世系)를 수식하는데 활용되었다. 자연신화는 원시성이 가장 잘 드러난 신화로 고대인들의 우주관, 세계관, 과학지식 등을 살펴볼 수 있는 활화석이다.

예사십일(羿射十日)이라는 영웅신화를 통해 중국신화의 재미를 느껴보자.

요(堯)임금 때 열개의 태양이 한꺼번에 나타나 무더위로 인해 사람들이 살기 힘들게 되자, 천제인 제준(帝俊)이 활솜씨가 뛰어난 천신 예에게 이 문제를 해결하도록 시켰다. 제준은 단지 이 열개의 태양을 혼만 내주기를 원했으나 예는 제준의 아들들인 이 태양을 하나만 남겨놓고 모두 죽여버렸다. 또 백성들을 위해 그들의 일곱 가지 재앙을 없애주었다. 천제는 자식을 죽인 예를 미워해 다시는 하늘로 올라오지 못하게 하였다.

이후 예는 서왕모(西王母)를 만나 불사약을 얻었으나 이마저도 부인인 항아(姮娥)가 성급히 신이 되겠다는 욕심을 부려 몰래 훔쳐 달나라로 도망가 버렸다. 인간을 위한 행위로 활을 쏘았다는 점에서 예는 그리스신화의 헤라클레스에 비견할 것이다.

이 밖에도 중국인들에게 잘 알려진 신화는 삼황오제이다.

우리가 단군신화를 떠올리듯이 중국의 역사를 말하면 중국인들은 대체로 삼황오제(三皇五帝)로부터 이야기하기 시작한다. 삼황오제는 본래 각기 다른 부족의 조상신 내지는 영웅으로 존재하였으나 통일국가의 등장과 함께 황제를 중심으로 하는 단원적 세계(世系)를 형성하여 통일국가 형성에 이바지한 것으로 보인다. 오늘날에도 전세계에 퍼져있는 십 수억의 중국인들은 여전히 황제의 자손이라는 민족적 동질감을 공유하며 화교네트워크를 형성하고 있다.

3. 노랫말 『시경』과 『초사』

선사 시대에도 시가와 춤, 노래가 함께 어우러진 형식의 악무(樂舞)가 존재했기 때문에 어느 문명권을 막론하고 시가문학의 발달은 서사나 산문문학보다는 시기적으로 이르다. 중국 또한 시가 문학이 여타 장르보다 일찍 등장했다.

1) 중국시가 문학의 비조, 『시경』과 『초사』

중국의 시가문학은 바로 『시경』에서 시작되었다. 이것은 당시 중국인의 주 활동무대였던 황하 유역을 중심으로 한 지역의 민간에서 떠돌던 노래를 정리한 것으로, 서주 초기(기원전 11세기)에서 춘추 중엽(기원전 6세기)까지 약 500년 동안 불리던 민가와 종묘제례악 등 대략 305편으로 구성되어 있다. 『시경』에 수록된 노래는 당시 사람들의 생활상과 감정을 꾸밈없이 반영하고 있다. 남녀의 사랑, 서민들의 고난, 전쟁의 비정함 등 갖가지 주제들이 생동감 있게 그려지고 있다.

즉 『시경』은 서민들의 노랫말인 風과 종묘제례악인 雅 그리고 집권자에 대한 칭송을 내용으로 삼은 頌의 세 부분으로 구성되어 있는데, 이중에서도 문화적으로 가장 유의미한 부분은 바로 風이다.

즉 당시의 왕은 민간의 정서를 파악하기 위하여 채시관이라는 직책을 신설하였다. 채시관이란 각 지역을 돌아다니며 민간의 정서를 파악하여 보고하는 것을 업으로 삼았다. 당시에는 녹음기도 없었고, 캠코더도 없었기 때문에, 채시관들은 각 지역을 돌아다니며, 각 지역에서 일반 백성들이 주로 집단 노동을 할 때 함께 즐겨 부르던 노래의 가사를 글로 적어 왕에게 보고 하였다. 이러한 노랫말을 집대성하여 정리한 것이 『시경』의 風이다.

이러한『시경』의 내용은 후대 중국시의 서정적 전통과 현실성을 가지게 되는데 결정적인 역할을 하였다. 이렇듯 한낱 고대 중국의 민요모음집에 불과한『시경』에 대해 중국의 지식인들은 '경(bible)'이라는 훈장을 달아주었다.

근대 이전까지『시경』의 편집은 공자(孔子)에 의해 이루어진 것으로 인정되어 왔고,『논어(論語)』의 기록들에서도 공자는『시경』의 교육적 기능과 정치적 효용을 강조했다. 고대부터 이미 문학작품보다는 먼저 유가의 경전으로 인식되어온 이러한 전통은 한나라에 들어와서 유가의 지위가 상승함에 따라 한층 다양해지고 복잡해졌다.『시경』의 해설 또한 이전 시기의 해설을 포함하면서 거기에 덧붙여 당시의 정치체제를 합리화하고 정치적 현실을 옹호하는 기능을 수행했다. 그리고 이러한 해석의 태도는 중국의 마지막 전제왕조인 청나라까지 큰 변화 없이 오랫동안 이어져 갔다.

아래의 관저(關雎)는『시경』에 첫 번째로 등장하는 시이다. 이 시는 평이한 민요가락을 통해 소박한 고대사회의 남녀관계의 사랑을 그려 낸 전형적인 연가이다. 그러나 중국의 전통학자들은 이를 문왕(文王)의 교화와 후비(后妃)의 덕을 노래한 것이라고 해석하였다.

짝을 찾는 물새(關雎)

까악까악 물수리, 황하의 모래톱에서
아리답고 참한 처자, 멋진 남자의 좋은 배필

들쑥날쑥 물마름, 여기저기 흐르고요
아리땁고 참한 처자, 자나깨나 뒤쫓아
뒤쫓아도 얻지 못해, 자나깨나 그 님 생각
기나긴 밤 지새우며, 엎치락뒤치락 모로 바로

들쑥날쑥 물마름, 이리저리 뜯고요
아리땁고 참한 처자, 금과 슬로 사귀고
들쑥날쑥 물마름, 이것저것 다듬고요
아리땁고 참한 처자, 종과 북으로 즐겁게

關關雎鳩, 在河之洲
窈窕淑女. 君子好逑

參差荇菜, 左右流之
窈窕淑女, 寤寐求之
求之不得, 寤寐思服
悠哉悠哉, 輾轉反側

參差荇菜, 左右采之
窈窕淑女, 琴瑟友之
參差荇菜, 左右芼之
窈窕淑女, 鍾鼓樂之

『시경』이 중국문학에 서막을 열던 시기에 장강 이남의 초(楚)지방을 중심으로 한 남방 지역에서는 그것과 내용과 형식면에서 판이한 성격의 노래가 등장하였다. 이것을 일반적으로 초(楚辭)라고 부른다. 초사는 남방의 온화한 기후와 풍부한 물산을 배경으로 기원했기 때문에 낭만적이며, 초현실적고, 화려한 수사를 특징으로 갖는다. 『시경』이 주로 작자미상인 것과 대조적으로 초사는 전국시대의 애국시인인 굴원(屈原)에 의해 그 면모가 일신되면서 이후에는 굴원이 창작한 새로운 시체를 가리키는 말로 쓰이게 되었다.

굴원의 「이소(離騷)」는 『초사』의 대표작으로 꼽히는데 허구적인 세계의 아름다움을 극도로 발휘함으로써 화려한 수사와 낭만적 문학의 가능성을 개척하였다.

굴원은 초나라의 왕족으로 태어나 초 회왕(懷王) 시절에 개혁을 주도하고 진나라에 대항하였으나 간신들의 모함을 받아 유배당하였다. 이후에도 우국충정의 정신을 잃지 않고 항상 나라걱정을 하다 초가 멸망당했다는 소식에 돌을 안고 멱라강(汨羅江)에 스스로 몸을 던져 자살하였다.

평소 굴원을 존경하던 사람들이 이 이야기를 듣고 애통한 나머지 배를 띄어 시체를 찾고, 물고기가 굴원의 시체를 상하지 못하도록 계속해서 음식을 물에 던졌다. 이후 굴원이 죽은 음력 5월 5일이 되면 종자(粽子)를 먹고 용선(龍船)경기를 열어 굴원을 기리는 전통이 생겨났다고 한다.

2) 중국시가 문학의 완성

『시경』의 시들은 한나라를 거쳐 위진남북조로 들어오면서 형식과 내용면에서 크게 변화되어 중국 고대 시가사상 일대 전기를 맞게 된다. 형식면에서 가장 두드러진 변화는 이전의 자유로운 시형에서 5언과 7언을 바탕으로 한 정형화된 것인데 이를 중국 문학사에서는 고체시(古體詩)라고 부른다. 이것은 중국의 세력권이 양자강 이남과 서쪽 중앙아시아로 확대됨으로써 그 지역에서 들어온 새로운 음악이 중국 시가의 형성에 영향을 주었을 것으로 짐작된다.

『시경』의 시들은 주로 4언으로 구성되어 있는데 이와 같은 글자수의 변화는 단순히 글자가 추가된 것 이상의 의미를 갖는다. 시가의 구조가 4언보다 치밀하여, 풍부하고 자세한 내용과 작가의 감정 변화와 기복을 표현할 수 있는 틀을 만들게 해주었고 결과적으로 중국인들의 심미의식과 인성도 자연스럽게 동반 발전할 수 있었기 때문이다.

고체시가 중국 시가의 주류이든 시기에 위대한 시인을 꼽으라면 당연히 우리에게 도연명(陶淵明)으로 잘 알려진 도잠(陶潛)을 꼽는다. 그는 문인인자 생활인으로서 어쩔 수 없이 느낄 수밖에 없었던 자신의 고민을 비교적 솔직하고 담담하게 관조적인 필치로 그려내어 중국시의 새로운 국면을 열었다. 도연명 시의 특성이 잘 묻어 있는 귀원전거(歸園田居)를 읽어보자.

전원의 고향집으로 돌아와서(歸園田居)
어려서부터 세속에 적응치 못하고
천성이 본래 산을 좋아하였네.
잘못하여 티끌먼지 그물 속에 떨어져
어느새 30년이 지나가 버렸다.

새장 안의 새는 옛 수풀 연모하고

연못 물고기는 옛 연못물 그리워한다.

남쪽 들판가 황무지를 개간하며

어리석음을 지키려고 전원으로 돌아왔다.

네모난 택지 10여 이랑

초가집 여덟아홉 칸

느릅과 버드나무는 뒷 처마에 그늘 드리우고

복숭아 오얏나무는 대청 앞에 늘어서 있네.

아득아득 저 먼 촌락

모락모락 한적한 마을의 연기

개는 깊은 골목 안에서 짖고

닭은 뽕나무 꼭대기에서 운다.

집안과 뜰에는 티끌먼지나 잡된 것 없고

텅빈 방에는 여유로운 한가로움이 있다.

오랫동안 새장 속에 갇혀 있다가

다시 자연으로 돌아오게 되었구나

少無適俗韻

性本愛丘山

誤落塵網中

一去三十年

羈鳥戀舊林

池魚思故淵

開荒南野際

守拙歸田園

方宅十餘畝

草屋八九間

楡柳蔭後簷

桃李羅堂前

曖曖遠人村

依依墟里煙

狗吠深巷中

鷄鳴桑樹顚

戶庭無塵雜

虛室有餘閑

久在樊籠裏

复得返自然

고체시는 당나라에 들어와 글자수를 5언·7언으로 맞추는 것 외에도 리듬(운율), 음운의 높낮이(평측), 그리고 내용상에서 구와 구가 서로 짝을 이루도록(대우)를 강구하는 시가체가 완성되었는데, 이를 근체시(近體詩)라고 부른다. 근체시는 자구와 형식이 자유로운 고체시와 상대되는 의미를 가진다. 근체시는 4구로 이루어진 절구(切句)와 8구로 이루어진 율시(律詩)로 나뉜다. 내용면으로는 두보(杜甫)와 백거이(白居易)와 같은 사실

주의, 이백(李白)과 같은 위대한 낭만주의 시인들이 등장함으로서 이전 『시경』시들에서 보여지던 남녀간의 사랑이나 고된 현실생활의 풍자 외에도 다양한 예술 풍격과 유파가 형성되게 되었다.

중국시인에서 가장 위대한 시인을 꼽으라면 두보와 이백이 앞자리에 놓이게 될 것이다. 시성(詩聖)이라 불리는 두보는 인간의 고뇌에 깊이 침잠하여 시대적 아픔과 세심한 자연묘사에 심혈을 기울였다.

특히 장편의 고체시는 주로 사회성을 표현해서 시사(詩史)라고 불린다. 두보와 함께 시선(詩仙)으로 병칭되는 이백은 시풍(詩風)과 기질에서 두보와 정반대의 시인이었다. 이백은 역대로 대중들의 사랑을 가장 많이 받았던 시인이었으며, 숱한 전설과 아름다운 신화의 주인공이기도 하다.

두보가 언제나 인간으로서 성실하게 살고 가혹한 현실에 대한 비판과 고통받는 서민들에 대한 동정을 바탕으로 침울하면서도 비장한 느낌을 주는 시를 지은데 비해, 이백은 인간을 초월하여 신선을 노래하고 일상성을 벗어난 환상과 웅장한 풍경을 시로 담아냄으로써 호방하고 낭만적인 느낌을 표현해내었다.

여기에는 이백의 개인적인 삶의 색채가 배경이 된다.

즉 이백의 생애는 그의 명성에 비해 모호한 부분이 많은데 특히 그의 출생지와 조상에 관해서는 여러 가지 이설이 존재하여 그가 중국 땅에서 태어났는지 순수한족(漢族)인지조차 분명하지 않다. 다수의 설은 그가 어려서부터 신동으로 소문이 났을 뿐만 아니라 검술에 능하고 협객들과 어울려 살인사건데도 가담하는 등 40대 초반까지 중국 각지를 돌아다니며 은사, 도사와 사귀는 자유분방한 생활을 하였다고 한다. 전하는 바에 의하여 그의 부친은 상당한 재력을 가진 무역상이었는데, 어린 이백을 사천성의 청성산에 맡겨 두었다고 한다. 청성산은 중국의 도교가 발생한 곳으로, 그곳에서 어린 이백은 도교를 연마하는 많은 도사들과 교류하며 그의 사상적 틀을 잡아나갔다고 한다.

이후 그는 현종의 부름을 받고 장안에서 잠시 벼슬을 지내면서 당시의 세도가 고력사(高力士)에게 자기 신발을 벗기도록 하고 양귀비(楊貴妃)에게는 벼루를 받쳐 들게 해서 시를 지었다는 유명한 일화를 남겼다. 이백은 말년에는 도사생활을 하기도 하였고 반란에 연루되어 사형선고를 받는 등의 파란 많은 생애를 살다가 결국 62세에 병사하였다.

이백의 생애는 방황의 연속이었고, 술과 달은 이런 그를 현실의 번민에서 해방시키는 도구였다. 즉 그래서였을까 후대 사람들은 이백의 죽음을 술에 취해 뱃놀이를 하다 물속에 비친 달을 건지려고 물에 뛰어들어 죽었다는 전설로 가공해내었다.

반면 두보는 매우 가난한 뼈대있는 집안에 태어나, 어릴 적부터 문재를 뽐내며 가문의 자랑거리로 성장하였다. 매우 가난하였던 두보는 집안 어르신들이 십시일반으로 모아준 노자돈으로 과거를 보러 수도에 왔다. 하지만 당시에 이미 과거제도는 부패하였으며, 가난하고 빽없는 두보는 과거를 볼 때마다 낙방하였다.

그는 과거를 포기하고, 전국을 돌아다니며 자신의 문재를 뽐내는 시를 창작하였는데, 그래서 그가 남긴 시에는 당시 양반가의 부패와 권력자의 부정이 풍자적으로 실려 있으며, 자신의 문재를 뽐내기 위해 음율을 정확히 지킨 고체시의 모범이 될만한 많은 시를 남겼다.

근체시의 완성은 문학사적으로 노랫말에서 시작한 중국의 시가문학이 눈으로 읽는 시들로 전환되었다는 의미가 있다. 또한 당나라의 과거제도를 통해 지배계층으로 새로 등장한 문인지식인들에게 시가가 그들의 문화 권력에 대한 지위를 공고히 해주고 유지시켜주는 주요하고도 보편적인 글쓰기의 하나로 자리 잡았다는 의미를 포함한다.

우리에게까지 결코 그 이름이 낯설지 않은 이백의 「月夜獨酌」과 두보의 「春望」시를 감상해보자.

달빛 아래 홀로 술 마시며(月夜獨酌)

꽃 속에 한동이 술을 놓고
친구도 없이 홀로 대작한다
술잔 들어 밝은 달 초대하여
그림자와 더불어 셋이 되었네
달은 원래 술 마실 줄 모르고
그림자는 그저 내 몸을 따를 뿐
잠시 달과 그림자와 짝을 이뤄
봄철 맞아 한때를 즐겨 보려네
내가 노래하니 달이 배회하고
내가 춤추니 그림자 너울대네
깨어서는 같이 사귀어 즐기지만
취해서는 각자 나뉘어 흩어지네

무정한 이 만남 영원히 맺고 싶어
아득한 저 은하수에서 다시 만나세

花間一壺酒
獨酌無相親
擧杯邀明月
對影成三人
月旣不解飮
影徒隨我身
暫伴月將影
行樂須及春
我歌月徘徊
我舞影零亂
醒時同交歡
醉後各分散
永結無情游
相期邈雲漢

봄의 시름(春望)

나라는 망했으나 산천은 그대로고
도성에 봄은 왔으나 초목만 무성하네
때를 느껴 꽃을 보고 눈물을 흘리고

이별이 한스러워 새소리에 놀래네

봉홧불이 연이어 석 달을 피어올라

가족의 편지 만금보다 귀하네

흰머리 긁으니 더욱 적어지더니

아예 비녀도 꽂지 못할 정도구나

國破山河在

城春草木深

感時花濺淚

恨別鳥驚心

烽火連三月

家書抵萬金

白頭搔更短

渾欲不勝簪

3) 부활한 노랫말

중국 시가의 뿌리는 생활 속에서 자연스럽게 만들어진 민요라 할 수
있겠으나 당나라에서 전문적인 시인, 사대부로의 교양으로서 시짓기를
하는 시인이 등장하고부터 시와 노래는 분리되기 시작한다. 우리가 마지
막으로 기술할 사(詞)는 이러한 분위기 속에서 자연스럽게 출현하였다.

사는 이미 작곡된 악보에 붙여진 가사를 의미하는데 시와 근본적으로
다른 점은 음악성을 강조한 형식에 있다. 사는 시와는 달리 글자 수가 한

정되어 있지도 않고, 운율과 평측이 엄격히 정해져 있지도 않다. 송나라에서 사가 발전하게 된 원인은 경제적 구조의 변화가 가장 큰 원인으로 지목되고 있다.

송나라에 상업 경제의 발달로 인한 도시문화의 번성은 시민계층을 급속히 성장시켰고, 그 결과 이들의 문학 활동에 대한 요청에 부응하는 양식이 바로 사라는 것이다. 이들이 비록 경제적 시간적으로 문학 활동을 할 수 있는 잠재력은 획득하였지만 사대부계층의 전유물인 정형화된 시보다는 형식이 자유롭고 음악성이 뛰어난 사가 더욱 그들의 욕구에 부합되었기 때문이다.

시가는 송나라 이후에는 기본적인 형식과 내용의 변화 없이 근대 이전까지 지속되었고, 근대문학 이후에는 백화시(白話詩)로 전환되었다.

4. 소설의 시작

우리는 작고 보잘 것 없는 이야기 즉 소설에 대한 여행을 시작해보려고 한다. 여행을 가기 위해서는 사전 준비물이 있어야 하듯 본격적인 중국소설로의 여행을 앞두고도 몇 가지 예비지식이 필요할 듯싶다.

1) 중국소설은 노블이 아니다

중국에서 소설이라는 용어에는 두 가지 의미가 있다. 하나는, 옛날부터 소설, 작고 보잘것없는 이야기라는 뜻이고, 다른 하나는 서양의 근대문학을 받아들이면서 영어의 'novel'이나 불어(또는 독어)의 'roman'을 옮긴 말로서 적용된 소설이란 말이 그것이다.

지금부터 2,500여 년 전에 살았던 중국 사람들은 짤막한 이야기 혹은 간단한 비유담이나 자잘한 일화 등을 가리켜 소설이라 불렀고, 자질구레한 짤막한 이야기를 재미있게 꾸며대어 남의 이목을 끌고, 또 그 덕에 이름을 날리려 하는 것을 상당히 천박한 짓이라고 몰아붙였다.

따라서 이야기의 종류는 전설·사화(史話)·야담(野談)·실화(實話) 등에서 상상(想像)으로 꾸며진 이야기에 이르기까지 잡다한 성질의 것들이며, 작자도 밝혀지지 않거나 전해지지 않은 것이 태반이었다.

그러나 영어의 'novel'이나 불어의 'roman'과 같은, 근대문학의 한 양식으로서의 소설이라는 문학은 이와 다르다. 전설이나 야담같이 예로부터 내려오는 이야기는 물론, 실화와 같이 역사적 사건이 아니면서 실제에 있었던 일이라고 전해지는 이야기들은 소설이 될 수 없다.

그것은 과거의 이야기나 당대의 이야기, 또는 작자가 상상으로 꾸며낸 이야기라야 한다. 따라서 거기에는 반드시 작자가 전제되며, 작자가 없는 이야기는 소설이 될 수 없으며 중국에서 소설이라는 명칭은 비교적 오래전에 등장하였지만 그 개념이 지칭하는 범위와 속성은 서구와 아주 달랐다는데 유의해야 할 것이다.

2) 글말과 입말

중국 소설은 다른 문학 장르와는 다르게 서로 다른 두 가지 문체, 즉 글말과 입말이 경쟁과 협조관계를 서로 유지하면서 각각 독립적으로 발전했다. 문언(글말)소설은 위진남북조 시기의 지인(志人)·지괴(志怪) 소설을 필두로 당나라의 전기(傳奇)를 거쳐, 명나라의 『전등신화(剪燈新話)』, 청나라의 『요재지이(聊齋志異)』 등으로 계승 발전했고, 백화(입말)소설은 명나라의 『삼국지연의(三國志演義)』, 『수호지(水湖志)』, 서유기(西遊記), 금병매(金甁梅), 청나라의 『홍루몽(紅樓夢)』으로 이어졌다.

그리고 이러한 문체의 차이는 소설의 분량과 독자층의 분기를 자연스럽게 동반하였다. 전자가 단편소설이 주를 이루고, 사대부를 독자층으로 가졌다면, 후자는 그 반대이다.

문체의 차이가 도대체 무엇인데 이러한 양극화 현상을 불러온 것일까? 문화언어학적으로 언어(글말을 포함해서)와 사회 구성원간에는 밀접한 관계가 있다고 알려져 왔다.

이러한 현상은 신분제도에 의해 철저하게 통제되던 고대사회에서 더하면 더했지 결코 지금보다 덜하지는 않았다. 글말소설의 대표주자라 할 만한 당나라의 전기가 발생한 직접적인 원인 중에 한 가지가 바로 과거제도와 밀접한 관련이 있다는 것이 좋은 예일 것이다.

즉 당시 사대부들에게 과거는 일생을 좌우하는 중대한 문제였지만 과거가 공정하게 시행된 것은 아니었으며 합격 여부가 시험 전에 결정되는 경우가 많았다.

당시 응시자들은 시험을 치르기 전에 세도가를 통해 과거의 시험관에게 자기를 소개하고 자기가 지은 글을 미리 바쳐서 인정을 받아 두어야 합격할 수 있었다. 따라서 세도가나 시험관이 홍미진진하게 읽을 수 있도록 이른바 '소설'을 지어야 했다. 이런 과정에서 차츰차츰 글말소설이 발전하는 토대가 이루어졌다.

반면에 백화소설은 송나라 이후 도시경제의 발전과 함께 등장한 시민 계급이 소설의 독자로 변화하고, 뒤에는 작가로까지 발전되어 형성된 것이다.

즉 당나라 전기의 영향으로 글말소설이 유행하게 되었고, 도시경제가 발전한 송대에는 사람들을 모아놓고 재미있는 이야기를 들려주는 전문 이야기꾼, 설화인이 등장한다.

이들 설화인들은 재미있는 글말소설을 읽고, 그 내용을 당시의 입말로 그대로 사람들에게 들려주었다. 돈을 내고 설화인의 재미있는 이야기를 듣던 사람들 중에 일부는 이들 설화인들이 하는 이야기를 그대로 받아 적는 이가 생겨나게 되었다. 즉 설화인들의 이야기를 받아 적어 자신이 외어 다른 지역에 가서 '설화인'이 되어 돈을 벌기 위함이었다.

따라서 입말로 들은 내용을 그대로 적은 '설화인'들의 이야기 대본은 말 그대로 입말 소설이 되었으며 당시의 발달한 인쇄술의 영향으로 이들 입말 소설들이 시중에 퍼져나가면서 입말 소설은 잉태되게 된 것이다.

3) 영웅호걸들의 이야기, 『삼국지연의』와 『수호지』

중국 소설의 대표적 작품들은 우리에게도 친숙한 백화소설에서 찾아볼 수 있다. 중국의 백화소설은 중국의 시가문학이 당나라에서 활짝 꽃을 피운 것에 비해 훨씬 늦은 시기인 원·명나라 교체기에서나 들어와 그 싹을 틔웠다.

아무래도 이는 자연적으로 발생될 여지가 많은 시가보다는 인위적인 창작이 필요한 소설이 가지는 문학적 특징에 그 주요원인이 있겠지만, 명대에 들어 도시 사회와 상업 자본이 발달함에 따라 시민 계층의 문예에 관한 요구가 크게 증대된 점과 문학을 통속적인 즐거움의 대상으로 여기기 시작한 인식의 변화도 무시할 수 없다. 물론 인쇄술의 발달도 큰 영향을 주었다.

이처럼 중국의 소설은 시나 산문보다는 시기적으로 상당히 늦게 출발했지만 시문이 후대로 가면서 발전 속도가 둔화되었던 것과 달리 소설은 그 발전 속도가 갈수록 빨라졌으며 내적으로도 성숙해 갔다. 중국소설사에서 가장 빼어난 걸작들도 바로 이 원·명 교체기에 탄생한다.

이때 만들어진 『삼국지연의』, 『수호지』, 『서유기』, 『금병매』를 비롯해 청나라 때 조설근(曹雪芹)이 지은 『홍루몽』은 서사문학의 진수로 꼽히고 있다.

역사 이래 우리나라에서 가장 팔린 소설이라는 『삼국지연의』는 명나라의 나관중(羅貫中)이 지었다고 전해지지만 이미 원나라 말기에 분량만 적을 뿐 주요 줄거리도 거의 일치하는 작품이 있었던 것으로 보아 정리자라고 보는 것이 보다 정확할 듯싶다. 이렇듯 작자가 분명치 않은 것은 중국소설의 또 하나의 특징이라고 할 수 있을 것이다.

문학을 전아한 규범의 도구로만 인식해왔던 풍토는 소설을 창작할 수 있는 지식인들로 하여금 떳떳하게 그들의 이름을 드러나게 하지 못하는 재갈로 작용하였다.

『삼국지연의』가 시대를 막론하고 중국을 비롯한 우리나라와 일본에서도 꾸준히 사랑받은 까닭은 그것이 소설 이상의 역할 즉, 야망을 키우고 세상을 보는 지략을 키우는 일종의 지혜서로서 인식되어왔기 때문이다.

　문학사적인 관점에서 『삼국지연의』의 가장 큰 장점은 인물의 전형성을 성공적으로 창조한 점이다. 『삼국지연의』를 읽지 않았더라도 제갈량(諸葛亮), 유비(劉備), 관우(關羽), 장비(張飛), 조조(曹操) 등의 이름을 떠올릴 수 있을 것이다. 그리고 우리는 그들이 실제 역사속에서 가졌던 무게와는 무관하게 『삼국지연의』에서 그려낸 이미지로 기억한다. 가장 큰 수혜자는 관우일 것이고 가장 큰 피해자는 조조일 것이다. 중국역사와 문학에서 조조가 가지는 무게와 관우가 가지는 무게는 비교대상 조차 될 수 없지만 『삼국지연의』이후 두 인물의 이미지는 역전되어 관우는 인간에서 무신(武神)으로 격상되었고, 조조는 권모술수와 간사한 인물의 전형으로 격하되었다. 이렇듯 소설책 한 권이 가지는 힘은 막강하기 때문에 고대 중국에서 소설책을 빈번하게 금서로 만든 이유를 미루어 짐작할 수 있을 것이다.

　『수호지』는 역사속에서 모티브를 가져온 것이나, 작가가 불명확한 점, 인물의 전형에 성공한 점 등에서 『삼국지연의』와 많은 유사점을 가지고 있다. 『수호지』의 가장 큰 문학적 성취는 민중적인 주제의식을 잘 표현해내었다는 점이다. 중앙정부의 부패에 대항하는 민중들의 삶을 그린 『수호지』의 내용은 안정을 추구하는 기득권 세력의 입장에서는 두려울 수도 있겠지만 혁명을 원하는 그 반대 세력의 입장에서는 굉장히 큰 매력으로 다가올 수도 있다.

　공산화 이후 『수호지』가 중국 최고의 고전이 된 까닭이 바로 여기에 있다. 문화대혁명시기에 모택동(毛澤東)이 홍위병들의 행동을 격려하고 동의를 표하는 말로 『수호지』에 나온 '造反有理(모든 항거에는 무릇 정당한 이유가 있다)'를 갖다 씀으로써 정치적으로 이용한 것이 아주 좋은 예일 것이다. 혼란스러운 시기에 초월적인 능력을 가진 영웅의 출현으로 문제의 해결을 기대하는 통속적인 낙관주의를 즐기는 중국인에게 현재까지 『수호지』는 큰 즐거움을 주고 있다.

『수호지』를 기술하면서 같이 논의할 소설이 음서로 알려진 『금병매』이다. 『수호지』의 4~5회 가량의 이야기가 확대되어 만든 소설이 바로 『금병매』이기 때문이다. 『금병매』는 노골적인 성 묘사로 말미암아 오랫동안 금서로 지정되어 왔을 만큼 당시 공식적으로 중국 사회의 지배 이데올로기인 유가적 윤리의 틀을 무시한 소설이다. 특히 『금병매』는 이제까지 영웅의 이야기나 환상의 세계에서 벗어나 실제 현실을 반영한 것으로 중국 통속소설사상 새로운 장을 열었다는 데에서 그 중요한 의의를 찾을 수 있다.

4) 역사를 넘어선 『서유기』와 『홍루몽』

『서유기』는 어느 소설보다도 이야기 자체로서의 재미를 추구한 작품이다. 특히 환상세계를 즐기는 중국인들에게 옥황상제와 마귀 등을 통해 인간사회의 여러 모습을 담은 이 소설은 큰 재미를 주었고 여전히 중국 대중문화계에서 가장 사랑받는 소재로 대접받고 있다.

1995년 홍콩에서 만든 주성치(周星馳) 주연의 『대화서유(大話西游)』는 중국인들에게 소설 『서유기』에 못지않은 영화판 고전으로 자리하고 있다. 『서유기』 역시 앞의 두 소설처럼 실제 역사인 당나라 때의 유명한 고승 현장(玄奘)의 인도 여행 이야기에서 모티브를 빌려 왔고, 명나라 이

전에 이미『서유기』라고 불리울 수 있는 작품들이 존재했으며, 작가가 불명확하다는 공통점을 가진다.

　　『서유기』의 가장 큰 문학적 성취는 기상천외한 상상력, 환상과 낭만, 등장인물들의 전형성 등을 통해 중국 소설의 큰 특징인 오락성 추구의 모범을 보인 점이다.

　　청나라에 들어와 출현한『홍루몽』은 중국인들에게 가장 인기 있는 작품 중의 하나이다.『금병매』에서 주인공이 영웅이거나 괴물이 아닌 평범한 인간으로 축소된 전통을 이어받아 현실 사회 속에 존재하는 사람들 사이의 실질적인 인간관계를 다룬 소설이다.

　　『홍루몽』은 가보옥(賈寶玉)이라는 귀공자와 그를 둘러싼 임대옥(林黛玉), 설보채(薛寶釵) 등 금릉십이채(金陵十二釵)라는 열두 미녀의 이야기를 중심으로 하여 극도의 영화를 누리던 한 사대부 가정이 몰락해 가는 과정, 주인공의 비극적 사랑과 출가에 이르는 우여곡절 등을 사회 현실에 기초하여 굉장히 사실적으로 엮어 냈다. 또『홍루몽』은 다른 중국 소설들이 해피엔딩으로 끝을 맺는 것과는 달리 비극적인 결말을 가진다는 점도 여타 작품과는 구분되는 특징이다.『홍루몽』은 중국 봉건 사회의 실상을 심도 있게 묘사해 낸 작품으로 풍부하고 다양한 걸작의 면모를 갖추고 있기 때문에 출현이후부터 지금까지 계속해서 중국인들에게 사랑받고 있다.

　　중국소설의 지위는 중국이 봉건사회의 옷을 벗고 근대로 들어선 이래 중국문학의 정통이었던 시문을 밀어내고 일약 중국문학의 주류로 급부상하게 된다. 당시의 지식인들이 5000년 중국 역사에서 최대위기상황에

직면한 중국사회를 구원할 목적에서 서구문화의 영향을 받아 소설의 중
요성을 새롭게 인식한 결과이다. 중국소설은 결국 시작은 미약하였으나
그 끝은 창대하리라는 성경 말씀처럼 이루어졌다.

5. 사대부의 글쓰기

　지금 우리가 설명하고자 하는 산문문학은 다른 문화권에서는 문학의
영역에 포함시키지 않기 때문에 어쩌면 가장 중국적인 문학양식이라고
할 수 있을 것이다. 그리고 이는 내용면에서 교훈성이나 논리성, 그리고
실용성과 철학성을 가지고 있기 때문에 같은 산문문학으로서 서사성에
의존하는 소설과는 차이가 있으며 포괄하는 범위가 훨씬 넓다.

　중국 고전 산문은 오랜 역사 동안 시와 더불어 문필(文筆)로 불리면서
문학을 양분해왔다. 특히 시가 대부분 민간의 노래말에서 나와 지배계층
에 흡수된 반면에 산문은 언제나 지배계층과 그 궤를 같이 하였고 이러한
고전 산문의 정체성은 중국 역사에서 마지막 봉건왕조인 청나라가 망할
때까지 유지되었다. 한 마디로 표현해서 중국 지배계층의 전유물이라고
할 수 있다.

1) 글쓰기에 대한 중국인의 미의식

　중국 산문이 이러한 위치에 있었던 이유는 글쓰기에 대한 중국인들의
독특한 관념과 탄생배경에서 비롯되었다. 중국인들은 예로부터 자기의 뜻

을 솔직하게 꾸밈 없이 표현하는 말이란 문장으로 꾸며지고 다듬어져 아름답게 표현될 때 비로소 설득력이나 보급력을 갖게 된다고 생각하였다.

글을 의미하는 문(文)이란 본래 모양(紋)이란 뜻이었다. 모양이 있는 직물을 문수(文繡)라고 하고, 인체에 입묵한 것을 문신(文身)이라고 하며, 모양이 있는 어패(魚貝)를 문어(文魚)나 문패(文貝)라 한다. 문자(文字)의 문(文)도 선(線)에 의해 하나의 모양을 묘사해낸 것에서 이름 붙여진 것이다. 그러므로 문이란 일종의 꾸밈인 것이다. 그리고 이렇게 문장은 반드시 수식되어야 한다는 강박관념을 중국인들에게 주입시킨 배경에는 한자의 특성이 자리 잡고 있다.

중국어는 예로부터 고립어이기 때문에 문장의 어순이 굉장히 중요했고, 단음절어이기 때문에 한 글자가 매우 광범위한 개념을 포함할 수 있었다. 따라서 한자는 넓은 개념을 문장 속에서도 언제나 지니고 있고, 또 앞뒤글자와의 관계와 그 글자의 위치에 따라 쓰이는 뜻이 결정됨으로 인해 글을 지을 때 한 글자 한 글자의 사용에 주의를 기울이지 않을 수 없는 것이다. 또한 성조언어로서 앞뒤 글자들의 음과 성조가 읽어서 잘 어울리느냐 안 어울리느냐 하는 문제도 고려해야 했다. 이러니 한 글자 한 글자의 사용에 모두 신경을 쓰다보면 자연히 문장을 꾸미고 다듬게 될 수밖에 없었을 것이다.

중국 고전 산문의 최초 작가는 사관(史官)이었고, 전국시대 이후 학자들의 손으로 바통이 넘겨졌다. 따라서 자연스럽게 이들 계층에게는 글쓰기의 행위 자체는 개인의 감정이나 소회를 표현하는 것이 아니라 세상을 올바로 이끄는 데 도움이 되는 어떤 사상이 담기어 있어야 한다는 생각이 생겨났다. 그 사상은 후세에 와서는 도(道)라는 말로 대체되어 계승되었다.

중국 고전 산문에 『서경(書經)』, 『좌전(左傳)』, 『사기(史記)』와 같은 역사서와 『논어(論語)』, 『맹자(孟子)』와 같은 제자백가(諸子百家)의 철학서가 포함되는 것도 바로 이러한 이유에서이다. 한나라 이후 문학이 경학(經學)과 사학(史學)에서 독립하여 자기 고유의 문화영역을 구축한 이후에도 이러한 전통은 사라지지 않았다. 특히 선진시기 제자백가의 글과 한나라의 『사기』는 개성적이고 세련된 문장과 극적인 표현 방식으로 인해 훌륭한 문학작품으로까지 인정받으며, 『장자(莊子)』와 『맹자』 등에 등장하는 우언(寓言)고사나 『사기』의 사전문(史傳文)은 중국 소설을 비롯한 후대 각종 문학에 많은 영향을 주었다.

이렇게 공용성을 염두에 두면서 문장을 치장하는 글쓰기는 중국인들에도 결코 쉬운 일이 아니었다. 한자만 안다고 누구나 할 수 있는 행위가 아니었다. 고전과 경전에 대한 전문적인 훈련과 지식이 있어야만 접근가능한 일이었다.

그리고 봉건통치의 신분사회에서 유일한 신분상승의 통로였던 과거(科擧)라는 사회제도를 통해 끊임없이 반복 재생산되고 강화되었다. 자연히 이는 글쓰기 행위 주체자와 향유층을 일부 소수로만 제한되도록 이끌었다. 따라서 중국 고전 산문은 중국 지배계층의 문화 권력을 담보하고 그들의 사회적 지위를 결속하는 글쓰기로 자리매김할 수 있게 되었다.

2) 형식미와 공용성의 충돌

글쓰기에 있어서 형식을 아름답게 치장하는 것과 사상을 담아야한다는 것은 일견 모순이 있어 보이지만 한자의 특성과 문장 사용의 특수한 여건 및 문장에 대한 개념 등 때문에 중국 문학사를 통하여 이 두 가지 성격은 언제나 공존하여 왔고 상호 보완관계를 유지해왔다. 역사서와 철학서에도 수식성과 함축성을 찾아 볼 수 있는 이유가 바로 여기에 있다. 다만 이 두 가지 가운데 어디에 치중 하느냐에(문장안에 완벽하게 재현된다면 더 바랄 나위가 없겠지만) 따라 다른 하나는 소홀해질 수밖에 없었다. 그것이 중국 고전 산문에서 극단으로 실현된 것이 변려문과 고문운동이었다.

변려문(駢儷文)은 산문이지만, 운문처럼 극도의 형식미와 음악적인 수식효과를 추구한 문장으로서. 위진남북조 시기부터 당나라에서 발생한 고문운동에 의해 저지당하기까지 약 6~700여 년간 중국 산문의 주류로 행세하였다. 고문(古文)이란 개념은 한유(韓愈)가 처음으로 제기한 것으로 남북조 이후에 성행했던 변려문의 상대적인 의미로서 선진·양한의 문체를 계승한 산문을 일컫는다. 고문운동은 단순히 극단적으로 수식을 추구했던 변려문을 공용성을 우선시 하는 고문으로 대체하고자 했던 문체개혁운동이 아니었다.

과거제도를 통해 배출된 문인지식층이 위진남북조의 귀족을 대신하여 중심사회로 부상하기 위해 자기 계층의 문화적 헤게모니를 장악하고 그 기득권을 유지하기 위한 장치로서 고문을 슬로건으로 내세운 것이다. 이들이 문벌귀족 사회와 맞설 수 있는 무기는 결국 자신들이 가지고 있던 지식과 교양에 의존할 수밖에 없었기 때문이다. 이 과정에서 한유, 유종원(柳宗元), 구양수(歐陽修), 왕안석(王安石), 소순(蘇洵), 소식(蘇軾), 소철(蘇轍), 증공(曾鞏) 등 이른바 당송팔대가(唐宋八代家)를 배출하게 되었다.

송나라 이후 고문은 명나라 말의 개성적인 묘사와 자유로운 표현을 추구했던 소품문(小品文)과 청나라에서 복고주의 기운을 타고 다시 일어선 변려문에 의해 일시적으로 내용과 형식면에서 도전을 받았지만 계속해서 중국 고전 산문을 주도해나갔다.

6. 현대문학의 등장

현대문학은 앞에서 설명한 고전문학과 완전 별개의 문학으로 근대이후 서구의 문학관념이 수입된 후 형성된 문학을 가리킨다. 중국은 서구 제국주의와 봉건주의의 극복을 위한 하나의 수단으로 문학을 생각함으로써 중국의 현대문학은 현실정치의 참여를 가장 큰 특징으로 갖게 되었다. 중국의 존망의 위기에서 중국현대문학이 걸어온 발자취를 간략히 따라가 보기로 하자.

1) 문학개량에서 문학혁명으로

아편전쟁에서 비롯된 서구의 충격은 중국인들을 위기감으로 내몰았고 중국의 과거전통에 대한 회의감을 불러일으켰다. 이러한 시대적 상황에서 문학 역시 고전문학을 부정하고 그것과의 단절을 주장하는 점에서 존재의식을 찾았다. 그 운동의 무대가 되었던 것이 1915년 진독수(陳獨秀)에 의해 창간된 『신청년(新靑年)』이라는 잡지였다.

이 잡지를 통해 서구의 문학이념을 도입하여 중국문학을 세계문학의 조류에 진입시키고자 한 문학혁명이 시작되었는데, 1917년에 발표된 호적(胡適)의 『문학개량추의(文學改良芻議)』가 그 도화선이었다. 그는 현대문학의 표현양식으로 고전문학에서 줄곧 경시받아오던 구어의 사용을 극력 주장하였고, 노신(魯迅)은 『광인일기(狂人日記)』를 발표하여 처음으로 작품면에서 문학혁명의 방향을 결정하였다. 『광인일기』는 문학혁명이 단순히 문체개혁운동에 그쳐서는 안되고 중국의 낡은 사상을 개조하는 차원으로 추진되어야 함을 제시한 것이었다.

문학혁명의 정신은 오사운동을 통해 광범위한 지지를 획득하였고 1920년대 이후 출현한 문학사단들의 활동으로 마침내 결실을 맺게 되었다.

—— 현대소설 『광인일기』의 표지

주작인(周作人), 모순(茅盾) 등이 주도하여 1920년에 결성된 문학연구회(文學硏究會)는 "인생을 위한 예술"이라는 슬로건 아래 서구문학 이론을 소개하고, 작품을 번역하여 독자들의 인식을 새롭게 바꾸는데 크게 기여했으며, 창작과 비평에서 뚜렷한 성과를 남긴 많은 신진작가와 비평가들을 배출해내었다.

한편 욱달부(郁達夫), 곽말약(郭沫若) 등에 의해 1921년에 결성된 창조사(創造社)는 문학연구회에 맞서 "예술을 위한 예술"이라는 슬로건을 내걸고 문학의 고유한 가치를 주장하였다. 또 이 시기에 발표된 노신의『아Q정전(阿Q正傳)』은 신문학의 승리를 확인하고 노신의 작가지위를 확립시킨 중국현대문학의 대표작이다.

노신의 본명은 주수인(周樹人)이며 주작인의 형이다. 일본에서 의학을 공부하던 노신은 병에 걸린 중국과 중국인을 구하는 길은 의학이 아닌 문학임을 깨닫고 한평생 철저한 자기 반성속에서 중국의 모순된 현실을 가장 치열하게 비판한 중국의 대표적 지성인이자 작가이다. 실제로 노신은 현실에 참여하여 벌인 활동에서도 자신의 글에서 보여준 철저한 태도를 어김없이 고수함으로써 중국의 근현대사에 걸쳐 가장 존경받는 지식인으로 대접받고 있다.

『아Q정전』은 노신이 1923년에 발표한 중편소설로서 중화주의에 사로잡혀 문화민족임을 자랑하던 중국인들의 치부를 날카롭게 해부한 작품이다.『아Q정전』의 주인공 이름인 Q에 관해서는 여러 가지 설이 존재한다. 첫번째는 노신이 생각한 사람의 반대개념으로서 귀신(鬼gui)을 표현했다는 설이고, 두 번째는 Q가 변발한 중국인의 모습을 상징한다는 설이다. 마지막으로 책에 언급된 작가의 변인데, 이름을 잘 기억하지 못하는 관계로 발음상 비슷한 Q를 붙여서 아Q라고 불렀다고 하는 설이다.

2) 문학혁명에서 혁명문학으로

54운동의 파도가 퇴조하기 시작하고, 1927년 4.12 쿠테타의 의해 대혁명이 좌절된 후 혼란에 빠진 문학계에 새로운 동인을 제공한 것이 장광자(蔣光慈), 전행촌(錢杏邨) 등이 중심이 되어 결성된 태양사(太陽社)와 성방오(成仿吾), 풍내초(馮乃超)가 주도하던 창조사였다.

이들은 혁명문학의 기치아래 이전까지 개인적 차원에서 다루어지던 문학과 정치관계의 이론이나 문학의 현실참여에 대한 논의를 조직적, 실천적 차원으로 끌어올렸다. 이를 계기로 국민당 정권의 좌익문학에 대한 탄압이 심해지자, 혁명문학진영의 젊은 문인을 비롯한 진보적 문인들이 모두 망라된 중국좌익작가연맹(中國左翼作家聯盟), 즉 좌련(左聯)이 결성되게 되었다.

대부분의 유명작가들이 가입된 좌련은 문학의 현실정치의 완벽한 참여적 성격을 갖는 문예대중화운동(文藝大衆化運動)을 제기하는 한편 1930년대에 문예의 주도권을 놓고 치열하게 전개된 국민당 계열의 작가들과의 민족주의 문학 논쟁, 서구유학생 출신들이 중심이 된 신월파(新月派)와의 문예의 계급성에 관한 논쟁, 범좌익진영 내에서 문예의 자유를 둘러싸고 벌어진 자유인(自由人)과 제삼종인(第三種人) 논쟁 등을 통해 중국의 현대문학을 이끌어갔다.

일본의 중국침략이 본격화된 이후 중국의 현대문학은 소수의 예외를 제외하고는 각종의 다양한 주의를 가진 문학자들이 일치단결하여 전선과 농촌에서 항전문학(抗戰文學)을 벌여나갔다. 이 시기에 문학의 방향을 결정적으로 제시한 것은 모택동의 연안문예강화(延安文藝講話)였다.

이 강화에서 1930년대 이후 활발히 논의되었던 정치와 문학간의 관계가 정리되었다. 문학의 대상은 노농병(勞農兵)이어야 하고, 제고(提高)보다는 보급(普及)이 우선이어야 하며, 정치가 문학보다 우위에 있음이 천명되었다.

이로써 대부분의 작가가 전선과 농촌, 공장에 들어가 직접 그들의 삶을 체험하게 되었고, 앙가(秧歌)와 같은 전통적인 민간 연예 양식에 대해서도 진지하게 재평가하게 되었다.

3) 현대문학의 도전과제

신중국 성립 후 중국 현대문학의 방향성은 백가쟁명, 반우파투쟁, 문화대혁명, 사인방 실각 등의 정치적 격변에 따라 그 기울기에 부침은 있었지만 연안문예강화 이후 지속되어온 기조는 그대로 유지해왔다. 개혁개방 정책은 중국의 현대사와 그 궤를 같이한 현대문학에도 거대한 변화를 가져왔다.

그동안 금지되었던 외국문학의 물결이 한꺼번에 유입되었고, 억압되었던 자유와 진보에 대한 갈망이 일시에 폭발되었으며, 경제성장으로 인한 다양한 매체의 출현 등 갖가지 불리한 여건 속에서 중국의 현대문학은 지금 혼란과 발전의 국면으로 돌입하였다.

중국의 경극

청초까지만 하여도 베이징에서 가장 성행한 희곡은 곤곡(崑曲)과 경강(京腔)이었다. 그러나 건륭 연간에 이르러 황제와 황태후의 생일 축하공연에 참가하기 위하여 각지의 지방희가 베이징으로 들어오기 시작하였다. 각지의 희곡이 베이징으로 모이면서 지방희는 화부(花部), 곤곡은 아부(雅部)라고 불러 구분하였다. 처음에 화부에서는 경강이 가장 유행하였다. 건륭 44년(1779) 사천(四川)에서 진강(秦腔)이 들어와 인기를 누렸으며, 뒤이어 들어온 휘반(徽班)이 그 자리를 차지하였다. 안휘성(安徽省)의 극단인 휘반이 베이징으로 들어와 여러 가지 지방희의 장점을 종합하여 경극을 형성하였다. 휘반이란 휘조만을 부르는 극단이 아니라 안휘의 상인이 투자하여 조직한 극단을 말한다. 이후, 여러 지역의 극단이 베이징으로 진출하게 된다.

1. 경극의 특징

경극이란 양자강 연안 지방에서 시작되어 베이징에서 완성된 예술의
한 장르이다. 서양에서는 이것을 Beijing Opera라고 부르고 있어서 이것
을 음악의 한 장르로 간주한다. 그러나 경극은 서양의 오페라와는 다른 여
러 가지 면이 있다. 중국에서는 경극을 희곡(戲曲)이라고 부르고 있으며
관극하는 것을 청희(聽戲)라고 한다. 이것은 보는 것 못지 않게 듣는 것도
중요하게 여긴다는 것을 의미한다.

경극은 중국에서 영향력이 가장 크고 가장 대표성을 띤 극의 종류이
다. 경극의 전신은 휘조(徽調: 안휘성에서 유행되던 곡조)인데 통칭 피황극
(皮黃劇)이라 부른다. 한때 평극(平劇)이라고도 불렀다가 후에 경극으로
고쳤는데 약 200년의 역사를 갖고 있다. 청조 건륭 시기에 휘조가 베이징
에 진입해 곤강(昆腔: 하북 북경 일대에 유행했던 곡조)과 진강(섬서성 일대에 유
행했던 곡조)의 극내용, 음악곡조, 표현방법 등에서 부분적으로 수정하여
발전한 것이다. 표현 면에서 춤과 노래가 동시에 진행되고 기교가 있으며
허의성(虛疑性)의 동작을 많이 사용하여 강렬한 인상을 준다.

경극은 극본 연기 음악 노래 소도구 분장 의상 등의 예술적 요소를 다
채롭게 결합한 총체적 예술인 동시에, 서양의 공연예술과는 달리 이러한
다양한 예술적인 요소를 사실적이 아닌 상징적 원리 아래 세련시켰다는
점에서 최고의 약속적 예술이라고 볼 수 있다. 이러한 희곡은 극도로 양식
화되어 있고 지키고 따라야 할 요소가 많다.

우선 창(唱, 노래), 과(科, 연기), 백(白, 대사)의 삼위일체를 요구하면서 춤이 곁들여지는 것이 특징이다. 경극은 중국의 전통적인 음악, 노래, 낭독, 춤, 서커스, 무술 등을 교묘하게 융합시킨 것으로서 서양의 노래, 춤, 연극이 각각 분리되어 있는 것과는 완전히 다른 것이다. 따라서 경극은 중국 고유의 전통적인 종합무대예술이라고 할 수 있다.

2. 경극의 연출

경극은 노래와 춤을 동반하는 종합적 연출형식을 가지고 있다. 이것을 '창념주타(唱念做打)'라고 한다. 창(唱)은 경극 배우의 필수요건으로 노래 부르기 기교를 가리키며 정확한 발음, 원활한 음율로 서로 다른 형식의 운율을 나타낸다. 곡조는 힘있고 경쾌한 서피와 중후하고 침통한 이황이 주를 이룬다. 이 두 개의 곡조는 리듬에 따라 보통 속도의 원판, 느린 템포의 만판, 빠른 템포의 쾌삼안, 박자가 없는 요판 등으로 구분된다.

염(念)은 대사를 말한다. 매우 까다로운 낭독 기법으로서 정면 인물은 일반적으로 운백(韻白: 전통적 독법)으로 대사를 읽으며, 축은 경백(京白: 북경 구두어)으로 대사를 읽는다.

주(做)는 동작과 기법을 가리킨다. 서양연극과는 달리 사실적으로 표현되는 경우는 없으며, 어디까지나 상징적 양식적 원리 아래 행해진다.

타(打)는 연출 가운데 무술동작을 가리키며, 중국의 전통 무술을 기초로 한 무술기교의 동작이다.

3. 경극의 배우

경극을 포함한 중국의 전통극은 상기한 바와 같이 말과 노래, 춤과 곡예 부분을 모두 갖춘 오락물이다. 이로 인해, 특히 경극의 연기자들에게는 고도의 섬세함이 요구된다. 일급 만능 경극 연기자라면 잘 생겨야 하며, 최소한 분장했을 때 매력을 풍겨야 할 것이다. 또한 쾌감을 주는 균형잡힌 신체조건을 갖추어야 하며, 풍부한 표현을 드러낼 수 있는 눈과 다양한 안면 표정을 구사하지 않으면 안된다. 무사형이든 그렇지 않든 배우는 수년간에 걸쳐 기초무술을 연마해야 하고, 무대상의 모든 동작은 우아하고 정확하게 연기하며, 단락을 맺을 때는 하나의 잘 만들어진 조상처럼 응고되듯이 정지할 수 있어야 한다. 연기의 미학적 가치가 여기서 고조된다.

경극단의 배우는 최소 7~8년, 때로 12년까지의 수련을 받으며, 여기서의 기초훈련에 이어 노래, 영송 등을 포함한 다양한 기술을 습득한다. 수련은 평생 동안 계속된다.

4. 경극의 배역과 분장

경극의 배역은 남녀노소(男女老小), 준축정사(俊丑正邪)에 의해 크게 생(生: 남자역), 단(旦: 여자역), 정(淨), 축(丑: 어릿광대역)으로 구분되고, 이것을 4대 행당(四大行當)이라고 한다.

그들의 역할은 엄격히 규정되어 있어, 배우는 전통적으로 여러 배역을 맡지 않으며 일생동안 하나의 배역만을 연기한다. 그리고 정과 축의 배역은 얼굴에 검보라는 분장을 행하며 가면은 착용하지 않는다. 단의 배역은 원래 여자가 맡지 않고 남자가 맡았는데 중화인민공화국 정부가 들어선 후에 이러한 관례가 폐지되어 버렸다. 단의 분장은 얼굴을 그리지 않고 요염하게 보이도록만 한다. 단각의 눈썹 화장은 눈을 더욱 아름답게 보이게 한다. 단의 머리분장 부분은 고도의 복잡한 화장기술을 필요로 하는데 반드시 깔끔하고 가지런해야 하며 조금도 소홀히 하면 안된다. 단은 묶은 머리를 해야 눈이 위로 올라가게 되고 중국인이 최고로 치는 고전적인 봉황 눈이 된다. 머리묶기는 분장사들이 반드시 3~5년은 배워야 익숙해져 자유

자재로 된다고 한다.

정의 분장은 전통극에서 성격이 강렬하거나 거친 남자 배역이 하는 분장으로 색채와 선으로 구성된 각종 도안을 이용하여, 인물의 성격을 상징적으로 나타내며 그의 얼굴에서 대강 그가 좋은 사람인지 나쁜 사람인지를 판별할 수 있다. 정각의 분장에서 희고 두터운 것은 어깨받이와 등받이이고 바탕에는 도포를 입어 용맹함을 나타내는데 이것을 정각방두라고 하는데, 이것으로 얼굴의 윤곽을 더욱 뚜렷하게 한다.

축의 분장은 눈과 코 언저리를 하얗게 칠하고 나오는 어릿광대 역이며, 우스운 몸짓이나 속된 대사로 관객을 웃기는 역할을 한다. 축의 배역은 관리를 연기하는 문축과 무술을 행하는 무축으로 구분된다.

5. 경극의 음악

경극은 혹자에 따라 '음악극'으로 불린다. 북경에서 연극을 보는 것을 간극(看劇)이 아닌 청극(聽劇), 즉 '연극을 듣는다'라고 표현하고 배우를 연기를 하는 사람을 '演戲的'가 아닌 노래하는 사람, 즉 '唱戲的'이라 칭하는 것에서 볼 수 있듯이 경극에 있어 음악이 차지하는 비중은 매우 크다.

경극의 음악은 크게 배우의 노래와 대사부분을 일컫는 성대부분과 악기부분으로 구분된다. 성대부분은 다시 대사와 노래로 나눌 수 있으며, 대사는 다시 '운율'부분(낭송조의)과 '베이징 방언'부분으로 나뉜다. 운율부분은 지방의 방언에 가까운 억양을 가지고 있으며, 베이징 방언은 베이징의 일상 언어에 가까운 것이다. 일반적으로 전자는 사극이나 장막 비극에서 쓰이고, 후자는 민중희가극(오페레타)에서 쓰인다. 적극적이고 비극적 인물은 전자를, 어릿광대, 변덕쟁이 여인들과 어린이들은 후자를 쓴다.

경극에는 관·현·고의 모든 악기가 사용되는데 이 악기들은 단순하면서도 큰 음악적인 효용을 발휘한다. 이중 가장 주된 악기는 흔히 얼후(二胡)로 알려진 현악기이다.

호금(胡琴) 또는 호궁(胡弓)이라는 이름으로도 불리는 이 악기는 전체적인 멜로디를 이끌어가는 역할을 하는데 거의 단독으로 연주되며 다른 악기와 어우러지는 경우는 적다. 단 두 줄의 현에서 나오는 소리는 배우의 희비애한의 감정은 물론 장중하고 웅장한 배경음악에서 유머까지 적절히 표현을 하며 극의 감동을 극대화하는데 큰 역할을 하기에 유명배우들은 자신과 호흡이 잘 맞는 전속 연주자를 두고 무대연기에 완벽을 기하였다.

타악기에는 여러 가지 크기와 모양의 징, 그리고 주로 다양한 북들과 단단한 나무나 대나무로 만든 딱딱이도 있다. 이들은 서로 조화를 이루며 대단히 강력하고 율동적인 효과를 낸다. 반주를 지휘하는 사람은 한쪽 면만 있는 북(單皮鼓)을 치는 사람인데 그는 젓가락 같은 한 쌍의 막대를 가지고 주악의 시작과 멈춤을 담당하며 때론 강렬하고 흥이 나게, 때로는 여리게 연주함으로서 연기자의 동작에 맞춰 극중 인물의 정서를 나타낸다. 중요한 동작에서는 타악기의 긴박한 리듬은 이를 더욱 과장하여 관객으로 하여금 극에 더 몰입하게 한다. 그 외에 쓰이는 현악기로는 달처럼 생긴 유에친(月琴), 4현의 피파(琵琶), 3현의 쉬엔즈(弦子)가 있고 때때로 관악기인 나팔, 수오나(嗩呐)와 중국 피리(笛子)가 쓰이기도 한다.

—— 패왕별희 [覇王別姬, Farewell My Concubine]

원저: 릴리안 리(李碧華), <<사랑이여 안녕>>

감독: 첸카이거(陳凱歌)

주연: 장국영, 장풍의, 공리, 갈우

제작사: 톰슨 영화사(홍콩), 1993년 제작.

경극 〈패왕별희〉 줄거리

작자 미상. 초한(楚漢)의 전쟁을 배경으로 초의 패왕(覇王) 항우(項羽)와 우미인(虞美人)과의 이별을 그린 작품으로 《서한연의(西漢演義)》에 의거하였다. 1918년 《초한의 싸움》이라는 제목으로 초연되었다.

항우는 우미인과 여러 장군의 간언(諫言)을 물리치고 한군(漢軍)에서 투항해 온 이좌거(李左車)의 권고로 출병하지만 이것은 한의 군사(軍師) 한신(韓信)의 모략이었다. 유인된 항우의 초군(楚軍)은 복병에 의하여 해하(垓下)에서 포위되어 사면(四面)에서 초가(楚歌)를 듣는다. 이 싸움에서 유방의 군대에 포위된 것을 안 항우는 자신의 심정을 부른다.(해하가)

"힘은 산을 뽑을 수 있고, 기개는 온 세상을 덮을 수 있지만, 시운이 불리하니, (자기가 사랑하는 말인) 오추마까지 나아가지 않는구나. 오추마가 나아가지 않으니, 이를 어찌할까. 우미인이여, 우미인이여, 그대를 어찌할까?"

이에 우미인은 노래로 화답하고 자결을 하며, 항우 또한 오강(烏江)에서 자결하고 만다. 항우의 우희에 대한 지극한 사랑과 그에 자살로 보답한 우희의 정절, 항우의 비장한 최후는 중국인들이 즐기는 이야기 거리다.

문화대혁명 때 사람들 앞에서 아버지를 모욕했던 첸카이거의 쓰라린 경험이 반영된 작품으로 제46회 칸영화제 황금종려상을 수상하였다.

1) 경극과 오페라의 비교

경극 – '경희(京戲)', '중국 오페라'라고도 하는 경극은 가극의 일종으로, 중국을 대표하는 예술양식의 하나이다. 200년이 넘는 역사를 지니고 있으며, 경극(京劇: beijing opera)이라고 불리지만 원래 경극은 안휘, 호북 지역에서 유래된 것으로 전해진다. 삼국지와 서유기 등의 중국 고전을 소재로 짜여져 있으며, 특히 우리 나라에서는 영화의 제목으로도 유명한 "패왕별희(覇王別姬)"가 유명하다. 경극은 대사보다는 배우의 노래와 연기로 스토리가 전개된다. 북경 시내에서는 장안대극장(長安大劇場)과 이원극장(梨園劇場) 등에서 경극을 관람할 수 있다. 최근에는 외국인을 주 대상으로 하는 극장들이 많이 생겨나서 영어와 북경어 자막을 함께 볼 수 있는 극장들이 늘고 있다. 가격은 15元부터 있으며, 차와 식사를 함께 하며 즐기는 좌석의 경우는 200元이 넘는 경우도 있다.

서양의 오페라 – 가극(歌劇)으로 번역된다. 그러나 오페라는 단순히 음악극이라는 뜻은 아니다. 즉 오페라는 다음의 두 가지 조건을 구비해야만 한다. 첫째, 16세기 말에 이탈리아에서 일어난 음악극의 흐름을 따른 것이어야 한다. 둘째, 대체로 그 작품전체가 작곡되어 있어야 한다. 즉 모든 대사가 노래로 표현되어야 하는 것이다. 오페라는 원래 대사에 음악을 붙인 것이며 음악은 독창과 합창 및 관현악으로 구성되었다. 그리고 독창은 등장인물이 맡고 성역(聲域)에 따라서 소프라노·메조소프라노·알토·테너·바리톤·베이스 등으로 나뉜다. 그들은 독창을 하거나 중창을 한다. 전통적인 오페라에서는 그 부르는 노래 하나하나가 완결된 독창곡이 많으며 극중의 순서를 따라서 번호가 붙어 있는(번호 오페라) 것이 많다. 이들 독창자가 부르는 노래는 선율의 아름다움을 주로 한 아리아(咏唱:영창)와 이야기하는 것처럼 부르는 레치타티보(叙唱)로 나뉜다.

■ 경극과 서양 오페라의 차이점

배역 – 경극은 정해진 배역을 평생 맡아야 하지만 오페라는 목소리 톤과 그 분위기, 연기력에 따라 각기 다른 작품, 다른 배역을 맡는다.

표현 방식 – 경극은 대사가 따로 있지 않고 노래와 춤으로 표현한다. 대화체 형식으로 상대방과 주거니 받거니 하며 극 전개가 이루어진다. 반면 오페라는 대사에 음악을 붙인 형태로 경극에 비해 연극에 더 가까운 형식이다. 오페라의 노래는 독창, 중창, 합창 등 다양하다.

소품 – 경극에서는 원래 특별히 무대장치를 사용하지 않는다. 탁자 한, 두 개만으로 모든 상황과 장면을 연출해낼 수 있는 것이 경극인데, 중화인민공화국이 성립된 후에는 민중의 이해력을 돕는다는 목적 아래 상당 양의 사실적인 무대장치와 소도구가 새롭게 개발되었다. 그러나 경극의 무대장치와 소도구는 원칙적으로 무대예술을 위해 사용되기 때문에 일상생활에서의 실물과 소재, 무게, 크기 등에서 큰 차이가 났다. 가령 술잔이 실물보다 크게 만들어지는 것에 반해 성벽수레 가마 등은 작게 만들어졌다. 오페라는 화려한 무대 장치와 소품을 많이 쓴다. 경극의 소품이 관객의 상상력을 돕는 역할을 한다면 오페라는 현실적으로 무대를 꾸민다.

6. 경극의 성쇠

– 문화혁명과 중국연극

1942년 모택동은 <연안문예강화>에서 "계급을 초월하거나 정치와 분리나 독립되어 있는 예술은 없다"며 연극을 정치적인 이념을 전파하기 위해 좋은 수단으로 보았고 공산당은 연극을 진작 시키는 정책을 펼쳤다. 1940년부터 약 십 년간 계속된 문예 부흥의 시류를 타고 수천에 이르는 신작이 나왔고, 수 백 개의 극장이 설립되고 정부에서는 연극인들의 생활을 지원을 받아 한 때 소멸의 위기에 놓였던 각종 형태의 지방희들이 그 창작력과 인기를 회복했고, 현대적인 희곡 양식이 번창했다. 하지만 불행하게도 희곡은 당시 정치의 영향을 받아 1966년부터 1976년까지 10년 동안 급속한 쇠퇴기에 접어들게 된다.

중국 예술계의 '불행'은 1954년에 시작된 경극개혁에 대한 논의부터 시작이 되는데 이때부터 철저하게 개혁을 추진하는 당의 입장과 이를 반대하는 연극전문가들의 의견은 나누어졌으며 58년에 대약진 운동이 시작되면서 공산당은 화극을 통해서는 이념적인 무장을, 경극과 같은 전통극을 통해서는 오락적인 기능을 담당하게 하는 정책을 세웠으나, 경극의 개혁을 반대하는 예술인들은 反모택동적인 내용을 전통극형식에 빌어 당의 입장을 반대하는 역사극을 상연하였고 이는 후에 문화혁명을 몰고 오는 불씨가 되었다.

4인방(강청,임호,장춘교,요문원)에 의한 문화혁명은 점차 연극을 비롯한 예술 활동은 물론이고 나아가 예술을 감상할 기본적인 권리까지 빼앗는 문화암흑기를 가져오는 전제통치로 발전해갔다. 그 후 8억에 이르는 중국인들은 4인방이 선정한 8개의 모범극 외에는 그 어떤 희곡이나 화극을 보는 것이 금지되었다. 5편의 현대 경극과 2편의 발레, 그리고 1편의 교향곡

으로 이루어진 모범극은 한 편을 제외한 나머지는 모두 일본과의 전쟁 중
에 활약한 중공군의 무용담을 내용으로 하는 것이었으며 이것이 10여 년
간 중국인들이 볼 수 있는 유일한 문화예술이었다. 많은 예술인들이 투옥
되었고, 문화혁명 속에서 4인방은 연극이 갖는 교육적 기능과 오락적 기
능을 염두하여 철저한 통제를 가했다. 당시 유일한 오락물이 연극인 것과
문맹자도 보고 듣는 것으로 그 이해가 가능했던 연극은 당시 중국이 폐쇄
적인 사회였던 만큼 그 선전 또는 교육 효과가 클 수밖에 없었던 것이다.

7. 경극의 오늘과 미래

1980대의 중국연극계는 4인방의 실각이후 백화제방의 정책아래 활
기를 찾기 시작했다. 연극인 전문 양성
기관인 중국희곡학원에서도, 문화혁명
기간인 10년간 단 한 사람의 졸업생도
나오지 않았던 경극분야에 생기를 불
어넣기 시작했다. 경극배우 매란방의
활발한 해외 순회공연 등으로 중국 경
극은 세계적으로 이목을 끌게 되었고
오늘날 경극관람은 외국인들에게 북경
오리고기, 만리장성과 함께 북경을 대
표하는 관광코스 중 하나로 확실한 자

리매김하고 있다.

한국문화콘텐츠진흥원 중국사무소가 주최한 2004년 12월 28일 베이징 라오서(老舍)차관에서 열린 경극 강연에서 중국희곡학원 장톈정(張天正)교수는 "경극은 희곡 중 '가장 중국적인 맛을 풍기는 예술 장르'로서 중국 문화계의 선구자적 지위를 차지하고는 있지만, 그 속사정을 들여다보면 경극의 미래가 그리 밝지만은 않다"는 우려를 나타냈다. 경극이 정부의 대대적인 지원에도 불구하고 과거에 비해 대중적 기반이 취약하여 예전만큼의 영화를 회복하지 못하기 때문이다. 40~50년대에 흥성했던 경극은 문화대혁명이라는 치명적인 "암흑기"를 겪으면서부터 대중들에게서 조금씩 멀어지기 시작했고, 라디오와 TV등 다양한 미디어 매체가 등장하면서 젊은이들에게서 환영을 받지 못한 채 단지 중국의 노년층과 외국인 관광객의 호기심을 자극하는 주변문화로 전락하고 있다.

물론 지금도 경극은 끊임없이 공연되며 중국인들의 사랑을 받고 있다. 하지만 문제는 과거처럼 일반 서민에서부터 최고 통치자에 이르는 폭넓은 사랑이 아니라 돈 있는 상류계층에게만 향유되는 귀족문화로서 사랑 받고 있다는 사실이다. 장교수는 경극이 일반 대중에게 다가서기 위해서 "현대경극이 전통적인 형식과 제약에서 벗어나 고어보다는 현대표준어의 구어를 사용하고 사실적이고 자유로운 표현기법을 개발하는 것이 긍정적인 모색이라며 경극이 현실적인 요구에 새롭게 적응한다면 보다 더 발전할 수 있을 것이라 전망했다.

"옛 것을 발전적으로 활용하고, 낡은 것을 밀어내고 새로운 것으로 나아가자 (古爲今用, 推陳出新)"는 경극에 대한 중국정부의 개혁사업이 과연 어떤 성과를 거둘지는 좀더 지켜봐야 하겠지만 지난해 중국 정부가 CCTV–11는 '전파극장'이라는 프로그램을 통해 내보낸 현대적 해석의 경극은 일반 대중들에게 더 친근하게 다가서기 위한 노력이 좋은 반응을 얻고 있으며, 1995년부터 중국희극문화학회는 매년 북경, 천진, 상해 등의 대도시에서 중국경극예술제를 통해 전통문화의 질을 향상시키고 능력 있는 배우와 극단을 발굴하기 위한 노력을 그치지 않고 있다.

중국의 기념일과 금기

1. 법정 공휴일

1) 3월 8일 부녀절(婦女節)

1924년 3월 8일, 광주에서 중국 공산당 제 1차 3·8 부녀절 기념 회의를 개최하였고, 이후 1949년에 3월 8일을 부녀절로 제정하였다.

직장 여성에게는 하루의 휴가가 주어지고, 최근에는 아내를 위한 날이라는 의식이 강해졌다.

■ **반변천(半邊天)**

모택동은 1949년 새로운 중국의 탄생을 알리면서, "부녀자도 하늘의 절반을 떠받치고 있다(婦女頂着半邊天)"고 주장하였고, 이로써 중국의 여성은 전통의 속박으로부터 벗어나게 되었다.

2) 5월 1일 노동절(勞動節)

노동절은 '노동자들의 이상주의'를 표방하는 중국에서 큰 의미를 지닌다. 전 세계 노동자의 날인 이 날 대부분의 행정 기관과 회사들은 업무를 중지하고, 일주일간 노동자들에게 휴가를 준다. 달력에는 3일 동안만 공휴일로 표시되어 있지만, 실제로는 7일 정도의 휴가를 즐긴다.

3) 10월 1일 국경절(國慶節)

1949년 10월 1일, 모택동은 천안문 광장에서 중화인민공화국의 탄생을 선포하였고, 이후 매년 10월 1일에 경축 행사를 거행한다. 특히 천안문 광장에서의 열병식은 많은 관광객들의 시선을 집중시킨다. 노동절과 함께 중국의 황금주(黃金周)로 불리는 국경절에는 공식적으로는 이틀 정도만 휴일이지만, 실제로는 1주일 정도의 휴가를 즐긴다.

2. 기타 기념일

1) 5월 4일 청년절(靑年節)

1919년 5월 4일, 중국의 청년들은 반제국주의, 반봉건주의를 표방하며 5.4 운동을 발기하였다. 굴욕적인 파리강화조약 체결의 무효를 주장했던 이 운동은, 북경에서 시작하여 전국적으로 확산되었고, 결국 조약을 무효화하는데 큰 역할을 하였다. 이러한 전통을 계승하기 위하여 이 날을 청년절로 지정하고, 각종 기념 활동을 한다.

2) 6월 1일 아동절(兒童節)

이 날은 세계 아동의 날이다. 중국 역시 이날을 아동절로 정하고, 각종 경축행사를 한다.

■ 꼬마 황제(小皇帝)와 어둠의 아이들(黑孩子)

1979년 중국정부는 '한 가구 한 자녀 낳기' 산아제한 정책을 결정하고, 1980년부터 실시하였다. 다산(多産)을 가장 큰 축복으로 여기던 농경민족, 중국인들은 이후 태어난 외동딸, 외동아들을 위하여 온 가족이 분에 넘치는 사랑을 쏟아 부었다. 결과 어린 자녀들은 집안에서 황제처럼 성장하게 되었는데, 이들을 꼬마황제라고 부른다.

반면, 자녀가 이미 있음에도 불구하고 대를 잇기 위해서, 혹은 일손 확보를 위하여 몰래 두 번째, 세 번째 자녀를 출산하는 가정도 생겨났다.

이 아이들은 출생신고조차 하지 못하고, 교육의 기회마저 잃어버린 채 성장하고 있다. 이 아이들은 '어둠의 아이들'이라고 부리며, 전국에 몇 명이 있는지조차 통계내지 못하는 실정이다.

이외에도, 7월 1일은 건당절(建黨節), 8월 1일은 건군절(建軍節)이며, 9월 10일은 교사절(敎師節)이다. 교사절은 간호사의 날(護士節), 기자의 날(記者節)과 함께 3대 전문직업과 관련된 기념일이다.

3. 중국인들의 금기

중국인들에게는 써서는 안 되는 말, 직접 말하지 않고 돌려서 표현해야 하는 말, 주고 받으면 안되는 물건 등이 있다. 이러한 것들은 중국 문화의 특이한 현상 중의 하나로, 중국인과의 실제적인 교류에 있어서 반드시 알아야 할 '금기(禁忌)'들이다.

그러나 중국의 속담 중에 "10리마다 풍습이 다르고, 100리마다 풍속이 다르다(十里不同風, 百里不同俗)"이란 말이 있듯이, 중국인들이 일상생활 속에 존재하는 금기의 종류는 천태만상이며, 또한 인종에 따라, 지역에 따라, 연령에 따라 매우 다양하게 존재하기 때문에, 모든 금기를 정확하게 정리하기란 그리 쉬운 일은 아니다. 다음에서는 반드시 알아야 할 중요한 금기 사항을 중심으로 간단하게 살펴보고자 한다.

1) 피휘(避諱)

'피휘'란 피하고 꺼린다는 것으로, 말을 주고받을 때 특정 글자를 쓰지 않는 것을 말한다. 피휘는 처음 서주(西周)시대에 죽은 사람의 이름을 일상생활에서 써서는 안된다는 것으로부터 시작되었는데, 유학이 정비된 한대에 이르러서는 죽은 사람뿐만 아니라 지위가 높은 사람들의 이름은 생전에도 부르거나 써서는 안되는 것으로 점차 엄격해졌다. 학문과 직위가 아무리 높다고 하더라도 글을 쓸 때 자칫 잘못하여 피휘를 어기면 귀향을 가거나 목숨을 잃었다.

그러나 특정 글자를 쓰지 않고 피한다는 것은 그리 간단한 일은 아니다. 왜냐하면 서로 말을 주고받을 때 특정 글자를 피한다고 해서 무슨 말을 한 것인지 알지 못하게 해서는 안되기 때문이다. 때로는 말하는 사람이 어떤 글자를 피해가면서 자신의 좋고 싫은 감정이나 칭찬이나 비난 등의 의미를 담으려고 노력함으로써 의외로 우아하고 생동적인 표현을 하게 되는 효과도 가져올 수 있었다. 따라서 피휘는 언어를 구사하는 일종의 예술이라고 할 수 있다. 그러나 당시를 살았던 사람들에게는 '피휘'의 존재가 무척 불편했을 것이며, 억울한 사정도 많이 야기했었다.

몇 가지 예를 들면 다음과 같다.

○ 주공(周公)이나 공자(孔子)의 이름은 피휘의 대상이었다. 따라서 지명이나 인명에 공자의 이름인 '丘'가 들어가면, 반드시 '邱'로 고쳐 썼다.

○ 오늘날 '원래'라는 뜻의 중국어는 '原來'라고 쓴다. 그러나 이 말은 본래 '元來'라고 썼었다. 그런데 명나라 태조 주원장은 원(元)나라를 혐오했기 때문에 "어찌 원나라가 다시 올 수 있다는 말인가"라고 하면서 '元'자를 쓰지 못하도록 하였고, '元來'는 그후 '原來'로 바뀌게 되었다.

○ 진시황의 이름은 본래 '정(政)'인데, 이를 쓸 수 없게 되자 대신 '正'으로 썼다.

○ 당나라 이연의 조부 이름은 '호(虎)'였다. 따라서 당시에는 '虎'자를 말하지도 쓰지도 못했다. 요강은 본래 '虎子'라고 불렀는데 이로 인해 '馬子'로 고쳐 부르게 되었다.

○ 남조때 범엽이라는 사람은 태자첨사(太子詹事)라는 직책을 마다했다. 그 이유는 바로 부친의 이름이 '태자첨사(太子詹事)'에서의 '태'와 발음이 같은 '태(泰)'였기 때문이다.

○ 류온수라는 사람은 부친의 이름이 악(岳)이었기 때문에, 평생 음악을 듣지 않았다고 한다. 즉 음악의 '악(乐)'과 부친의 이름 '악(岳)'의 발음이 같기 때문이었다.

2) 해음 현상에 의한 금기

해음(諧音)이란 간단히 말해서 四와 死가 글자는 서로 다르지만 발음이 같기 때문에, 四라고 얘기할 때 '죽음'이란 이미지를 연상하게 되는 현상을 말한다.

중국어에는 해음 현상에 의해 수많은 금기가 존재하는데, 그 이유는 중국어에 동일한 발음을 갖는 글자가 너무 많기 때문이다. 즉 현존하는 한자는 약 6 – 7만자 정도이지만, 일반적으로 자주 사용되는 상용자는 대략 4,500자 정도이다. 중국어에는 약 400여 개의 음절이 있으므로, 글자는 다르지만 발음이 같은 글자는 매우 많을 수밖에 없다. 해음 현상에 의한 금기의 몇 가지 예를 들어 보자.

● 과일을 선물할 경우 가급적 배는 선물하지 않는 것이 좋다. 그 이유는 배의 중국어인 '梨'의 발음이 '離別하다'의 '離'와 같기 때문이다. 대신 사과는 선물하기에 좋은 과일이다. 왜냐하면 사과의 중국어인 '平果'의 발음이 '평안하다'의 중국어인 '平安'의 '平'과 같기 때문이다. 특히 병문안을 갈 때는 사과 선물이 좋다.

● 배는 또는 부부나 연인 사이에서는 갈라 먹지 않는 금기가 있다. 왜냐하면 배를 쪼개다는 의미의 중국어 '分梨'의 발음이 '헤어지다'라는 의미의 '分離'와 같기 때문이다.

● 선물을 할 때 탁상시계나 괘종시계는 피하는 것이 좋다. 왜냐하면 시계를 중국어로 '锺'이라고 하고, '시계를 선물하다'는 '送锺'이라고 하는데, 이 발음은 '임종을 지키다'라는 의미의 '送终'과 발음이 같기 때

문이다. 단 손목시계는 연상되는 금기 사항이 없으므로, 선물로 주고받아도 무방하다.

● 선물을 할 때 우산도 가급적 피하는 것이 좋다. 왜냐하면 우산을 뜻하는 '雨傘'의 '傘'자의 발음이 '흩어지다'라는 의미의 '散'과 같기 때문이다.

4. 좋아하는 숫자

중국인들에게는 유독 좋아하는 숫자가 있다. 이것 역시 해음 현상에 기인한 것으로, 몇 가지 예를 들면 다음과 같다.

1) 6(六)

六은 순탄하게 흐르는 물의 이미지를 떠올리게 되는 '流'와 발음이 같기 때문에 중국인들이 매우 좋아한다. 어떤 젊은이들은 모든 일이 뜻대로 순조롭게 이루어지기를 바라는 마음에서 결혼일자를 16일, 26일처럼 6이 들어간 날짜를 택하기도 한다. 만약 음력과 양력이 모두 6을 포함하고 있다면, 다시 말해 양력 6월 6일이 음력 5월 16일이라면 이 날은 대단한 길일이 된다.

■ 중국의 전화번호

전화 가입자의 수가 증폭되면서 베이징과 상하이에서는 세 자리로 국번을 네자리로 바꿔야 했다. 인구가 제일 밀집된 지역부터 국번호를 네 자리로 늘이기 시작했는데, 이때 제일 먼저 사용된 숫자가 6이며, 그 다음이 8이다. 베이징과 상하이의 중심지역의 전화번호는 제일 첫 자리가 6이나 8로 시작된다.

2) 8(八)

중국인들이 가장 좋아하는 숫자는 '8'이다. 그 이유는 '八'의 중국어 발음이 '發財', 즉 '돈을 번다, 재산을 모은다'는 뜻의 '發'와 비슷하기 때문이다.

■ 중국인이 선호하는 8의 유래

현대 중국어에서 八의 발음은 ba이고, 發의 발음은 fa이므로, 완전히 같다고는 할 수 없다. 그럼에도 숫자 八을 듣고 '發財'의 發을 연상하는 이유는 무엇인가?

본래 '8'을 선호했던 사람들은 광동사람들이었다. 중국의 민남(閩南) 방언에는 경순음이 없기 때문에 'f'를 'b'로 발음하며, 따라서 '八'의 발음은 '發'와 완전히 같다. 1980년대 중국의 개혁·개방 정책으로 가장 먼저 큰 돈을 벌기 시작한 광동사람들이 전국을 돌아다니면서, 8에 대한 그들의 믿음은 이제 강북과 강남 모두의 중국인들에게 전파된 것이다.

■ 8에 대한 에피소드

8에 대한 중국인들의 선호는 우리의 예상을 훨씬 뛰어넘는다. 8자로 계속되는 전화번호, 휴대폰 번호, 자동차번호 등이 엄청난 프리미엄이 붙어 있는 것은 물론 888元 등 8元으로 끝나는 가격표도 흔히 볼 수 있다. 심양(深陽)시의 어떤 공장은 888-8888의 전화번호를 30만위엔(약 3,500만원)에 샀는데, 호기심에 찬 시민들의 전화가 끊임없이 걸려오자 공장에 전담자를 두어 전화를 받게 하였고, 결과 30만위엔의 몇 배에 달하는 선전효과를 거뒀다는 얘기도 있다.

상해의 유명 호텔의 전화번호들을 보면 신금강호텔(新錦江大酒店) 6415-8888, 포동 샹그리라(浦東香格里拉大酒店) 6882-8888, 화평반점(和平飯店) 6321-6888, 포트만리츠칼튼호텔(波特曼麗嘉酒店) 6279-8888 등이다.

3) 9(九)

중국인들은 숫자 9도 매우 좋아한다. 그 이유는 '九'의 발음이 '길다, 장수한다' 등의 뜻을 가진 '久'자와 발음이 같기 때문이다. 9는 특히 봉건 시대 제왕들이 자신의 만수무강과 왕조의 무궁한 번창을 바라는 뜻에서 좋아했다. 역대 황제들은 천자를 상징하는 용 아홉 마리가 그려진 구룡포(九龍袍)를 입었고, 명대에 수축된 자금성은 문이 9개이며 그 문에 박혀있는 못도 가로 세로 9개이고, 궁전의 계단도 9 또는 9의 배수로 이루어져 있다. 그리고 자금성 안의 방은 모두 9999와 4분의 1칸이다. 9999는 인간이

도달할 수 있는 최상의 수를 의미하고 4분의 1은 여백이다.

■ 휴대폰 가격보다 비싼 번호료

휴대폰을 살 때에도 좋은 번호를 얻기 위해선 휴대폰 가격보다 훨씬 비싼 번호료를 내야 한다. 예를 들어 중국 베이징(北京) 최대 번화가인 왕푸징(王府井)의 중푸뎬쉰(中復電訊) 상점은 휴대전화 번호 '1391-111-8888'의 가격을 38만 위안(약 5700만 원)으로 책정했고, '1391-111-9999'의 값은 이보다 10만 위안이 싼 28만 위안으로 매겼다. 8이 9보다 비싸다는 것은 오래 사는 것보다는 부자가 되는 것을 더 선호하는 중국인의 속내를 드러낸다고 할 수 있다.

5. 싫어하는 숫자

중국인들에게는 또한 유독 싫어하는 숫자가 있다. 몇 가지 예를 들면 다음과 같다.

1) 73, 84

중국 속담에 "73세와 84세에 염라대왕이 당신을 불러서 의논 좀 하자고 한다.(七十三, 八十四, 閻王叫你商量事)라는 말이 있다. 73과 84는 각각 공자(孔子)와 맹자(孟子)가 죽은 나이이다. 공자와 맹자 같은 성현도 그 나이에 죽었는데 일반 사람들은 더 넘기기 어려울 것이라는 생각에서 이 숫자를 싫어한다.

2) 4

四는 '죽음'을 의미하는 '死'와 발음이 비슷하기 때문에, 싫어한다.

■ 기피하는 번호 '4'

광저우(廣州)와 선천(深川)에서 새로 출고되는 자동차 번호판에서 끝 자리 수가 '4'인 차를 찾아볼 수 없다. 왜냐하면 번호판 끝자리 수에서 '4' 자를 아예 없애버렸기 때문이다. 광동성, 복건성 등의 지역에서는 병원에 4호 병실을 두지 않고, 버스에도 4번이 없으며, 차의 번호판에도 4번이 없다. 빌딩에는 4층이 없으며, 14층이 없는 경우도 많다. 왜냐하면 十四는 '실제로 죽다'는 의미를 지닌 '實死'와 발음이 비슷하기 때문이다.

3) 24와 45

二十四의 발음이 '아이가 죽는다'는 의미의 '兒子死'와 비슷하기 때문에 싫어한다.

또한 중국인들은 45세가 되면 "작년에 44살이었다." 혹은 "내년이면 46세이다."라고 말한다. 왜냐하면 판관 포청천이 45세에 사건 해결을 위해 거짓으로 죽었기 때문이다. 즉 45세에 큰 어려움을 당할 수 있다는 미신 때문에, 나이를 말할 때 45세라고 말하기를 꺼린다.

중국의 주요 명절

태양의 주기를 가지고 날짜를 세는 양력과 달리 음력은 달의 운행주기를 계산하여 날짜를 샌다. 이러한 음력은 농경과 밀접한 관련이 있기 때문에, 예로부터 중국인들은 농력(農歷)이라고도 불렀고, 하(夏)나라 때부터 이미 있었다고 해서 하력(夏歷)이라고도 불렀다.

세시풍속(歲時風俗)이란 음력을 기준으로 1년을 단위로 해마다 되풀이되는 풍속을 말한다. 농경사회의 세시풍속은 대부분 1년을 주기로 하고 음력의 24절기와 명절 등의 내용이 포함되어 있으며, 이에 따른 의식 및 의례 행사도 포함된다. 이것은 곧 민중들의 주기적이고 반복적인 삶을 반영할 뿐만 아니라 그 시대의 시간관념이 나타나 있는 역법체계를 반영한다고 할 수 있다.

중국 역시 농경사회를 바탕으로 한 다양한 명절 및 세시풍속을 가지고 있으며, 중국의 대표적인 명절은 춘절(春節). 원소절(原宵節), 청명절(淸明節), 단오(端午), 중추절(仲秋節), 중양절(重陽節) 등이다.

명절은 민족의 전통과 습관, 도덕과 풍기, 종교 관념 등을 반영하는 거울과도 같은 존재로, 그 속에서 그들의 사상과 기원을 읽을 수 있다.

1. 춘절(春節)

음력 정월 초하룻날이다.

과거 음력을 사용할 때는 음력 정월 초하루를 "신년(新年)"이라 하였으나, 1911년 신해혁명 때(20C초) 양력을 채용하면서 양력 1월 1일을 "신년(新年)" 또는 "원단(元旦)"이라 하고, 음력 정월 초하루를 "춘절(春節)"이라 개칭하였다. 한해를 마감하고 새로 시작한다는 의미로 '과년'(過年)'이라고도 하며 현재 중국이나 대만에서 모두 사용하고 있다.

공식적 휴일은 3일이지만 정부 훈령으로 최소 7일간 쉬며, 농촌에서는 음력 대보름까지 15일 가량 쉰다. 고향으로의 이동 시간도 휴가를 주도록 법으로 규정되어 있어 어떤 사람들은 한 달 이상 휴가를 갖는 경우도 있다.

중국인들이 가장 중요시하고 성대하게 경축하는 전통적인 명절로서, 춘절의 분위기는 춘절 전후로 약 1개월간 지속된다.

춘절을 전후로 하는 기간에 행해지는 설맞이 준비과정과 진행과정은 납일(섣달 초파일;음력 12월 8일), 납월 23일(음력12월23일), 춘절(과거의 원단), 원소절(정월대보름) 정도로 나누어 볼 수 있다.

춘절은 겨울이 지나가고 봄이 다가온다는 것을 의미한다. 따라서 만물이 모두 새로워지고 새로운 파종과 수확의 계절이 다시 시작되는 이 시기를 기념하여 사람들은 천지신명과 조상에게 제사를 지내며 오곡이 풍성하고 만사가 뜻대로 되기를 기원한다.

1) 유래와 춘절 풍속과 관련된 이야기들

중국은 상고 시대부터 농업생산에서 커다란 성과를 이룩하였으며, 사람들은 이를 두고 신령과 선조들이 은혜를 베풀어주기 때문이라고 생각하였다. 그들은 이러한 신령과 조상들의 은혜에 대해 제사를 지내는 방식으로 보답해야 한다고 생각했고 이에 따라 보은성(報恩性) 명절이 탄생하게 되었다.

이런 최초의 설을 상고 시대에는 '납(臘)'이라고 불렀으나 시대가 바뀜에 따라 그 명칭도 변화하였다. 夏나라 때에는 '세(歲)', 상나라 때에는 '사(祀)', 주나라 때에는 '연(年)'이라고 불렀다. 납이나 세, 사는 모두 제사를 지낸다는 뜻이 담겨 있어 원시적 음력설에 제사를 지내면서 은혜를 보답한다는 의미와 상통하며, 주나라 때의 '연'자 또한 갑골문에서 '年'자가 잘 익어 고개를 숙인 벼를 수확하는 모습을 나타낸다는 점에서 춘절의 배경과 농경의 연관성을 찾을 수 있다.

중국인들은 만물이 모두 새로워지고 새로운 파종과 수확이 다시 시작되는 신춘이 다가오는 이 시기에 천지신명과 조상신들에게 제사를 지내어 은혜에 보답하면서 오곡이 풍성해질 것과 가족의 평안을 기원해 왔던 것이다.

음력 정월 초하룻날이 민간에서 제일 중요한 전통적 명절로 될 수 있었던 것은 옛 사람들이 일 년의 첫 시작을 중요시한 것과도 관계된다. 중국인들은 일반적으로 모든 일은 반드시 그 첫 시작이 순조로워야 된다고 생각하여 새해의 첫 시작이 순조로우면 그 해에 온 집안이 무사하고 만사가 뜻대로 된다고 여겼기 때문이다.

이 기간에 사람들은 휴식과 오락을 위하여 일하러 나가지 않았을 뿐만 아니라 함께 모여 먹고 마시고 노래도 부르고 춤도 추고 여러 가지 놀이도 벌이면서 마음껏 즐겼다.

▶ 조왕신과 납월 23일 '엿'의 유래: 부뚜막 신인 조왕신은 조왕야라고도 불리는 부엌의 수호신이다. 음력 12월 23일은 이 조왕신에게 제사를 지내는 날로, 부엌에 조왕신상을 걸고 엿을 바친다.

이는 조왕신이 집주인의 소행을 하늘에 올라가서 모두 보고한다는 믿음에서 나온 뇌물이다. 조왕신이 달짝지근하고 맛있는 엿을 먹은 후 하늘의 상제에게 보고할 때 그 집주인에 대해 달콤하게 말을 잘해서 많은 운을 가져오게 하고, 동시에 끈적거리니까 나쁜 말은 못하길 바라는 마음에서다. 지금은 이러한 미신적인 방법이 이미 사라졌다.

▶ 문신화(門神畵)와 연화(年畵;집안에 붙이는 기복상징그림)의 유래: 당나라 태종 이세민이 병들어 누웠을 때, 꿈에 귀신

이 나타나 무척 괴롭혔다. 그래서 이튿날 장군 진경과 위지공에게 대문을 지키도록 명했다. 그 뒤 거짓말처럼 병이 나았다고 한다. 하지만 매일 밤 장군에게 대문을 지키라고 할 수는 없어 장군의 모습을 그린 그림을 대문 양편에 걸도록 했다. 문신(문에 붙이는 귀신 쫓는 그림)의 출현과 오늘날의 연화는 이런 고사에서 비롯된 것이다.

——年画

▶ '연(年)'과 수세(守勢: 섣달 그믐밤 쇠기), 배년(排年: 세배)의 유래: 매 섣달 그믐날 밤마다 괴수 '년'이 사람들을 먹으러 나타났다. 그래서 섣달 그믐날 밤이 되면 사람들은 '년'이 좋은 육고기를 먹을 수 있게 문 앞에 준비해 두었다. 그리고 가족들은 집 안으로 숨어 곧바로 초하루 아침이 되어서야 겨우 대문을 연다. 사람들은 만났을 때 서로 새해를 축복하고 '년'에게 먹히지 않은 것을 축하한다. 이것이 대대로 전해져 섣달 그믐날 밤을 수세하고 초하루에 배년한다하여 풍속으로 형성되었다.

▶ '년(年)'과 관련된 또 하나의 이야기 – 춘절풍속(폭죽,대련,등불 밝히기)의 유래

옛날 중국에 '연(年: 니앤)'이라는 흉악한 짐승이 살고 있었다. 이 짐승은 평소에는 깊은 바다 속에 살다가 섣달 그믐날만 되면 육지로 올라와 가축을 잡아먹고 사람을 해치곤 하여서 섣달 그믐날만 되면 온 마을 사람들이 깊은 산속으로 도망가야만 했다.

어느 해 그믐날, 다시 산으로 도망갈 준비를 하고 있을 때, 동쪽에서 한 백발노인이 찾아와 자기를 하룻밤만 묵게 해주면 그 '년'을 쫓아 버리겠다고 하였다.

사람들은 그 말을 믿지 않았지만 노인이 고집을 꺾지 않고 끝까지 마을에 그대로 남아있겠다고 하였기 때문에 마을사람들은 하는 수없이 노인을 남겨둔 채 급히 산속으로 숨었다.

드디어 '년'이 나타나서 마을을 덮치려고 할 때, 백발노인은 '년'을 향해 폭죽을 터뜨렸다.

갑자기 터진 폭죽에 깜짝 놀란 '년'은 온몸을 부들부들 떨면서 더 이상 앞으로 다가가지 못했다. '년'이 가장 두려워한 것이 바로 붉은색과 불빛, 폭죽소리였던 것이다. 이때 대문이 활짝 열리더니 붉은 도포를 입은 노인이 큰 소리로 웃고 있었다. 그것을 본 "년"은 혼비백산하여 줄행랑을 쳤다. 다음날 사람들이 마을로 돌아왔을 때 마을은 아무 일 없었다는 듯이 조용했으며, 그 노인도 보이지 않았다. 그제서야 마을사람들은 그 백발노인이 자신들을 위해 '년'을 쫓아주러 온 신선이라는 사실을 알게 되었다.

이때 사람들은 그 백발노인이 '년'을 쫓을 때 사용했던 세 가지 보물을 발견하였다. 이로부터 매년 섣달 그믐날이면 집집마다 붉은 대련(對聯: 맷구로 된 글귀)을 붙이고, 폭죽을 터뜨리며, 밤새 등불을 환히 밝혀놓게 되었다.

2) 풍속

매년 음력 12월에 접어들면 일종의 워밍업처럼 춘절 분위기가 무르익기 시작해서, 춘절의 분위기는 춘절 전후로 약 1개월간 지속된다.

그 진행과정은 납일(臘日: 음력 12월8일) –> 납월 23일(음력12월23일) –> 제석(除夕: 섣달그믐 밤) –> 춘절 –> 원소절(정월대보름) 을 중심으로 한다

▷ **납일(臘日: 음력12월8일)**: 보통 음력 12월이면 춘절의 들뜬 분위기가 점점 농후해지고, 전통습관에 따라 납일에는 곡식의 풍성함을 기원하며 8가지 곡식으로 만든 랍팔죽(臘八粥), 즉 우리의 동지팥죽 같은 것을 먹는다. 납일은 음력 12월 8일인데 臘(랍)이란 원래 섣달에 지내는 제사의 이름이어서 납일이란 섣달에 지내는 제사의 날이란 뜻이다. 8신에게 제사를 지낸다하여 납팔절(臘八節)이라고도 한다. 12월 8일은 석가모니가 득도한 날로 불교의 명절이기도 하다. 그래서 불사에서는 이날 불경을 암송하고 아울러 잡곡과 과일을 넣어서 「불죽(佛粥)」을 쑤는데, 후세에 와서는 민간에

도 유행하여 촌민들이 잡곡으로 죽을 쑤어 랍팔죽을 먹게 되었으며 북을 치며 금강력사로 분장하고 역질을 쫓기도 한다. (금강력사: 부처님의 법을 지켜주는 인왕, 즉 외호신)

▷ **납월 23일**: 과거 민간에서 조왕신에게 제사를 지내는 날로서 부엌에 조왕신상을 걸고 엿을 바쳤다. 이날은 특히 떠들썩하여 어떤 사람은 심지어 이날이 음력 설날의 '리허설'이라 여겨 '작은 설날(小年)'이라고 칭한 적도 있다. 현재는 제사를 지내는 풍습이 없어졌다.

▷ 음력 12월23일 혹은 24일부터 "영춘일(迎春日: 봄 맞이하는 날)" 혹은 "소진일(먼지 청소하는 날)"이라고 하여 춘절맞이 집안 대청소를 한다. 춘절을 맞이하여 집안을 깨끗이 하는 목적도 있지만 춘절맞이 대청소를 통해 찌든 가난과 묵은 해의 나쁜 운들을 집안으로부터 몰아낸다는 뜻이 있다.

▷ **제석(除夕)**: 춘절 전날 밤. 천상계의 모든 신들이 속세로 내려와 인간들의 선과 악을 살피는 시간이라 하여, 조상과 신령(대문신, 조왕신, 토지공 등)에게 향을 태우고 꽃과 음식을 공양하며 새해의 평안과 가족의 무병장수를 기원한다. 이날은 흩어졌던 가족들이 다시 모여 교자를 빚으며 담소를 나눈다. 교자를 빚기 위해서 먼저 밀가루를 반죽하는데, 반죽하다라는 '和'의 발음과 합치다라는 '合'의 발음이 같으며 교자의 '교(餃)'와 교제하다라는 '교(交)'의 발음이 유사하여 교자를 빚는다는 것이 '가족이 다시 모여 교제하다'라는 뜻이 되어 교자 빚기 풍속이 생겨났다고 한다. 교자가 다 만들어 지면 밤에 온 가족이 제야의 만찬인 연야반(年夜飯)을 먹

는다. 연야반을 먹은 후에는 온 가족이 모여 앉아 담소, 바둑, 마작, 옛날이야기 등을 즐기면서 밤을 새는데, 이를 가리켜 "수세(守歲)"라 한다. 수세는 노인들에게는 시간을 소중히 여기는 의미가, 젊은이에게는 부모에게 수명을 연장시켜 준다는 의미가 있다. 요즘에는 주로 제석 저녁 TV의 다양한 춘절 특집 프로그램 등을 시청하는 것으로 이미 과거의 수세(守歲)를 대신하게 되었다.

—— 紅包

▷ **춘절(春節)**: 제석 12시가 되면 집집마다 일제히 폭죽을 터뜨리는데 그것은 묵은해를 보내고 새해를 맞이하며 춘절의 분위기가 최고조에 달했다는 것을 의미한다. 그 후에는 다시 돌아와, 새해 첫 음식으로 준비해 놓았던 교자를 삶아 먹는다. 교자는 설전에 많

이 빚어놓고 한해를 편하게 보내자는 의미에서 이미 빚어 놓은 교자를 정월보름까지 먹는다. 북방 사람들이 대부분 교자를 먹는 것에 비해 남방 사람들은 년고(年糕 니엔까오:설떡)와 탕원(湯圓탕위엔)을 먹는다. 오후부터 펴 놓았던 상은 새해 첫 날 아침까지 치우지 않고 계속 두어서 자고 나서도 상에 남아 있는 그 음식 그대로 아침식사로 먹는데, 이는 새해에도 먹을 것이 풍성하라는 뜻이다.

▷아침을 해결하고 나면, 문에 새 봄을 맞아 좋은 일만 생기라는 뜻의 춘련(春聯)이나 문신상(門神像)과 "복(福)"자를 붙이고, 방 안의 벽에는 연화(年畵)라는 그림을 붙인다. 그 후에는 거리에 나가거나 이웃집, 친척, 친구집에 가서 "새해 인사(배년拜年;빠이니엔)"를 드리며 서로를 축복해준다.

▶폭죽(爆竹): 보통 춘절 전 2-3일부터 터뜨리기 시작해서, 그믐날 저녁에는 절정에 이른다. 특히 밤 11시 59분에서 새해 0시가 되는 순간에는 춘절의 분위기가 최고조에 이르며 그렇게 터뜨리기 시작한 폭죽은 정월 보름까지 이어진다. 이러한 폭죽놀이는 묵은해를 보내고 새해를 맞이하며 춘절의 분위기가 최고조에 달했다는 것을 의미한다. '년' 설화에서

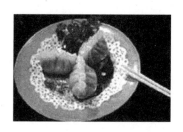

도 알 수 있듯이 고대의 사람들은 귀신들이 폭죽소리를 무서워한다고 생각하여, 대나무를 불에 태워서 귀신을 쫓아냈다. 대나무는 열을 받으면 터지면서 소리를 내기 때문에 "폭죽(爆竹)"이라고 하였다. 그 까닭에 매년 연말이 되면 거리에는 곳곳에서 수많은 폭죽을 터뜨리면서 모든 잡귀들이 물러날 것을 소망하였다. 중국 고래로 악귀를 쫓아내고 복을 빈다는 뜻에서 내려져 오던 이 풍습이 후에는 주로 즐거운 마음을 표시할 때 행해지게 되었다. 현재는 북경 등 대도시에서 폭죽 터뜨리는 것은 위법이다. 불량 폭죽이 난무해서 폭죽을 터뜨리다가 화상입거나 실명하는 사건들이 빈번하며 소음, 화재와 환경오염을 방지하기 위해

정부차원에서 단속을 하고, 금지를 명령한 것이다. 그러나 정부의 단속에도 불구하고 중국인들의 전통이 돼버린 폭죽놀이를 막지 못하고 있는 실정이라 지금은 규제가 점차 완화되고 있다.

▶ **춘련(春聯):** 축복하는 말로써 새 봄을 맞아 좋은 일만 생기라는 뜻으로 대문의 좌, 우측 양쪽에 붙이게 되는데 붉은 바탕에 검은색, 또는 황금색으로 글씨를 쓴다. 대련이라고도 하며, 관례적으로 빨간 종이에 먹붓을 사용한다. 이는 춘절의 기운을 살리면

서 들뜬 분위기를 표현하고 좀더 나은 생활에 대한 희망을 나타내기 위함인데 중국인들은 붉은색이 사악한 기운을 물리치며 활력과 즐거움, 행운 등을 상징한다고 여기기 때문이다. 예전에는 집집 마다 직접 써서 붙였지만, 요즘에는 많이들 사서 붙인다. 련(聯)이라는 것은, 서로 이어진다는 뜻으로, 좌측의 말과 우측의 말이 서로 대칭을 이루면서, 읽을 때 뜻이 서로 연결이 된다. (예를 들면, 좌측에 '춘회대지(春回大地: 봄이 온 땅에 돌아오니)'라 쓰고, 우측에 '복만인간(福滿人間: 복이 온 사람들에게 충만하다)'라고 쓰는 것인데 봄은 복에 대칭되고, 돌아온다는 충만하다에, 대지는 인간에 대칭이 되면서 뜻도 이어지는 것이다.)

▶ 곳곳에 마름모꼴의 붉은 종이에 금색 글씨로 쓰여진 복(福)자를 붙여놓는 풍습도 있는데 '복'자는 반드시 거꾸로 붙여야 한다. 이유는 "거

꾸로"라는 뜻의 중국어 "도(倒)"와 "오다, 도착하다"는 뜻의 중국어 "도(到)"의 발음이 같기 때문이다. 따라서 "복"자를 거꾸로 붙이면, 그것은 중국어 발음상에서 바로 "복이 온다(福到了)"라는 것과 동일한 의미가 된다.

▶ **문신화**: 문에는 문신(門神)의 그림을 붙인다. 악귀들이 놀러 왔다가 그 문신 그림을 보고 놀라서 도망간다고 생각하기 때문이다. 문신도 좌우로 하나씩 붙인다.

연화(年畵): 문신화에서 변형된 것으로, 실내에 붙이는 기복을 상징하는 그림이다. 연화(年畵)의 종류는 많고 다양한데 옛날에는 "잉어를 안고 있는 아기(娃娃抱鯉魚)"나 "용머리를 한 배 경주(賽龍舟)" 등의 그림이 많았으나, 지금은 인기 영화배우사진과 풍경화 등도 자주 활용되고 있다. 이 연화의 풍습은 귀신을 쫓는 그림을 집안에 붙이는 데에서 유래하였으며, 오곡의 풍성과 행운을 기원한다는 뜻이 있다.

▶ 배년(拜年)과 세배돈(壓歲錢): 지방, 가정에 따라 다소 차이가 있지만 일반적으로 우리처럼 설날 아침 어른들에게 세배를 드리는 것은 아니고, 배년(拜年)이라 하여 상호간에 두손을 모아 가슴 앞에 놓고 목례를 하면서 신년 인사로 덕담과 축하의 말을 건넨다. 일반적으로 "신니엔하오(新年好)"나 "꽁시파차이(恭喜發財)" 정도의 말로 덕담을 나눈다.

이때 어른들은 경사를 상징하는 붉은색 봉투(紅包: 홍빠오)에 돈을 넣어 주는데 이를 압세전(壓歲錢)이라고 부른다. 그대로 해석하면, '나이를 누르는 돈'이라는 뜻인데, 사실은 세(歲)자와 수(祟;귀신의 화)자의 중국식 발음이 같아서 재앙을 뜻하는 수(祟)자를 새해 첫날부터 쓰기를 꺼려, 세(歲)자를 썼다고 한다. 제대로 해석을 하면, '재앙을 누르는 돈', 즉 한 해 동안 아무런 문제없이 건강하게 잘 살라는 뜻으로 주는 돈이다.

춘절에 세뱃돈을 주는 이유에 대해서는 또 다른 해석이 있다. 즉 돈은 '천원지방(天圓地方), 하늘은 동그랗고, 땅은 네모지다'을 상징하는 것으로, 즉 둥그런 겉은 양의 기운 중 으뜸인 하늘을 상징하고 네모진 구멍은 음의 기운 중 최고인 땅의 모양을 본 뜬 것이다. 이는 음양의 조화를 뜻하며, 붉은색은 사악한 기운을 쫓아주는 색이라고 여기기 때문에, 아이들이 음양의 조화를 잘 이루어 평안하게 살기를 바라는 마음에서 나쁜 기운을 물리치는 붉은색 천으로 돈을 싸서 춘절에 주었던 것이라고도 한다.

4) 음식

▶ **납팥죽**: 음력 12월 8일에는 곡식의 풍성함을 기원하며 8가지 곡식으로 만든 납팥죽(臘八粥), 즉 우리의 동지팥죽 같은 것을 먹는다. 쌀, 좁쌀, 찹쌀, 수수쌀, 팥, 대추, 호두, 땅콩 등을 함께 끓여 만든 음식으로, 온갖 곡식이 다 들어있다. 오곡이 풍성하길, 풍년이 오길 기원하는 의미가 담겨있다. 최초에 나온 납팥죽은 팥알만으로 끓인 것이었으나 점차 여러 곡식이나 콩, 과일 등을 넣고 끓여서 색깔이 곱고 향기로우며 맛이 뛰어나 별미가 되었다.

▶ **연야반(年夜飯)**: 제석에 온 가족이 모두 모여 앉아 먹는 음식이다. 음식의 종류는 북방지역과 남방지역에 따라 먹는 음식의 종류가 다르지만,(주로 북방–교자, 남방–물고기 요리) 일반적으로 먹는 음식이 두가지 있는데, '후어꿔(火鍋: 중국식 샤브샤브)'와 '생선'(주로 남방)이 그것이다. 샤브샤브를 끓일 때 활활 타오르는 불을 보면서 올 한해도 좋은 일이 많이 있으라고 기원하며, 또한 생선(魚)의 발음이 '남다. 남기다(余)'의 발음과 같아, 올 한해 재물이 넘쳐 남으라는 기원이 있기 때문이다. 이때는 가난하든 부유하든 간에 가능한 한 풍성하게 음식을 장만해 다음해의 풍족한 생활을 기원한다.

▶ **교자(餃子)**: 춘절 첫날 아침에 먹는 음식 중 북방 사람들은 대부분 교자(餃子)를 먹는다. 교자의 교(餃)는 교체를 나타내는 '교(交)'와 중국어 음이 같아서 신구(新舊)가 교체된다는 것을 나타내기 때문에, '갱세교자(更歲交子)'로 나이 먹는 만두라는 의미가 있기도 하다. 밀가루에 잘게 저민 고기나 야채 따위를 넣어 싼 음식이다. 여러 종류의 내용물을 넣는 우리식 만두와 달리 중국 교자는 많아야 두 가지 정도의 속이 들어가며 주로 물에 삶아서 먹는다. 수많은 만두 가운데 하나에는 만두소 대신에 1毛짜리 동전을 넣는데, 그 동전이 들어간 만두를 먹는 사람은 그 해에 운수 대통한다는 믿음이 있다.

▶ **연고(年糕,니엔까오; 설떡)과 탕원(湯園,탕위엔; 새알심을 넣은 탕)**: 북방 사람들은 대부분 교자(餃子)를 먹는데, 남방 사람들은 탕원이나 설떡을

먹는다. 연고(年糕니엔까오)는 발음이 년고(年高)와 같아서 '해마다 나아진 다'는 뜻의 연년승고(年年升高)를 상징하며, 탕원의 발음은 단원(團圓)과 같아서 '온 가족이 단란하게 모인다'는 뜻의 전가단원(全家團圓)을 상징한다. 연고는 동그랗게 썰어놓은 흰 가래떡을 간장소스와 야채 등을 넣고 볶은 요리이다. 찹쌀가루에다 효소를 섞어 잘 부풀어 오르게 쪄야 제 모양이 되는데, 그렇게 잘 쪄진 설떡을 먹어야 그해의 재산이 그 설떡 부풀듯이 늘어난다고 한다. 탕원은 설탕물을 끓여 잘게 썰어둔 과일과 팥앙금이 든 찹쌀떡을 넣어 매우 달게 끓인 요리이다.

5) 현대의 춘절

현재 중국에서는 새로운 한해가 시작되는 기념으로 양력 1월1일 하루를 쉬며, 각종 언론매체나 극장 등에서 기념축사나 공연을 갖는다. 하지만 중국인들에게 있어서의 진정한 설은 바로 음력 1월1일(양력 1월 하순에서 2월 중순)인 춘절이다. 일년이 되돌아오며 만물이 원래의 자리로 회귀하는 순간이라는 뜻이 포함된 춘절은 중국인들이 가장 중요시하고 가장 마음 편하게 지내는 명절이다.

농경에 있어서 신령과 선조들의 은혜에 보답하기 위해 제를 지내던 원시적 춘절의 의미는 상실하였지만 지금의 춘절은 휴식하면서 마음껏 즐기는 습관은 의연히 가지고 있다.

현대의 젊은 부부나 청소년들은 춘절 음식을 직접 만들어 먹기보다는 외식을 즐기는 편이며, 춘절 때 미풍양속으로서 서로 주고받는 선물도 건강용품이나 생활가전제품이 전통식품을 대체해가는 등 중국 최대 명절인 춘절의 모습도 시대의 흐름과 함께 바뀌어 가고 있다. 그러나 춘절이 되면 중국인들은 여전히 여러 가지 즐거운 민속놀이를 즐기기도 하고 각종 춘절 음식들을 먹으며 친지, 지인들과 여유롭고 풍요한 시간을 즐긴다.

2. 원소절(元宵節)

음력 정월 보름(음력1월15일)을 元宵節 또는 燈節이라고 한다. 정월을 원월(元月)이라고도 부르는데 이달의 15일 밤은 한해 중 처음으로 보름달이 뜨는 날이고 소(宵)는 밤이라는 의미이기 때문에 정월 15일을 중국인들은 원소절이라고 부른다.

1) 유래

전하는 바에 의하면 한(漢)나라 때, 권력을 찬탈하였던 여후(呂后)가 죽고 난 뒤 주발(周勃), 진평(陳平) 등의 사람들이 여러 여씨(呂氏)들을 몰아내고 유항(劉恒)을 세워 천자로 삼았는데, 이 사람이 문제(文帝)이다. 문제는 여씨를 몰아낸 이날이 정월 보름이었기 때문에 이날 밤 변복하고 궁문을 나서 백성들과 함께 즐기면서 이날을 기념하였다 한다. 한무제(漢武帝) 때부터는 원소절에 연등을 걸기 시작했다. 동한(東漢) 영평(永平, 58~75년) 연간에는 명제(明帝)가 불교를 제창하며 대보름날 밤 궁정, 사원에 "등불을 밝히고 부처님에게 복을 빌게"하였으며 귀족과 서민들에게도 집집마다 연등을 켜달게 했다고도 전해진다. 그 후부터 줄곧 답습하여 민간의 성대한 명절로 되었고 송대(宋代)에 와서는 또 소 넣은 새알심을 물에 삶아 탕과 함께 먹는 "부원자(浮圓子)"를 만들었다. 이것이 원소절의 명절식품이 되자 사람들은 그것을 "원소(元宵)"라고 부르게 되었다.

2) 풍습

이날은 元宵를 먹고, 등불을 구경한다. 원소절에 등불을 달게 된 연유에 대해서는 다양한 이야기가 전해진다. 그중 하나가 옥황상제가 인간 세상에 내리려는 불의 심판을 피하기 위하여 등불을 고안하였다는 전설이다. 그 이야기는 다음과 같다.

아주 옛날 천궁(天宮)을 지키던 신조(神鳥)가 길을 잃어 인간 세상에 내려왔다가 사냥꾼의 화살에 맞아 죽은 일이 발생하였다. 이 사실을 알게 된 옥황상제가 대노하여 정월 보름에 병사를 내려 보내서 인간 세상에 불을 질러 인간을 벌하려 하였다. 마음씨 착한 옥황상제의 딸이 위험을 무릅쓰고 이 사실을 인간들에게 알려 주었다. 며칠을 궁리한 끝에 한 노인이 묘안을 내놓았다. 정월보름을 전후하여 집집마다 등불을 내걸고 폭죽을 터뜨려 불꽃을 올려서, 인간 세상이 이미 화염에 휩싸인 것처럼 보이게 하자는 것이었다.

이 묘안이 적중하여 인간은 옥황상제의 벌을 피해 생명과 재산을 보호할 수 있게 되었다. 이후로 매년 정월 보름이면 집집마다 등불을 내거는 풍속이 생겨난 것이다.

그리고 이날은 불꽃놀이, 제등행렬, 사자춤, 용등 춤, 모내기 춤, 나무다리춤, 그네뛰기 등의 다양한 오락 활동을 한다. 시골에서는 초롱에 수수께끼 문답 써 붙이기, 앙가 경연과 문예경연 등을 행하는데, 민족 풍격과 생활 분위기가 다양하다.

3) 음식

원소절에는 원소(元宵)라는 것을 먹는데 원소(元宵)란 달콤한 깨 등을 넣고 찹쌀가루로 싸서 찐 일종의 동글동글한 떡으로서 우리의 팥죽에 넣는 새알심과 비슷하다. 모양이 동그랗기 때문에 團圓(온 가족이 단란하게 모임)을 상징한다.

곧 정월 대보름에 먹는 湯圓이라 하겠다. 원소절은 일년 중 첫 번째 보름달이 뜨는 날이기 때문에 이 또한 가족 간의 단란함과 행복함을 상징하고 있는 것이라 할 수 있다.

▶ 원소 먹기

탕단, 원자, 탕원, 부원자 등의 별칭이 있다. '원소'를 먹는 이유는 '온 가족이 모여 화목하게 지낸다'는 것에 있다. **북방**에선 먼저 속을 조그맣게 뭉쳐 알심을 만들어 끓는 물에 살짝 익힌 다음, 바로 건져내서 찹쌀가루에 올려놓고 이리저리 굴려 옷을 입히고, 이를 반복하여 동그랗게 만든다. **남방식**은 찹쌀가루에 살짝 물을 떨어드려 알심을 만든 다음 속을 넣어 익힌다. 들어가는 속은 매우 다양해서 콩고물 대추 혹은 새우, 햄, 생선살, 야채 등이 있는데 끓이거나 튀기거나 기름에 지지거나 쪄서 익힌다.

—— 원소

—— 원소절 불꽃놀이 전통그림

—— 원소절 등회장면

3. 청명절(淸明節)

1) 개요

음력 2월 21일. 양력으로는 4월 5일 전후의 성묘일로 봄빛이 완연하고 공기가 맑은 시기이다.

옛 사람은 청명 15일 동안을 5일씩 3후로 세분하여,

① 꽃소식을 알리는 화신풍(花信風–꽃이 필 무렵에 부는 바람)으로 청명의 화기(花期)에는 먼저 오동나무의 꽃이 개화하고,

② 이후에는 보리 꽃이 피며, 들쥐 대신 종달새가 나타나며,

③ 그 후에는 버드나무 꽃이 개화 하며 무지개가 처음으로 보인다고 하였다.

그래서 《세시백문(歲時百問)》에서는 〈만물이 이 시기에 발아하고 생장하여 자라면, 모든 것이 깨끗하고 순수하기에 청명이라고 한다〉는 기록이 있다.

2) 유래

두 가지 설이 전해오는데 하나는 중국고사에서 이날은 비바람이 심하여 불을 금하고 찬밥을 먹는다는 습관에서 유래했다는 설과 다른 하나는 개자추 전설(介子推傳說)에서 유래했다는 설이 있다. 개자추 전설에 대해서 알아보면 다음과 같다.

춘추시기에 진(晋)나라의 공자 중이(重耳)는 박해를 피하여 국외로 망명길에 올랐다. 망명을 가던 도중에 인적이 없는 곳에서 피로하고 배도 고파 더 이상 서있을 힘도 없었다. 그때 그를 수행한 개자추(介子推)는 아무도 보지 않는 곳으로 가서 몰래 자기의 허벅지살을 한 덩어리 도려내어 탕을 끓였다.

중이는 그것을 먹고 서서히 정신을 회복하였다. 그리고는 자기가 먹은 고기가 개자추의 허벅지살임을 알고는 눈물을 한없이 흘렸다. 19년 후 중이는 진나라의 왕위에 올랐는데, 그가 바로 진문공(晋文公)이다.

진문공은 즉위한 후에 지난날 망명길에 올랐을 때 자기를 수행했던 공신들에게 대대적인 포상을 하였지만, 유독 개자추만 포상에서 제외되었다. 많은 사람들은 개자추에게 불공평하다고 하면서 왕에게 직접 포상을 건의하라고 권하였다. 그러나 개자추는 그렇게 논공행상을 일삼는 사람들을 경멸하였다. 그는 조용히 행장을 꾸려서 면산(綿山)으로 가서 은거하였다.

진문공은 그 소식을 들은 후 대단히 부끄러워하며 직접 사람들을 데리고 개자추의 집을 찾아갔지만 개자추는 이미 집을 떠나 면산에 은거한 뒤였다. 다시 진문공은 그를 찾아 면산으로 갔지만 면산은 산세가 험준하고 수목이 울창하여 사람을 찾아내기가 여간 쉽지 않았다.

이때 어떤 사람이 진문공에게 꾀를 하나 고해 바쳤다. 즉 면산의 삼면에서 불을 놓아 개자추를 밖으로 나오게 하자는 것이었다. 이를 허락한 진문공은 면산에 불을 놓게 했지만 개자추는 그림자도 보이지 않았다. 불이 꺼진 후에 사람들은 늙은 어머니를 등에 업은 개자추가 버드나무 아래에 앉아 죽어있는 것을 발견하였다. 이 모습을 본 진문공은 통곡을 하였다. 그의 시신을 거두어 입관하려 할 때 나무동굴 속에 혈서가 있었다. 그 혈서에는 이렇게 쓰여져 있었다.

"살을 왕께 바쳐 충성을 다한 것은, 왕께서 항상 청명하시길 바랬기 때문이다."

개자추를 기념하기 위하여 진문공은 그 날을 "한식절(寒食節)"로 제정하고, 사람들에게 불을 피우는 것을 금하고 찬 음식을 먹게 했다. 그 이듬해에 진문공은 신하들과 함께 산에 올라 제사를 지내다가 그 버드나무가 다시 소생한 것을 보았다.

이에 그 버드나무에 "청명류(靑明柳)"라는 이름을 하사하여 천하에 알리고, 한식절 뒷날을 청명절(靑明節)로 제정하였다.

한식과 청명은 하루를 사이에 두고 있기 때문에 옛사람들은 항상 한식절의 행사를 다음날인 청명절까지 이어서 하곤 하였다. 세월이 지나면서 사람들은 한식절과 청명절을 하나로 생각하게 되었다. 현대 중국에서는 청명절이 한식절을 대신하고 있다. 그리고 개자추에게 제사지내고 그를 추도하던 풍습이 지금은 청명절에 성묘를 하는 풍습으로 바뀌었다.

지금도 청명절은 여전히 중국민간에서 매우 중요한 명절이다. 비록 현대에 화장이 성행하고 있지만 옛일을 회상하고 고향을 그리며 청명절에 고향에 돌아가 성묘하고 조상에게 제사지내는 습속은 지금도 계속 되고 있다. 청명절 기간이면 학교나 단위들에서는 학생이나 직원들을 조직하여 열사능원을 찾아 성묘하고 열사들의 영령을 기리고 있는데 이것은 청명절에 새로운 내용을 부여해 준다고 할 수 있다.

3) 풍습 및 오늘날의 청명절

冬至 후 105일째 되는 날이 한식이고 그 이틀 후가 청명절이다. 한식이 되면 나라에서는 종묘와 각 능원(陵園)에 제향하고 민간에서는 여러 가지 음식으로 절사(節祀)를 지낸다. 또한 주과(酒果)를 마련하여 성묘하고, 주위에 식수나 사초(莎草: 무덤에 떼를 입혀 잘 덮는 일)를 한다. 개자추의 넋을 위로하기 위하여 비가 내리는 한식을 물한식이라고도 하며, 이때 비가 오면 풍년이 든다는 속설이 있다. 한식날부터 농가에서는 농작물 씨를

뿌리는 등 본격적인 농사철로 접어든다. 청명절은 寒食과 엇비슷하게 있어 앞서 말했듯 한식의 행사를 청명절까지 이어서 하는데 본래 조상의 묘를 참배하고 제사를 지내는 날의 의미가 어느 정도 퇴색되어 지금은 혁명 열사의 묘나 기념비에 성묘하거나 헌화하기도 한다. 이때 향을 피우며 음식을 차려놓고 지전을 태운다. 청명절 때가 되면 날씨가 따뜻하므로 성묘하러 교외로 나온 김에 버드나무가지를 머리에 꽂고 푸른 풀을 밟으며 교외로 나들이를 가거나 연을 날리며 봄을 즐기는데 이를 답청(踏靑: 푸른 풀을 밟음)이라고 한다.

4) 음식

청명절 하루 이틀쯤은 "한식절"로서 3일간 불을 쓰지 않고 제사를 지내며 차가운 음식을 먹는다. 제사음식으로는 술, 과일, 포, 식혜, 떡, 국수, 탕, 적 등이 있다.

4. 단오(端午)절

1) 개요

단오절(端五節)은 단양절(端陽節)·오월절(五月節)·중오절(重五節)·천중절(天中節)·하절(夏節)·여아절(女兒節)·시인절(詩人節) 등으로 이름하여 시간상으로 음력 5월 초닷새로 농촌의 농번기에 접하고 있다.

음력으로 5월은 오월(午月)
에 해당하며, 홀수의 달과 날이
같은 수로 겹치는 것을 중요시
한 데서 5월 5일을 명절날로 하
였다. 홀수는 양기를, 짝수는 음
기를 지닌 것으로 보았는데, 홀

수 가운데에서도 '5'자가 두 번 겹쳤으니, 양기가 가장 성한 날이라고 보
았던 것이다.

음력 5월 초닷새는 일 년 중 태양이 정남에 오며 가장 크고 밝고 맑은
날이라는 사실과 일맥상통하는 점이다.

그러나 이날은 양기가 가장 센 날로서 음양의 균형이 깨어질 가능성이
있었기 때문에 옛날 사람들은 5월을 '惡月'로 여기기도 하였다. 5월 중에
서도 가장 불길한 날을 단오절인 5월 5일로 쳤는데, 심지어 어떤 사람은
이날 태어난 아이를 액운으로 여겨 내다 버리기까지 했다. 옛날 사람들이
이처럼 5월을 특히 싫어했던 것은 5월은 중국의 계절상 여름이 시작되는
시기로, 5월 이후로는 날씨가 더워져서 전염병이 유행하였기 때문이다.

또한 무척 빠른 속도로 번식하는 모기, 파리와 뱀, 전갈, 지네, 도마뱀,
거미의 이른바 '오충(五蟲)'도 사람들 주변에서 해독을 끼친다. 이러한 질
병과 해충의 위협에 직면한 사람들은 하나의 자구책으로 단오절을 지정,
지혜를 발휘한 여러 가지 활동을 하게 되었다.

2) 유래

다양한 명칭으로 불리는 것에서도 알 수 있듯이 단오절의 유래에 관하여 여러 가지 설이 있는데, 자세히 살펴보면 다음과 같다.

(1) 용의 명절(龍之節) 說

－용은 신앙과 숭배의 동물로 중국의 상징이기도 하다. 聞一多의 『端午考』에서 중국의 단오를 용의 명절이라 여겨 현재에 이르기까지 용주(龍舟)를 젓는 풍속이 유행하고 있으며, 고대 용 숭배 관념의 하나라 할 수 있다.

(2) 난초목욕(蘭浴) 說

－중국 고대 때 5월이 되면 난초를 끓인 물에 목욕하는 풍습이 있었는데, 현재까지 일부 지역에서 난초나 쑥을 끓인 물에 목욕을 하기도 한다.

(3) 춘추전국시대 說

－애국시인 굴원 기념설: 5월 5일 멱라수에 빠져 죽은 굴원을 위로하기 위해 쫑즈를 먹고 용주 젓기를 한다. (자세한 내용은 3.(1)에서 풍습과 함께 살펴본다.)

－뭇나라 명장 오자서 기념설: 5월 5일 오나라 왕에게 죽임을 당

해 강에 버려져, 그 후 파도 신으로 변하였다.

– 조아(曺娥)설: 漢安帝 2년 5월 5일 우(虞)나라 조아의 부친이 강신(江神)을 위해 연주를 하다가 강에 떨어져 죽자 그의 딸 조아도 따라 죽었다. 후에 아버지의 시체를 꼭 안고 있는 조아를 발견한 사람들은 그녀의 효행을 기리기 위해 강 이름을 "조아강"이라 고치고, 그녀의 조각상을 배에 태워 용주 경기를 하였다.

(4) 기타

– 중국 한나라 때의 문헌에도 나타나는데, 옛날부터 5월은 비가 많이 오는 계절로 접어드는 달로 나쁜 병이 유행하기 쉽고, 여러 가지 액을 제거해야 하는 나쁜 달로 보아, 예방조치로서 여러 가지 크고 작은 풍습이 생겨났다. 약초 · 창포 · 쑥 등을 이용한 것은 강한 향기와 약성 때문인 것으로 생각된다.

– 《완서잡기(宛署雜記)》에 의하면 '연도(燕都: 명나라 때의 북경)에서는 5월 1일부터 5일까지 작은 아씨들이 모양을 내어 아주 예쁘고, 이미 출가한 여자도 친정에 근친을 가므로 이날을 여아절(女兒節)이라고 한다.'라고 하였다.

3) 풍습

단오절이 중국 최대 명절 중의 하나가 된 것은 성대한 경축 의식과 그 내용이 다채롭기 때문이라는 말이 있을 정도로, 매우 다양한 풍습이 전해지고 있다. 단오의 풍속 중 대부분이 질병과 역병에 대한 승리와 질병에 대한 예방과 치료의 의미를 내포하고 있는데, 위에서 살펴본 단오절의 유래와 관련지어 살펴보면 더욱 흥미로울 것이다. 특히 현재까지 가장 잘 계승된 단오절 풍습 중 하나인 '용선제(龍船祭)'는 국제적인 축제로 발돋움한 점을 높이 사 자세히 알아보았다. 일부는 대만(台湾)에서 주로 이루어지는 풍속이라는 것을 밝혀두었다.

(1) 용선제 (용주경기)

① 기원

—— 굴원

– 지금으로부터 2300년 전 부패한 중국 정부에 항거하여 물속에 몸을 던져 죽은 충신 굴원을 기리기 위해 시작되었다. 전쟁과 모함이 만연했던 춘추전국시대 초나라 출신의 굴원은 기원전 3세기경 정치가로 활약했다. 그는 부패한 나라를 바로잡고자 노력했으나 그를 시기하는 무리의 중상과 모함에 의해 양쯔강 이남의 소택지로 추방당했다. 굴원은 유배에 대한 절망감으로 강가를 하염없이 거닐다가 「초사(楚辭)」라는 명문장을 남기

고는 돌을 안고 멱라수에 몸을 던졌다. 뒤늦게 이를 알게 된 백성들이 굴원을 찾으려고 모두 배를 띄워 강으로 나갔다. 이들은 굴원의 시신이 물고기의 먹이가 되지 않도록 북을 두드리며 물고기를 쫓았다. 그리고 후일 굴원을 구하지 못한 것에 대한 안타까움에 해마다 용선제를 개최하게 된 것이다.

– 용은 초자연적 신령으로, 인간세상의 날씨를 결정할 수 있는 존재였다. 그래서 사람들은 배에 용머리·용꼬리를 달아 이것을 '용주(龍舟)'라 불렀으며, 악귀를 물리치고 재앙을 막아 복을 기원하는 도구로 삼았다. 이러한 초기의 종교의식의 형태에서 점차 민중의 오락 풍속으로 변천했다.

② 의의: 물이 많고 따뜻하여 논농사를 하는 남부 중국의 용선제는 황허 유역의 밭농사 지역에서 행해지는 대보름의 등절(燈節)과 같은 최대의 풍요 기원 축제이다. 물과 태양과 용과 모든 사람들의 일사불란하게 합치되는 힘은 농업 사회에서 가장 중요한 주제를 포함한다. 용주경기에서 우승하면 마을의 명성을 빛낼 뿐 아니라 마을에 풍년과 행복이 찾아온다고 생각한다.

③ 현재의 용선제 진행 방식: 용선제에 출제하는 배에는 선수들의 사기를 북돋우기 위해 북을 치는 고수 1명과 노를 젓는 선수 20명, 그리고 방향키를 조절하는 선수 1명으로 총 22명이 승선한다. 힘과 기술을 겨루는 노젓기 대결로 640미터를 완주해야 하는 숨가쁜 경기이다. 격렬한 선두 다툼과 스피디한 배들의 움직임은 이 축제의 큰 볼거리다.

(2) 창포, 쑥 걸기 – 집집마다 문에 창포와 쑥을 걸어 사악함을 쫓고자 한다. 쑥대는 말채찍 같아 말을 상징하고 창포 잎은 길고 곧아 청동 보검을 닮았다. 전설에 나오는 귀신 잡는 종규 –《사물기원(事物起原)》에 의하면 당(唐)나라 현종이 병석에 누워 있을 때 다음과 같은 꿈을 꾸었다. 한 소귀(小鬼)가 나타나서 평소 현종이 소중하게 간직하고 있는 향낭(香囊)을 훔치기도 하고 옥적(玉笛)을 불기도 하며 법석을 떨기에 현종이 큰 소리로 신하를 부르자 한 대귀(大鬼)가 나타나서 그 소귀를 붙잡아, 손가락으로 눈알을 파먹고 죽여 버렸다. 현종이 놀라서 누구냐고 물으니 "신은 종남산(終南山) 진사(進士) 종규라고 합니다"라고 대답하더니 계단에 걸려 죽고 말았다. 현종이 정중하게 장례를 지내주었더니 종규는 "앞으로 천하의 요마들을 물리치겠습니다."라고 맹세하였다. 현종이 꿈에서 깨어났을 때 병은 깨끗이 나았다. 현종이 꿈에서 본 종규는 검은 의관을 걸치고 눈이 크고 수염이 많은 무서운 얼굴을 하고 칼을 차고 있었으므로 그와 똑같은 화상(畵像)을 그려 수호신으로 하였다고 한다. – 가 말을 타고 칼을 차고 쇠사슬을 들고 문 앞에 서 있으면 악귀가 놀라 감히 재앙을 일으킬 엄두도 못 낸다고 믿었기에 행한 것이었다. 이렇게 복숭아 나뭇가지, 마늘과 함께 문이나 침대 머리맡에 걸어 액막이 기능으로 쓴다.

(3) 오색실, 향낭, 오독(五毒)주머니 – 오색 견실을 팔에 걸면 역귀를 쫓아내 병에 걸리지 않는다 했으며, 아이의 손목 · 발목 · 목에 묶기도 했다. 영리하고 손재주가 좋은 여자들은 꽃모양의 천이나 비단으로 여러 모양의 주머니를 만들었는데, 그 안에 향초나 약재를 넣어 아이에게 달게 했

다. 이는 병을 예방하고 악귀를 쫓는다 했다. 오독주머니는 주로 중국의 서북지역에서 유행했는데, 5월은 뱀·지네·두꺼비·전갈 등 유독성 동물이 활동하는 시기로 쉽게 중독되었다. 그래서 단오 때 민간에서는 홍지(紅紙)로 조롱박 모양을 만들어 그 안에 오독의 그림을 자르는데, 이를 "조롱박이 오독을 없애다(葫蘆收五毒)"라 불렀다. 여기에 가위나 송곳을 문에 같이 달아 오독이 없어진다고 여겼다.

(4) 답청(踏靑) – '踏白草'라고도 부르며, 봄날 교외로 나가 산보하고 즐기는 것으로 청명절에서 단오절까지 성행했다. 혈액순환과 신진대사 활동에 좋고, 정신을 맑게 하는 작용을 한다.

(5) 모기 쫓기 – 볏짚을 태워 장막에 연기를 쐬어 모기를 쫓아낸다.(台湾)

(6) 虎子花 – 복숭아 꽃(桃花)으로 단오 때 꽃을 따다 어린아이 머리에 꽂아 주었다.(台湾)

(7) 龍船花 – 오동나무 꽃(梧花)으로, 단오 후 꽃이 만발한다. 이때 화관을 만들었는데 그 모습이 용선같다고 하여 용선화라 불렀다.(台湾)

(8) 종규신(鍾葵神)像 걸기 – 종규신은 역귀를 쫓아내는 신으로 단오가 되면 방안에 이 그림을 걸어두었다.(台湾)

(9) 석전(石戰) – 옛날 대만에서는 이웃 마을에 서로 돌을 던지는 풍습이 있었는데 상처를 입어도 스스로 치료하고, 상대방을 찾아가 복수하지도 않았다고 한다. 사람들은 석전에 참가함으로써 내년 단오 때까지 平安無事와 질병과 재해가 없을 것이라고 믿었다.(台湾)

4) 음식

(1) 쫑즈 먹기 – 단오의 주요 풍속으로 조상에게 제사를 지내고 신에게 바치거나 친구간에 선물할 때 주로 쓰인다. 어느 때라도 먹을 수 있는 식

품으로 단오 때가 되면 더욱 잘 팔린다. 단오절에 쫑즈를 먹는 것은 어디나 마찬가지이나 지역의 음식 습관과 입맛의 차이에 따라 쫑즈를 만드는 재료와 맛도 각양각색인데, 그 종류는 다음과 같다.

① 호남성 멱라현: 물에 불린 찹쌀을 갈댓잎에 싸서 원뿔모양으로 만들어 재를 뿌린 소다수에 쪄서 뜨거울 때 먹는다.

②북경: 대추를 넣은 쫑즈를 찬물에 식혀 먹는다.

③ 절강성 가흥: 찹쌀에 간장을 넣고, 햄을 설탕과 술, 소금에 잰 다음 두 장의 살코기로 비곗살을 싸서 비곗살의 기름기가 찹쌀 속으로 스며들게 만드는데 느끼하지 않고 고소한 맛이 난다. (火腿粽)

④ 광동성: 이곳의 쫑즈는 소를 특별히 중시한다. 네모나게 썬 닭고

기·오리고기·광동식 불고기·계란 노른자·겨울 버섯·녹두를 섞어 소를 넣는다. 갈댓잎이 아닌 연잎으로 싼다. (什錦粽)

(2) 웅황주(雄黃酒) 마시기 – 웅황은 약재로서 독을 제거할 수 있다. 웅황주는 웅황가루에 쌀을 넣어 만든 술로 어린아이의 귀·코· 가슴·손목· 발목 등에 웅황주를 발라주면 벌과 독을 제거할 수 있고 신체 이외에 침대 아래에 뿌리면 재액(災厄)을 막아준다고 한다.

(3) 오시(午時) 물 보관하기 – 오시 물을 보관해 두었다가 여름에 병을 얻었을 때 이 물을 마시면 병이 낫는다는 풍속이 있다.(台湾)

5) 현대의 단오

시대적인 발전에 따라 풍속의 샤머니즘 부분은 계속 약화되고 있으나 사람들에게 유익한 과학적인 보건법은 오히려 강화되고 있다. 대대로 전해 내려오는 풍습을 문화적·경제적 발전에 이바지 하는 방향으로 개선해 나아가는 모습을 통해, 현재의 우리는 과거를 사랑하는 미래의 중국과 중국인을 볼 수 있는 것이다. 자세한 내용은 용선경주와 웅황주를 마시거나 쑥과 창포를 문에 꽂아두는 풍습의 변화를 통해 알아보자.

(1) **용선경주**는 처음에는 토템제(祭)의 행사였으나 후에는 굴원에 관계되는 설만 전해지고, 오락 활동을 넘어 세계적인 축제의 장으로까지 확대되었다. 시간이 흘러 일본과 베트남 등지의 동남아시아 국가에까지도

전해졌고, 근래에는 재미있는 스포츠 경기의 하나가 되어 구미지역 사람들도 많은 관심을 보이고 있다. 특히 이 축제는 한 인물을 추모하는 것이 아니라 인민이 스스로의 역사와 전설을 축복하는 것이 되었다. 전통을 봉건 미신의 잔재이며 반혁명적인 것이라고 부정하던 공산당과 문화 혁명 세력의 공격 앞에서도 단오의 용선제는 인민들이 결코 포기하지 않고 말없이 지켜 온 그들만의 비밀스런 축제이며 역사읽기의 장인 것이다. 이 축제를 위해 마을 사람들은 일 년 내내 준비하고 멀리나간 사람들과 해외에 나간 화교의 후손들도 돌아온다. 따라서 이 날은 한 마을의 공동체적 성격이 가장 두드러지게 되살아나며 고향의 정과 먼 전설의 역사를 되찾는 날이다. 오늘날은 화교의 귀향과 투자를 유치하기 위한 문화적 흡인 요소로서 그리고 국제적 관광 거리로서, 나아가 중국의 문화적 상징으로서 국가적으로도 장려되기에 이르렀다. 이렇게 용선제는 문화오락·상업·학술 등 다양한 양상으로 종합 발전 했다는 특징이 있다.

(2) 예전에 단오절에는 반드시 **웅황주**를 준비했다. 친지들이 함께 식사하면서 웅황주 몇 잔을 돌려 서로 축복하였다. 할머니는 웅황주를 아이의 귀나 코에 발라주기도 하고, 붓으로 이마에 '王'자를 써줌으로써 웅황주가 질병을 막아주어 아이가 장수할 수 있기를 기원했다. 그러나 오늘날 의약지식의 보급에 따라 사람들은 독성이 있는 웅황이 구토, 설사, 정신 혼미 등 중독현상을 일으킬 수 있다는 사실을 알았고, 더 이상 웅황주를 마시지 않는다.

(3) 단오만 되면 **쑥과 창포**를 문에 꽂아 두었는데, 이후 사람들은 쑥의 신기한 효능을 발견하기도 하였다. 바로, 말린 쑥잎을 말아서 여러 질병을 치료할 수 있었던 것이다. 단오절에 뜯어온 단양애(端陽艾)를 깨끗이 말려 달여서 복용하면 이질이나 토혈을 멎게 하고, 부인병을 치료하는 효능이 있다. 또한 방안에 쑥을 놓아두면 냄새 때문에 모기, 파리가 들어오지 않는다. 이에 민간에서는 쑥을 출입문 주위에 꽂아둠으로써 사기(邪氣)를 몰아낸다. 창포의 뿌리와 줄기 또한 진통, 이뇨작용이 있는 약초로 각광받고 있다.

5. 중추절(仲秋節)

1) 개관

중국의 3대 명절 중의 하나가 추석이다. 우리는 보통 한가위 혹은 추석이라 하지만 중국인들은 중추절(中秋節 or 仲秋節)이라 부른다. 음력 7, 8, 9월이 일 년 중 가을에 해당하고 그중에서 8월이 중간이며, 또 8월 중에서 15일이 그 중간이 된다. 바로 이 음력 8월 15일이 가을철의 한 가운데다 하여 중추절이라 부르고 있는 것이다. 음력으로 15일 보름날은 예나 지금이나 보름달이 뜬다. 중추절은 달과 매우 밀접한 관계가 있는 명절이다.

2) 유래

하늘에 두둥실 떠오르는 달은 옛 사람들에게 안도의 빛을 던져주는 위안이었으며 특히 휘영청 밝은 보름
달은 경이롭기까지 한 숭배의 대상이
었다. 물론 보름달은 매달 한 번씩 뜨
지만 날씨가 선선하고 하늘에 구름 한
점 없는 가을철에 나타나는 보름달이
야말로 더욱 밝고 둥글게 보였을 것이
며, 따라서 그들의 숭배 대상도 자연스
럽게 중추절의 보름달로 집약되었다.

인간의 지혜가 차츰 깨이면서 불
을 사용하게 되자 옛 사람들의 숭배의
식은 점차 희미해져 갔지만, 오곡을 무르익게 해주는 것은 여전히 월신(月
神)의 덕이라 믿었으므로 추수가 끝난 후 제사를 올리는 의식은 중단되지
않았다. 이렇듯 불가침의 숭배 대상에서 은혜로운 감사 대상으로 옮겨간
달님은 세월이 흐르며 점차 감상의 대상으로 변해 갔다. 감상은 상상을 낳
고 상상은 또 환상을 부추기며 마침내 신화와 전설을 잉태하게 되는데 그
중 하나가 **항아(嫦娥)** 라는 선녀의 이야기다.

상아의 남편은 백발백중의 명사수였다. 어느 날 하늘에는 열 개의 태
양이 떠올랐다. 이글거리는 태양이 대지를 태우자 온 누리에 기근이 휩싸
였고 모든 생물은 고사 직전에 빠졌다. 이때 항아의 남편이 화살을 당겨
태양 9개를 떨어뜨리자 세상은 다시 평온을 되찾게 되었고, 이를 어여삐
여긴 신선은 불로장생약을 하사하였다. 그러나 기고만장한 항아의 남편
은 날로 포악해졌고 견딜 수 없었던 항아는 남편의 불로장생약을 훔쳐 먹

었고, 양어깨에 날개가 돋은 항아는 푸른 하늘 은하수에 두둥실 떠오른 아름다운 달로 날아가 버렸다. 허나 정작 달에 도착해보니 사람이란 자기 혼자뿐 계수나무 아래 토끼 한 마리 외엔 아무 것도 없었다.

항아는 광한궁(廣寒宮)을 짓고 달에 군림한 월신(月神)이 되었지만 남편을 속인 죄로 하늘의 노여움을 사게 되어 보기에도 끔찍한 두꺼비로 변해 버렸다. 우리가 어릴 적 즐겨 부르던 동요 가사에 '계수나무 한 나무 토끼 한 마리'나 선녀가 광한궁에 살고 있다던 어른들의 이야기는 모두 중국의 전설에서 유래된 것이다.

한편 바로 이런 전설 때문에 중국인들은 달을 그냥 월(月)이라 하지 않고 월궁(月宮), 섬궁(蟾宮) 또는 계궁(桂宮)이라 불렀으며, 보름달의 모양이 쟁반 같다 하여 섬반(蟾盤), 수레바퀴 같다고 하여 계륜(桂輪)이라고 부르기도 하였다. 또한 토끼와 두꺼비에 착안하여 금토(金兎), 옥토(玉兎) 혹은 섬토(蟾兎)라고 부르기도 했다. 그런가 하면 과거(科擧)가 있었던 시절, 가을 시험은 음력 8월에 있었는데, 장원급제를 월중절계(月中折桂)니 섬궁절계(蟾宮折桂)로 표현하였던 것 또한 과거급제를 하늘로 날아갈 듯 출세한다는 비유에서 비롯되었다고 한다. 그래서 온 가족이 함께 모여 마당에 둘러앉아 하늘에 걸린 달을 바라보며 달에 얽힌 이야기를 하는 것은 중추절이 되면 빼놓지 않고 하는 하나의 풍습처럼 되었다.

보름달의 모양은 둥근 원(圓)이다. 어느 곳 하나 구겨진 데가 없이 온전한 모습이며 구심점을 향해 가지런히 모이고 있다. 이런 외형적 특징을 상징적으로 비약시켜 중국에서는 매년 중추절이 오면 흩어졌던 가족들이 모두 부모님 곁으로 모인다. 이를 중국어로 '단원'(團圓)이라 하며, 중추절을 '단원절'(團圓節)이라 부르고 있다. 중국 시인들이 고향에 못 돌아가고 객지에서 떠도는 신세를 한탄할 때마다 어김없이 등장하는 달(月)도 알고 보면 이런 속사정이 있었기 때문이다.

중국고대에는 춘분제일(春分祭日)과 추분제월(秋分祭月)의 습속이 있었다. 중추절은 추분으로부터 발전되어 온 것이다. 상고시기에는 단지 추분의 활동만 있었을 뿐 중추절은 없었다. 추분은 8월 15일 전후에 있으나, 윤달로 말미암아 추분은 8월 초부터 8월말까지에 걸쳐서 나타난다. 추분은 달에 제사지내는 것으로, 사람들은 이 절일을 달과 연관시키기 시작했다. 만약 추분이 하순에 나타나거나 심지어 월말에 나타나면 사람들은 달을 볼 수가 없었다. 달이 없이 중추절을 보내게 되면 그 원래의 의미를 상실하게 되므로 후에 사람들은 중추절의 활동을 점점 추분으로부터 8월 15일로 고정시켰다. 8월 15일 하루를 중추절로 정하게 된 것이다. 그때는 달이 가장 가득 찬 시기이기도 했으므로 사람들은 밤늦도록 밝은 달을 볼 수가 있었고 중추절의 정취도 비로소 느낄 수 있게 되었다. 오늘날 중추절이 어느 때 생겨났는지 분명히 말하기에는 매우 어렵다. 고대 사람들이 남겨놓은 역사기록으로부터 보면 대략 당나라시기에 이미 중추에 달을 감상하는 활동이 있었다. 그러나 송대에 이르러서야 비교적 성행하였고, 명·청시기에 이르러서야 원단, 단오 등과 그 이름을 가지런히 하게 되었으며 중국의 중요한 절일 중 하나가 되었다.

3) 풍습

▶ 달을 둘러싼 풍습

중추절에는 모든 행사가 달을 중심으로 이루어지므로 달에 제사를 지내는 것과 달을 구경하는 것은 중추절의 중요한 행사이다.

옛날 제왕들은 봄에는 해, 가을에는 달에 제사 지내는 제도가 있었고 민가에서도 중추절에 달에 제사를 지내는 풍습이 있었는데 후에 달구경이 제사보다 중시되면서 엄숙한 제사는 가벼운 오락으로 변하였다.

중추절의 달을 구경하는 풍속은 당나라 때에 특히 번성 했으며 많은 시인들의 시에서도 달을 읊는 시구가 많았다. 당나라 시인 이백은 "침상 앞의 밝은 달빛, 땅 위의 서리인 듯. 머리 들어 명월을 바라보고, 머리 숙여 고향을 생각 한다 (床前明月光, 疑是地上霜. 擧頭望明月, 低頭思故鄕)" 라는 유명한 시 한 수를 남겼는데, 이 시는 바로 중추절의 정경을 묘사한 것으로 사실적이고 감동적이다. 또한 두보의 '이슬은 오늘 밤처럼 하얘지고 달은 고향 달이 밝겠지'와 송나라 왕안석의 '봄바람은 또 강남의 강가를 푸르게 하는데 밝은 달은 언제나 나의 귀향길을 비출까?' 등의 시구도 천고의 명시로 남아있다.

송나라, 명나라, 청나라 때에는 궁전, 민간 사회에서 달에 제사하는 것과 달구경 하는 행동이 나라 전체의 큰 행사가 되었다. 중국 여러 지방에서는 아직도 많은 '배월단(拜月壇)', '배월정(拜月亭)', '망월루(望月樓)' 등의 유적이 있으며, 북경의 '월단(月壇)'은 명나라 가정(嘉靖)년에 황실에서 달에 제사를 지내기 위해 축조한 것이다.

중추절이 되면 중국인들은 전통적인 관습에 따라 음식을 장만하여 달에게 제사를 지낸다. 이것을 '**배월(拜月)**'이라 하는데 이날의 보름달은 특히 둥글고 밝게 보여, 달이 뜨는 시간이 되면 마당이나 누각에 음식을 차려 놓고 간단한 제사를 지내고 달을 감상한다. 이때 주의할 것은 절대 '배'를 올려서는 안 된다는 것이다. 이것은 중국어의 '배'(梨)발음이 '리'(離: 헤어지다. 떨어지다)의 발음 과 같기 때문이다. 온 가족이 모이는 자리에 이별을 상기시키는 배(梨)를 상뿐만이 아니라 입에도 올리고 싶지 않은 마음 때문이다.

이와는 반대로, 꼭 올려야 할 과일이 있는데, 바로 연꽃잎 같이 잘라 놓은 수박이다. 이유는 수박의 모양이 단란하게 모여 앉은 가족들의 모습과 비슷하거니와 먹는 방법도 한 사람이 하나 씩 먹는 것이 아니라, 함께 먹기 때문에 가족 간의 단란함을 더 해 주기 때문이다. 이렇게 준비한 공양물로 제사를 지내고 난 후 에는 月宮碼(월궁마—종이로 만든 달의 신상)를 태우고, 술과 음식, 그리고 과일들을 차려놓고, 정원에 달빛이 가득 찰 때 온 식구들이 모여 제례용으로 쓰인 음식과 술을 마시며, 매해 가족들이 이 날처럼 단란하고 화목하기를 기도한다. 또한 중국에서는 달이 음기(陰氣)로 이루어졌다 하여 여자들만 공물을 차려놓고 달에게 비밀을 얘기하며 자신의 소원을 빌었다. 물론 지금 현대에서는 가족들 모두가 같이 달 감상을 하고 서로간의 안녕을 주고받고 있다. 이 배월(排月)을 마치면 온 가족이 달놀이를 가는데, 이것을 '**상월(賞月)**'이라고 한다. 대개는 집 마당에서 하기도 하지만 높은 누각이나 산으로 가기도 한다.

▶ 중추절의 경로 풍습

중추절에 노인을 공경하는 풍습은 이미 주나라와 진나라 시기에 형성되어 있었다.

「예기·월령(禮記·月令)」의 중추지월(中秋之月)에는 "是月也, 養衰老, 授幾杖, 行 粥飮食." 라는 글귀가 있다. 이것이 말하는 것은 중추절이 되면 관에서는 집집마다 노인에게 위안을 표시하기 위해 의자와 지팡이를 보내주었다는 것이다. 또한 미자(米玆 - 찰떡의 일종)와 유사한 음식을 주었고 미자를 가지고 달에 제사를 지냈다. 중추에 노인을 공경하는 이러한 풍습은 중국인들이 예부터 노인을 공경하는 전통을 가지고 있었다는 것을 알 수 있다. 이러한 전통은 제창해야할 가치가 있어 매년 중추 8월을 노인을 공경하는 달로 지정했다. 사람마다 노인을 공경하는 기풍을 양성하고 노인들이 모두 안정되고 행복한 만년을 보낼 수 있게 해야 한다는 것이 그 취지이다.

▶ 단원절

중추절은 전통적으로 부녀들이 귀녕(歸寧 - 시집간 딸이 친정어머니를 보러 가는 것)가는 날이다. 그때가 되면 부부들은 쌍으로 선물을 준비하여 친정으로 간다. 선물 중 중추월병은 꼭 준비하는 식품이다. 중추에는 부모에게 선물을 드리는데 이것은 자녀들이 부모님의 은혜에 보답하고자 하는 것이다. 중추절에 귀녕 간 부녀들은 반드시 달이 뜨기 전에 시댁으로 돌아와야 한다. 외지에 나가 일하는 사람들도 중추절에는 되돌아와야 한다. 중추절에는 전 가족이 모두 모여야 한다. 만약 중추절에 어떤 사람이 외지에

나가 고향으로 돌아가지 않았다면 그는 절일의 밤에 고향과 친척에 다한 그리움이 더욱 증가될 것이다. 그래서 중추절은 또한 단원절이라고 도 불린다.

▶ 각 지역별 중추절 풍습들

광대한 중국에는 각 지역마다 다양한 풍속, 전통이 있으며 그곳 사람들의 기질도 서로 다르다. 마찬가지로 중추절 맞이 역시 각 지역마다 독특하고 다양한 모습을 띠고 있다.

복건성	부녀자들이 다리를 건너며 장수를 기원한다
광동성	중추절에 먹는 우리의 송편과 같은 월병(月餠)을 먹는데, 이때 연장자가 먼저 월병의 중간 부분을 베어 먹고 나머지 부분을 다른 가족들이 먹는다. 이는 가족 간의 비밀이 밖으로 새어나가지 않기를 기원하는 의미가 있다고 한다.
사천성	월병 외에도 오리를 잡아 깨떡, 꿀떡 등과 함께 섞어 즐기며 무병장수를 기원한다.
산서성	사위를 초청하여 풍성히 대접한다.
산동성	중추절이 되면 남자들은 배를 띄우거나 절벽에 오르며 여자들은 온갖 성찬을 준비하는데 이날은 반드시 수박을 챙긴다. 중추절에 수박을 먹음으로써 이듬해의 풍성한 수확을 기원한다.

4) 음식

▶ 월병

월병은 일 년에 한번 만드는 전통음식이다. 중추절을 보낼 때, 월병을 먹지 않는 사람은 거의 없다. 또한 중추절이 되면 많은 사람들이 친구나 친척에게 월병을 선물로 보낸다.

당나라 이전에 이미 중추에 달에 제사지내고 달을 감상하는 활동이 있었고, 진한시기에도 노인에게 자파를 보내는 습속이 있었다. 그러나 중추에 월병을 만들었다는 기록은 없다. 당나라 정망지(鄭望之)의 「선부록(膳夫錄)」에는 "中節食, 中秋玩月羹"(하남성 지역에서는 중추절에 달을 구경하며 국을 먹었다)라는 글귀가 있다. 이것으로 보아 당나라 시기에는 중추절에 월병을 먹는 습속이 없었다는 것을 알 수 있다.

전하는 바에 의하면 월병의 기원은 원말농민봉기에서 비롯되었다고 한다. 원말 몽고귀족의 농민에 대한 반동 통치는 많은 사람들로부터 증오를 불러 일으켰고, 도처에서 반항과 봉기가 조성되고 있었다. 농민봉기의 지도자 장사성(張士誠)(1321~1367년)은 1353년 강소고우봉기에서 그는 중추에 친척과 친구들에게 월병을 보내는 기회를 이용하여 중추절에 각 지역에서 일제히 거사를 치루자는 통지를 월병 속에 넣어 보냈다. 이로부터 중추절에 월병을 만들어 친척과 친구들에게 선물하는 것은 민간의 습속이 되었다고 전해진다.

남송시대 오자목(吳自牧)의 「몽양록(夢梁錄)」에서는 "월병(月餠)"이라는 단어가 나타나는 것으로 보아 중추에 월병을 먹는 습속이 대략 송나라시기에 시작되었다는 것을 알 수 있다. 그러나 송나라 시기에는 중추에 월병을 먹는 풍속이 크게 보급되지는 않았다. 당시에는 월병의 제작 방법이 아직 형성되어 있지 않았다. 아마도 일반적인 가상병(家常餅)이나 병(餅 – 반죽한 밀가루 피에 고기나 야채의 소를 넣어 굽거나 튀긴 직경 8센티 정도의 둥글 납작한 떡)과 유사한 것이었을 것이다.

명나라시기에 이르면 중추월병에 관한 기록이 곳곳에서 나타난다. 「서호유람지여(西湖游覽志余)」를 보면 이런 글귀가 있다. "八月十五日謂之中秋, 民間以月餅相遺, 取團圓之義."(8월 15일을 중추라고 부른다. 민간에서는 월병을 서로 선물하며 단원의 뜻을 기렸다.)

명나라시기에 월병은 중추에 일상적으로 주고받는 선물이 되었으며, 월병의 질도 크게 향상되었다. 월병의 제작은 최초에는 자연스럽게 가정에서 각자가 진행했으나 후에는 중추의 전통식품으로 발전했다. 또한 월병이 중추절에 없어서는 안 될 명절선물로 된 이후에는 더욱 정제되고, 맛이 좋아지고, 정형화되는 방향으로 발전했다. 그리고 전문적으로 생산되기 시작했다. 이런 생산 방식은 명나라 때부터 적지 않게 있었다.

그 후 월병은 각종의 형태로 제작되었고, 각 지역의 특색을 지니게 되었지만 한 가지 공통된 특색을 가지고 있었는데, 그것은 정원형이라는 것이다. 중추절은 단원절이라고도 불렸으므로 사람들은 단원이라는 길조를 빌어 월병을 단원병이라고도 불렀다.

청조 「연경세시기(燕京歲時記)」에는 "中秋月餅, 以前門致美齋者爲京都第一, 他處不足食也. 至供月餅, 到處皆有, 大者尺余, 上繪月宮蟾之形, 有祭畢而食者, 有留至除夕而食者, 謂之團圓餅."(중추월병은 전문 부근의 치미재가 북경에서 제일가는 곳이었다. 다른 곳은 맛이 뛰어나

지 못했다. 월병을 공급하는 곳은 여러 곳에 있었다. 큰 것은 한자가 넘었으며, 월병의 위에는 월궁의 두꺼비와 토끼를 그렸으며, 제사가 끝나고 먹는 사람도 있었고, 남겨 두었다가 제석에 먹는 사람도 있었다. 단원병이라고도 부른다.)라고 하였는데, 여기서 치미재(致美齋)는 청조시기 북경의 전통적이며 전문적으로 월병을 제작하는 상점이다. 당시 수도에서 칭찬이 자자했다. 청조시기의 월병은 이미 전통의 점(点)(케이크, 과장, 빵 따위의 총칭)형식으로 발전되었다고 볼 수 있다.

처음에 월병은 '타이스빙(太師餅)' 또는 '후빙(胡餅)'이라고 불려졌다고 한다. 그러나 당 태종이 양귀비와 후빙을 먹으면서 달을 구경할 때, 그는 '후빙'이라는 이름이 듣기 싫다고 했다. 그러자 양귀비는 거울같이 밝은 달의 모습을 보고 '월병'이라 고 불렀고, 이것이 지금까지 전해 내려오고 있다. 근현대의 월병은 명·청시대의 전통형식을 계승했으며 더욱 정교한 방향으로 발전했다.

▶ 월병의 여러 종류

중국의 월병은 오랜 세월동안 끊임없이 모양이 변하고 품종이 증가되었을 뿐만 아니라 지역마다 각기 다른 외관과 맛을 자랑하고 있다. 월병은 산지, 맛, 월병 속 재료, 월병 겉 재료 등에 따라 나눌 수 있다.

산지	강소식, 광동식, 북경식, 남녕식, 조주(潮州), 운남식
맛	단맛, 짠맛, 짜면서 단맛, 매운맛
월병 속 재료	오인(五仁), 팥속, 용당(水糖), 참깨, 햄월병
월병 겉 재료	장피(漿皮), 설탕 섞은 껍질, 바삭한 껍질

그 밖에도 경면월병, 花邊월병, 손오공, 노수성(老壽星)월병 등이 있다.

지역 월병은 북경, 천진, 광주, 소주, 조주(潮州) 등 5개로 나뉜다. 이러한 여러 종류의 월병은 모양은 비슷하지만 맛은 판이하게 다른 특징을 갖고 있다.

북경, 천진 월병	소식(素式) 위주로 기름과 속이 다 식물성
광동식 월병	기름을 적게 사용하고 단편이다.
소주식 월병	진한 맛이 나는데 기름, 설탕을 많이 넣어 바삭바삭하면서도 두께가 얇고 껍질이 흰색이며 바삭한 사탕을 안에 넣어 입에 넣으면 향기로운 맛이 퍼진다.

그 외에도 운남의 운남식월병, 녕파의 녕식월병, 상해의 상해식월병,

하문의 경란(慶蘭)월병, 복주의 오인(五仁) 월병, 서안의 '독무공(德懋恭)' 크리스탈 월병, 하린의 '노정농패(老鼎豊牌)' 월병, 양주의 흑마(黑麻) 월병, 소홍의 간채(幹菜) 월병, 북경의 도향촌(稻香村) 월병, 제남의 포도속 월병과 크리스탈 월병 등 맛과 특징이 각기 다른 유명한 월병이 많다.

5) 현대의 중추절

중추절은 정월 초하루 '춘절', 정월 대보름 '원소절'과 더불어 중국의 3대 명절이지만 떠들썩한 축제를 벌이지는 않는다. 1주일 이상의 긴 휴가가 있는 10월1일 '국경절'을 기다리는 사람들은 추석을 '월병을 먹는 날' 정도로 생각한다.

달을 구경하며 온 가족이 함께 월병을 먹는 것이 중추절의 오래 된 풍습이지만 월병을 직접 만들어 먹는 가정은 거의 찾을 수 없으며 대부분의 중국인이 월병을 선물 용도로 여기기 때문에 스스로 사 먹는 사람도 예전에 비해 많이 줄었다. 선물로 받은 월병이 너무 많아 다시 그것을 다른 사람에게 선물로 주는 예도 흔하다. 요즘은 이 월병 때문에 여러 사회적 문제가 생기기도 하는데, 불량 식품과 과다 포장문제는 심각한 수준이다. 방부제를 흠뻑 섞어 만들어 놓았던 월병이 추석에 맞춰 대량 유통되기 때문에 월병이 방부제 덩어리라는 것은 거의 모든 중국인이 알고 있으며, 월병이 잘 썩지 않는 다는 점을 이용해 2년 된 월병을 그대로 파는 악덕상인도 있다고 한다. 또한 월병으로 가장 많은 돈을 버는 것은 포장업자란 말이 있을 정도로 월병의 대부분이 과다 포장 되며, 이러한 포장가격에 따라 가격이 천차만별인데 어떤 월병은 1600만 원까지도 한다. 월병의 또 한 가지 문제점은 월병이 부패의 도구로까지 사용되고 있다는 것이다. 위에서 언급했던 것처럼 비단, 홍목, 수정으로 포장을 하는가 하면, 전복, 상어 지느러미, 양주, 금목걸이, 다이아몬드를 곁들인 월병을 선물하는 사람도 있다고 한다. 이런 고가 월병의 용도는 주로 중추절 월병으로 위장한 뇌물이라고 하니 이쯤 되면 월병 '열병'이라는 말이 왜 생겼는지 알 듯도 하다. 대부분의 중국 사람들은 보름달을 보며 정든 사람들을 그리워하고 달처럼 둥글고 원만하게 지내기를 바라는 뜻에서 월병을 먹으며 보내는 아름다운 풍습이 상업화되고 있다며 안타까워하고 있다.

중국의 중추절은 보름달을 비롯하여 관련된 모든 풍물이 둥글다. 제사에 올리는 과일도 둥근 것만을 선택하고 월병도 둥근 원이다. 이는 흩어졌던 가족들도 부모님 곁으로 모이고 모든 것이 원만하게 되도록 기원하는 마음과 가족의 단결을 의미하고 있다. 온 가족이 모여 과자를 만드는 낭만은 사라졌지만 「대지」의 작가 인 '펄 벅'이 묘사했던 것처럼 명절의 따뜻함과 들 뜬 모습은 시대와 지역을 초월해 남아있다. 지금 달에 제사를 지내는 것은 상징적이며 명절의 분위기를 돋우는 행사로 여겨지고 있지만, 중국인의 마음속에 예전 달의 의미는 그대로 살아 있다.

6. 중앙절(重陽節)

1) 개요

음력 9월 9일은 중앙절이다. 중앙절은 1700여 년의 역사를 지니는 오래된 명절인데, 삼짇날 왔던 제비가 강남으로 떠나는 날이다. 중국의 시인 도연명(陶淵明) 때부터 시작된 풍습으로 술친구를 찾아가거나 술을 선물하는 풍습이 있다. 선비들은 단풍을 주제로 시를 짓고, 부녀자들은 내방가사를 읊고 농부들은 농악을 울리며 즐겼다.

2) 유래

중국에서 숫자 1, 3, 5, 7, 9는 양수(陽數)에 속하고 2, 4, 6, 8은 음수(陰數)에 속한다. 그래서 중국에서는 9월 9일이 '양이 겹친다는 의미'의 중양(重陽), 도는 '9가 겹친다는 의미'의 중구(重九)라고 불린다. 중국 고대에 중양절은 매우 중요한 날이었다. 한대 이래로 이날이면 가족, 친지들이 높은 곳에 올라가 하루를 즐기는 풍습이 있었다. 중양절은 신라 이래 우리나라에도 전해졌는데, 민간에서는 중요하게 여기지 아니하였지만 사대부들은 높은 곳에 올라가 시를 지으며 먹고 마시고, 단풍놀이와 국화 구경도 했다.

3) 풍습과 음식

이날에는 등고(登高)-높은 곳에 오르기, 산수유나무 꽂기, 국화 관상, 중양고 먹기 등 여러 행사를 거행하였다.

① 등고(登高)는 중양절의 중요한 풍속이다. 옛사람들은 양이 겹치는 9월 9일 높은 곳에 오르면 화를 면할 수 있다고 여겼다. 후에 중양절에 등고를 하는 것은 사람들의 마음을 가볍게 하고, 신체를 단련하는 레포츠 활동으로 성격이 변하게 되었다.

② 산수유나무 꽃기와 국화 관상도 중
양절의 전통적인 풍속이다. 산수유나무
의 열매는 먹을 수 있으며 줄기와 잎은 약
재로 쓰인다. 장수화(長壽花)라고도 불리
는 국화는 9월에 활짝 핀다. 역병을 피하
고 사악한 기운을 쫓아내기 위해 중양절에 사람들은 산수유나무와 국화
를 몸에 꽂았고, 거기다 이때는 국화가 만발하므로 국화를 관상하고 국화
차와 국화술까지 마셨다.

국화전: 각 가정에서는 찹쌀가루로 익반죽하여 국화 꽃잎을 얹어 화
전을 지진다. 이날의 별미이다.

국화주: 만발한 국화꽃을 따서 술 한 말에 꽃 두되 정도로 베주머니에
넣어서 술독에 담가 두고, 뚜껑을 꼭 덮으면 향이 짙은 국화주가 된다. 약
주에다 국화꽃을 띄워서 마시기도 한다.

③ 중양고는 일종의 밀가루 식품으로 대추, 은행, 잣, 아몬드 등을 넣어
달게 만들기도 하고, 고기를 넣어 짜게 만들기도 한다. 어떤 것은 아홉 겹
으로 쌓은 뒤 그 위에 두 마리의 작은 양을 장식해 중양양(重陽羊)을 표현
하기도 하였다.

4) 현대의 중양절

현재 중양절을 지낼 때 산수유나무를 꽂는 등의 풍속을 거의 사라졌

다. 그러나 많은 사람들이 여전히 이날 높은 곳에 올라 국화 관상을 하고 가을날의 아름다운 경치를 구경하고 있다. 최근 들어 이 오래된 명절에 또 새로운 내용이 첨가되었는데, 1년에 한 번 있는 경로절(敬老節)이 그것이다. 이 좋은 날이 되면 사람들은 모두 각종 경로행사를 벌여 나이 드신 분들이 높은 곳에 올라 건강하고 장수하기를 축원한다.

세월의 흐름 속에서 명절의 원래 의미는 이미 많이 변했다고도 볼 수 있다. 엄숙한 제사는 가벼운 오락으로 변질되고, 상업주의와 결합한 명절은 더 이상 순수한 전통으로서 존재할 수만은 없게 되었다. 한 예로 매년 춘절 때 중국 사람들에게 있어 가장 큰 연례행사였던 텔레비전 춘절특별 프로그램도 오늘날은 이미 상업화되고 퇴색된 흔적이 역력한 것을 들 수 있다.

그러나 오늘날 중국인들에게 있어서 명절은, 빠르게 변화하며 서로에게 관심을 쏟을 수 없는 바쁜 일상에서 벗어나 한층 여유롭고 즐거운 마음으로 가족과 이웃의 따뜻한 정을 확인하며 공동체의 결속을 강하게 한다는 점에서 여전히 큰 의미를 갖는다. 그러므로 우리는 시대의 흐름에 따라 변화된 중국의 명절모습과 시대를 불문하고 중국의 인민을 하나로 묶는 그들의 명절 문화는 중국의 과거이며 현재라는 것을 인식해야 한다.

중국의 여성과 혼인

1. 중국의 혼인

1) 고대 중국의 혼인 유형－중국의 역사만큼이나 다양한 결혼의 유형이 있다.

결혼식을 婚禮라고 하는데 옛날에는 계집 녀 변이 없는 저물 혼(昏)자를 썼다. 그것은 아내를 황혼에 맞이했기 때문이다. 민속학적으로 인류 원초의 혼인 방식은 약탈혼이어서 신랑이 친구들을 데리고 신부 감을 빼앗아 왔다.

황혼 때 땅거미가 깃들면 신부 감을 뺏기에 가장 적절한 시간이었으므로 저녁 昏자를 쓰다가 후에 계집 女변을 가하여 오늘날과 같이 혼인할 婚자를 쓰게 되었다.

(1) 형매혼(兄妹婚)

말 그대로 형제 자매 간의 결혼을 말한다. 형매혼의 대표적인 실례는 복희와 여와 남매의 신화이다. 그밖에도 형매혼이 나타나는 중국의 신화(神話) 및 전설들이 있다는 것은 원시 시기 초기 인간들 사이에는 이미 혈연혼이 존재했음을 반영한다.

(2) 대우혼(對偶婚)

이것도 형매혼과 비슷하게 중국의 신화에 나오며, 황제(黃帝)의 결혼 이야기가 그 예이다. 많은 남편들 사이에서 주된 남편을, 많은 아내들 사이에서 주된 아내를 가지도록 하는 형태인데, 이는 모계사회(母系社會)의 반영이기도 하다.

(3) 전방제(轉房制)

지아비가 죽으면 아내는 죽은 자의 형제나 당형제 심지어는 아버지에게 다시 시집가는 형식이다. 이 전방제는 일부 일처제의 특수한 형식으로 '수계혼(收繼婚)', '속혼(續婚)', '환친(換親)'이라고도 한다.

(4) 잉첩제(媵妾制)

잉첩제는 원시 사회의 족외혼이 대우혼으로 발전하는 과도기 형식이다. 한 여자가 출가할 때, 같은 성을 가진 여자 동생과 노비가 함께 시집가는 것을 말한다. 가령 맏딸과 결혼하는 남자는 그 여자의 일정한 나이가 찬 자매 또한 아내로 맞을 권리가 있었다. 잉첩은 정실부인과 첩의 중간 지위를 가졌다.

(5) 일부 일처제와 그 발전된 형태들

일부 일처제는 생산력이 충분히 향상되고, 남녀 모두가 목축과 농경을 통하여 경제적으로 자립하게 되었을 때 나타난 가족 단위이다. 따라서 일부 일처제는 사유제의 출현과 밀접한 관련이 있다. 사실상 여자는 한 남자만을, 남자는 여러 명의 여자를 거느릴 수 있는 일부 다처제라고 할 수 있다. 명목상의 정실(正室)로 칭해지는 여자는 한 명 뿐이지만, 아내 한 사람으로는 사내아이의 생산에 실패할 가능성이 있기 때문에 여러 첩을 거느린 것이다. 중국 고대 최초의 일부 일처제는 ㄱ. 약탈혼(掠奪婚) ㄴ. 매매혼(賣買婚) ㄷ. 중매혼(中媒婚) 등 다른 형식을 통해 발전했다.

2. 전통 혼인 예법, 육례(六禮).

혼례는 중국에서 상례와 함께 중시되던 예속으로 단순한 성인 남녀의 결합이 아닌 씨족과 씨족과의 연계이며 결속을 나타내는 문화이며 정치적 성격을 갖는다. 고대에는 일부다처제가 생겨 진·한대 이후 계속되었으나 이는 빈부 격차와 신분 고하에 의해 특정인에게만 해당되는 것이다. 혼인의 절차는 매우 복잡하였다.

봉건 사회의 혼인에 있어 가장 중요한 것은 "부모의 말과 중매자의 말"이었다. 또한 문당호대(門堂戶對-서로 집안의 수준이 맞음)를 가장 많이 따졌다. 중국은 일찍이 西周 시기에 혼인 절차에 대한 엄격한 규정이 있었고, 漢代에 와서 "六禮"라고 일컫는 비교적 갖추어진 혼일 절차가 형성되었다.

이로부터 六禮는 중국 漢족의 혼인풍속으로 정착되었던 것이다. 육례는 결혼식이 이루어지기까지의 納采, 問名, 納吉, 納徵, 請期, 親迎의 전 과정이다.

① 納采(납채) – 남자 측에서 여자 측에 아내로 삼기를 결정했다는 뜻을 전하는 절차.

납(納)은 받아들인다는 뜻이고, 채(采)는 선택의 뜻이며, 즉 구혼(求婚)을 한다는 것이다. 중매인은 남자 쪽에서 보내는 예물을 가지고 여자 측에 가는데, 漢代 황제들이 황후를 간택할 때의 납채 의식은 상당히 사치스러워 황금 20만 근, 말 20필 등을 보냈다. 이러한 풍조는 일반 백성들에게까지 전해져 납채에 있어 재물을 중시하는 경향이 현저하게 나타났다. 여자 측에서 허락이 주어지면 보내는 기러기 선물을 納采라고 부른 데서 유래하였다. 이 선물을 안지(雁贄)라고도 하는데 신랑이 보내는 정식 구혼 선물인 것이다.

■ 구혼 선물로 기러기를 보냈던 이유

1) 음양론(陰陽論)

기러기는 철새로 음, 양의 변화로 형성된 절기를 따라 이동하는데 이는 태양을 따르는 의미로 해석되며 여자는 陰, 남자는 陽을 나타내어 "여자가 남자를 따른다"는 의미를 가진다.

2) 기러기의 습성

기러기는 한번 암, 수가 짝을 지으면 혹시 짝을 잃더라도 혼자 지내는 동물로 순정이 상징이다.

3) 고대 예물 습속의 변화로 보는 관점

주(周)시대에는 지례(贄禮–폐백 선물)가 여러 등급으로 나누어져 있었는데, "천자는 창(울창주), 제후는 규(圭), 경은 새끼 양, 대부는 기러기, 선비는 꿩, 서인은 필로 한다."는 말이 있었다. 그런데 옷감 등으로 예물을 삼던 서인들이 대부들의 습속을 흉내 내어 기러기를 선물하는 풍습이 보편화되었다. 그 후 기러기는 구하기 쉬운 닭, 거위, 혹은 순결을 상징하는 고양(羔羊), 화합을 상징하는 합찬목(合歡木)이나 가화(嘉禾 벼)로 대체 되었다.

② 問名(문명)

납채를 통과한 다음에 남자 쪽에서 紅帖(청첩장)을 쓰고 중매인을 통해서 홍첩과 예물을 가지고 가서 신부의 부모, 조부, 증조부 등의 근친의 이름과 관직, 재산 상황, 신부 이름, 그리고 배행(排行) 및 생년월일을 묻는 절차. 딸은 어머니가 가르치는 것이라고 생각하여 어머니가 어떤 분인가를 알면 신부의 범절을 알 수 있다는 생각에서 나온 풍속이다. 또, 이 자료를 바탕으로 남자 측은 점을 쳐서 (반드시 祠堂에서 행한다) 혼사의 길흉, 양가의 정치, 재정적 균형을 살폈다. 問名에 중요한 부분 중에 하나가 나이차 이이다. 일반적으로 남자가 여자보다 나이가 많아야 한다. 그리고 나이차이에 있어 3, 6, 9살 차이는 피한다. 남편이 죄로 일찍 죽을 수도 있다는 믿음 때문이다. 나이와 더불어 서로의 띠를 묻고 조화 여부를 따진다. 여자의 띠가 남자의 띠보다 강한 속성의 동물일 때 길하지 않은 것으로 여겨 혼인을 꺼렸다.

③納吉(납길) – 남자 측에서 여자 측에 혼인하면 좋을 것이라는 뜻을 전하는 절차.

처를 얻는 것은 전체 가정을 위한 것이므로 남자 집에서는 여자 쪽에서 받아 온 성명과 生年·月·日·時를 가지고 자기 집 조상의 패위 앞에서 점을 쳐야 한다. 점의 결과가 좋을 경우 그 결과를 중매쟁이를 통해 신부 측에 통보하고 정식으로 청혼을 선포한다. 환첩(煥帖), 정친(定親), 전경(傳庚)이라고 부르기도 하였다. 모두 붉은색을 사용하여 맨 윗 단의 글자 수가 홀수인 경우 남자는 建, 여자는 端자를 추가하여 짝수로 했고 재혼을 연상시키는 중(重), 재(再)등의 글자는 쓰지 않았다. 예물은 짝수로 하였는데 홀수는 상우(喪偶)를 뜻했기 때문이다.

④納徵(납징) – 남자 측에서 여자 측에 혼인하기로 결정한 징표로 물건을 보내는 절차.

신랑은 신부에게 재물을 보냈으며 신부는 신랑 측에 혼수를 보냈는데 대빙(大聘)이라고도 한다. 납징은 신랑이 재력을 보여줄 수 있는 기회로 폭죽을 터뜨리거나 악대를 고용하여 음악을 연주하며 골목을 돌기도 하였다. 납징때 신랑이 꺼리는 예물은 신발이었다. 신부가 신고 달아난다고 믿었기 때문이다. 신부는 납징의 예물 중 식품류는 돌려보냈다. 신부의 혼수 중에는 이불도 있었는데 이불은 항상 10월에 만들었다. 10은 滿數로써 십자(열아들)를 상징했다.

⑤ 請期(청기) – 남자 측에서 여자 측에 혼인 날짜를 정해 달라고 청하는 절차.

혼인 관계가 결정된 이후에 처를 맞이할 吉 한 날을 선택하고 선택한 吉日(길일)을 써서 중매인을 청하여 그것과 예물을 여자 집에 보낸다. 만일 여자 집에서 남자 집에서 정한 날짜를 받아들이지 않으면 바꾸어야 한다.

⑥ 親迎(친영) – 남자가 여자 측에 가서 신부를 데려다가 예식을 올리는 절차.

결혼 날이 되면 신랑은 몸소 중매인과 예물을 가지고 여자 집에 간다. 먼저 신부의 부모님을 뵙고 다시 신부 측 조상의 사당을 배알하며 예물을 바치고 신부를 청해서 가마(花轎나 官轎. 집안의 경제력에 따라 한 대 이상)에 태우고 돌아간다. 신랑이 먼저 내려 문밖에서 신부가 가마에서 내리기를 기다렸다가 방으로 함께 든다. 먼저 天地에 절을 올리고 부모님, 그리고 부부 순으로 절을 한다. 절이 끝나면 신부는 신랑의 옆자리에 앉되 신랑의 왼쪽 소매를 신부의 오른쪽 소매에 올려놓는다. (座帳: 남자가 여자를 거느린

다) 그런 다음 신랑이 붉은 보자기로 싼 저울대로 신부 머리의 빨간 덮개를 들춰내고 깔고 앉는다. (여자의 惡氣를 없앤다) 다음 만두(餃子: 신부집에서 만들어 신랑집에서 익힌 것)와 장수면(신랑집에서 준비)을 먹는다. 저녁이 되면 喜宴을 열어 손님 접대를 하고 합방을 한다. 합방 전 미혼 남녀들은 이 부부와 장난을 치며 놀기도 한다. 다음날(3일째, 5일째) 신부집으로 가서 신부 측의 친구들과 인사를 나눈다. 이때 신부의 친구들이 신랑에게 장난을 치기도 한다. 이때에 비로소 '六禮(육례)'가 완성되며 신부가 정식으로 신랑의 처가 되는 것이다. 위와 같은 '육례'를 모두 실행하는 것은 광의적 의미로서의 혼례이고, '친영'만으로도 혼례라고 할 수 있다. 왜냐하면 앞의 다섯 가지 '예(禮)'는 혼인의 준비 단계에 속하기 때문이다.

시간이 흐르면서 문벌 사족들의 혼인에 있어서도 육례 의식을 준수하기 어렵게 되었다. 그래서 혼례는 간소화되었다. 게다가 관리나 백성들은 육례가 복잡하다는 이유로 그 격식에 따라 결혼하기를 원하지 않았으며, 송대(宋代)에 이르러 주자(朱子)에 의해, 육례는 더욱 간략화 되었다.

※ '주자가례(朱子嘉禮)' – 주자는 육례가 번잡하다 하여 <주자가례>에서 네 가지로 간소화하여 제시했다. 이를 일컬어 '주자사례(朱子四禮)'라고도 한다.

① 의혼 – 남자 측과 여자 측이 혼인을 의논하는 절차.

② 납채 – 남자 측에서 여자 측에 며느리로 삼기를 결정했음을 알리는 절차. 납채와 문명을 병행

③납폐 – 남자 측에서 여자 측에 예물을 보내는 절차. 납길, 납징, 청기를 병행

④친영 – 남자가 여자 측에 가서 여자를 데려다가 예식 올리는 절차. 신랑 신부의 혼인 의식.

※ '근내 육례' – 우리나라에서는 주자가례의 본을 따르면서도 그것을 우리 식으로 변화시켜 치렀다. 이것을 소위 '근대 육례'라고 한다.

①의혼 – 부모와 어른들의 승낙을 얻는다는 의미에서 청혼서와 허혼서를 주고 받음으로써 양가의 원만한 합의하에 이루어진 혼인임을 증명.

②납채 – 신랑의 사주단자(四柱 : 신랑의 생년월일시)를 보내는 절차.

– 약속을 문서화함과 동시에 궁합을 보고 혼례일을 택일하는 데 도움이 되고자 하는 것.

– 요즘은 신랑의 호적등본과 건강 진단서를 넣는 경우도 있다.

③연길 – 신랑의 사주를 받은 신부댁에서 택일 단자를 신랑댁으로 보내는 절차.

④납폐 – 정혼이 되었으므로 혼례 전일까지 혼서와 혼수를 함에 넣어 신부댁으로 보내는 절차.

⑤대례 – 친영과도 같은 절차로, 신랑이 신부의 집으로 가서 혼례식을 올린다. 중국의 혼인례는 남자가 여자를 데려다가 남자 집에서 의식을 했으므로, 친영이라 불렀지만, 우리는 그 반대이다.

⑥현구고례 – 혼례식을 마친 후 신부가 시댁으로 들어가 며느리로서 치르는 의식 절차로, 중국은 신랑의 집에서 혼인례를 치르기 때문에 이런

단계가 없다.

3. 현대의 혼인풍속

1) 혼인법 제정(制定)과 그 영향

신 중국 건립 이후, 낡은 혼인관습은 여전히 많은 농촌과 도시에서 그대로 행해지고 있었으며, 이러한 중국의 전통 혼례의식은 매우 번거롭고, 낭비적인 요소가 많았다. 특히, 많은 사람들이 결혼예물을 마련하지 못함으로써 결혼을 확정하고도 순조롭게 결혼하지 못했으며, 또한 서로 간에 애정이 있는 청춘남녀들조차 이러한 예물 문제 등으로 부부가 되는 것이 어려웠다. 더욱이 결혼비용에 너무 많은 돈을 쓰고 빚을 얻다보니, 빚을 갚을 길 없는 집들은 심지어 파산하는 일도 빈번하게 일어났다.

따라서 신 중국 정부는 이러한 문제를 해결하기 위하여 통일적인 새로운 '혼인, 장례의식제도'를 마련했으며, 1950년 4월13일에 정식으로 '중화인민 공화국혼인법'을 제정함으로써 기존의 낡은 관습들을 서서히 타파해 갔다. 이 법의 제정이후 결혼예식은 보다 경제적으로 간소화 되었고 각 가정의 부담이 줄게 되었다.

이 혼인법을 기초로 1980년 9월 다시 새로운 혼인법을 공포하여 원래의 규정을 강화하고 수정·보완하였으며 결혼 연령은 남자 20세, 여자 18세에서 남자 22세, 여자 20세로 개정하였다. 50년대에 자유연애방식으로 결혼한 비율을 통계적으로 보면 26%로 나타나고 있고, 60년대에는

34.9%로, 70년대에는 17,8%로 떨어졌다가 80년대에는 다시 27%이상으로 증가하고 있다.

2) 현대적 결혼 풍습

* 결혼 절차 – 고대 결혼식은 의식 결혼 중심이어서 절차가 복잡하고 형식이 많았지만 현대의 결혼식은 법률 결혼 중심으로 법적인 결혼 수속을 먼저 거쳐야 한다.

(1) 법률 수속: 결혼할 남녀들은 반드시 해당 지의 관청에 가서 혼인 등록을 해야 한다. 법률상 정해져 있는 절차는 3단계로 나뉘어져 있다. 이를 마치면 정식으로 부부관계가 성립하게 된다.

① 결혼의사를 각자의 직장에 보고하여 "미혼증명서"를 발급받는다.

② 성병 등 부부생활에 영향을 주는 질병이 없는가를 검사하여, 건강 진단서를 발급받는다.

③ 위 2가지의 서류와 혼인신고서를 (시청, 구청의 출장소)에 제출하여 결혼증명서를 취득한다.

―― 혼인 증명서

(2) 혼인 의식 – 결혼 증서를 받은 이후에 거행하는데, 그 형식에는 다음과 같은 몇 가지 종류가 있다.

① 연회(혼인잔치)

음식점이나 집에 술상을 차려 놓고 친척들과 친구들을 청해 식사를 하고 결혼을 기념하는 술(喜酒)을 마신다. 연회에서 간단한 혼인 의식이 진행되며 신랑과 신부는 축하술을 따르고 축하 담배에 불을 붙이며 하객들은 모두 신랑 신부에게 술을 권하며 둘의 행복을 위해 축배 한다. 연회의 순서와 규모는 일정치 않다. 사회적인 여론이 근검절약을 제창하여 허례허식과 낭비 풍조에 반대하는 분위기이다. 이런 형식은 노동자와 농민들 사이에서 많이 행해진다.

② 다과회

혼인시 연회는 열지 않는다. 단지 친구, 동료들과 함께 모여 사탕, 과일, 담배들을 사서 간단히 혼례 의식을 거행한다. 모두 시끌벅적하게 축하의 뜻을 표현한다. 예를 들어 신랑, 신부로 하여금 연애 과정을 얘기하게 하거나 장기 자랑을 하기도 하였다.(노래나 춤따위) 이런 형식은 비교적 간단하고 편리하여 공무원 지식인들 사이에서 주로 행해진다.

③ 합동결혼식

단위나 관련된 군중 단체에서 주관하는 결혼식이다. 몇 쌍, 십 몇 쌍, 수십 쌍의 신랑, 신부가 동시에 혼례 의식을 거행하고 기념품을 나누어주고 노래, 춤을 진행하기도 하였다. 의식이 간단하고 비용이 되고 분위기가

장중하지만 비교적 횟수가 적다.

④ 여행 결혼

신혼부부가 결혼 휴가를 이용해 외지에 여행가는 것으로 여행에서 돌아오면 결혼으로 인정하는 것이다. 어떤 이는 여행 전 간단한 혼례를 거행하거나 혹은 혼례를 하지 않기도 한다. 여행 후 친척, 친구, 이웃 동료에게 결혼 기념 사탕(喜糖)을 나눠준다. 이것은 최근 몇 년간 유행하기 시작한 간단한 결혼 방식이다.

* 결혼비용 – 신랑 측에서 대부분의 살림살이를 장만하고 신부 측에서 약간의 살림자금을 보태주어 한국과는 반대이다.

그러나 최근 중국에는 급증하는 결혼비용이 사회문제가 되고 있는데, 결혼비용의 대부분은 한국에서와 마찬가지로 가전제품 등 혼수비, 실내장식비와 연회비용이 차지한다. 10만 원(한화 1천만 원)의 결혼비용을 쓴 신혼부부의 경우 가전제품구입에 3만 1천 5백 원, 실내장식에 2만 원, 가구구입에 8천원, 연회비 3만 원 정도인 것으로 나타났다.

결혼비용을 자력으로 장만하는 젊은이들의 비율이 점차 떨어지고 있다. 93년까지만 해도 60% 이상이 제 힘으로 결혼을 했으나 94년에는 48%, 올 들어서는 31.7%로 낮아진 것으로 조사됐다. 그러다 보니 부모들의 부담이 늘었고 빚을 지는 경우가 많아졌다. 결혼남녀의 20% 정도가 평균 1~2만 원의 혼수 빚을 지고 있는 것으로 나타났다. 이에 따라 중국의 일부 청춘남녀들은 감히 연애할 생각을 못하고, 몇 년씩 연애해 온 사이라도 결혼을 결행치 못하는 경우가 많다.

현대의 결혼식을 진행하는 절차는 다음과 같다.

1) 결혼일 정하기

전통적인 중국문화에서, 결혼 일을 정하는 건 복잡하고 수수께끼 같은 의미를 지닌다.

상서로운 날에 결혼하는 것이 아주 중요하며, 가능하다면 좋은 시간에 하려고 한다. 일반적으로 약혼한 커플들은 자신들의 사주에 가장 좋은 결혼 날을 점쟁이에게 물어본다. 중국에서 좋은 날과 나쁜 날은 명확히 차이를 보여준다. 좋은날은 결혼일로 사람들에게 인기가 많으며, 중국에서는 특별한 날(음력으로 좋은날)에 사람들이 결혼하기 위해 결혼등록소에 밤새도록 줄을 서는 것은 흔한 일이다.

2) 의상

일단 결혼일이 정해지면, 결혼식을 위해 가장 좋은 옷을 선택한다. 오늘날, 중국에서는 대부분의 신부들이 결혼식과 손님들을 맞이할 때 서양식 웨딩드레스를 입는다. 그리고 나서 '치파오'라는 전통혼례복으로 갈아입는다.

이 옷은 붉은색 비단 또는 수가 많이 놓여진 공단인데, 신부는 집에서 전통적인 "신랑 맞이하기"나 차 마시는 행사 때 이 옷을 입는다. 또 신부는 신랑으로부터 선물 받은 보석을 걸친다. 예를 들면 용 팔찌, 불사조 팔찌를 하는데, 이것은 행운을 가져다준다고 한다.

3) 음식

음식은 중국의 결혼의식에서 중요한 역할을 하며 상징적인 의미를 띤다.

결혼식이 끝난 후, 신랑의 부모는 신부를 첫 오찬에 초대 한다. 대개 연회에는 닭, 생선, 버섯, 연꽃씨 등이 나온다. 그러고 나서 신랑신부는 신부 부모님을 뵈러 간다. 신랑은 신부의 부모에게 구운 어린돼지를 선물한다. 이것은 전통적으로 결혼 후 세 번째 날에 보내지며, 신부가 처녀라는 것을 나타내는 것이다.

현대의 결혼연회는 원칙적으로는 12코스로 이루어진다. 어린돼지 구이로 시작하는데, 이는 남성다움과 번영을 나타낸다. 뒤이어 다른 훌륭한 요리들, 전복(중국어로 풍요와 유사한 발음), 찐 생선(부를 상징) 등이 나온다.

타로토란은 새로운 보금자리와 행복한 가정을 상징한다. 붉은 콩과 연꽃씨 수프는 달콤해서 인기 좋은 디저트이다. 이 또한 행복을 가져다준다고 한다. 연꽃씨는 특별히 연회에서 가장 중요하다. 왜냐하면 해마다 아들이라는 중국말과 발음이 유사하기 때문이다.

지방에서는, 전통적인 결혼연회를 아홉 사발 잔치라 부른다. 각 요리는 행복한 부부의 소망이다.

삶은 닭과 구운 땅콩은 영원한 번영과 장수를 나타낸다. 왜냐하면 닭을 먹는다는 것은 유망한 미래를 확신하는 것이다. 버섯과 겨자양배추는 집안에 부를 넘쳐나게 한다는 의미를 갖는다. 버섯이 동전과 비슷하게 생겼기 때문이다. 버섯이 많으면 많을수록 집에 재산이 늘어난다고 한다.

4. 소수민족의 혼인풍속

중국의 결혼풍습은 옛날부터 많은 변화를 겪어왔고 또 한족과 소수민족 간에도 많은 차이가 있다.

1) 漢族(한족) – 앞서 소개된 육례가 한족으로 대표되는 중국의 전통 혼인 예법이지만, 여기에서는 여타 민족과 비교하였을 때 몇 가지 두드러진 점을 소개한다.

① 혼인의 유래: 결혼식을 혼례라고 하는데 옛날에는 계집 녀 변이 없는 저물 혼자를 썼다. 그것은 아내를 황혼에 맞이했기 때문이다. 민속학적으로 인류 원초의 혼인 방식은 약탈혼이어서 신랑이 친구들을 데리고 신부 감을 빼앗아 왔다. 황혼 때 땅거미가 깃들면 신부 감을 뺏기에 가장 적절한 시간이었으므로 저녁 昏자를 쓰다가 후에 계집 女변을 가하여 오늘날과 같이 혼인할 婚자를 쓰게 되었다.

② 사주 교환: 남자 집과 여자 집에서 혼인 당사자의 성명과 생년월일시를 붉은 종이에 적어 중매인을 통하여 상대방에게 준다. 이 사주를 적은 붉은 종이를 조상 위패 앞에 올려놓아 둔다. 만약 3일 내에 집안에 별고가 없으면 조상이 그들의 약혼을 묵인한 것으로 인정한다. 남자 집에서는 다시 두 사람의 사주를 가지고 궁합을 본다. 조상을 통하는 것은 혼인 대사를 가장이나 혹은 당사자가 마음대로 결정할 수 없다는 것을 말한다. 점쟁이까지 궁합을 보는 것은 더욱 신중하게 함으로써 혼인의 책임감을 느끼게 하는 구실을 한다.

③ 영친
예컨대 중국 흑룡강성 길림성 요녕성 지방에서 유행되는 한족 혼인 풍속을 말한다. 이 지방에서는 신랑이 친구들과 같이 직접 여자 집에 가서 신부를 맞아 온다. 신부를 맞아 오는 의식을 영친이라고 하는데 점쟁이를 찾아 길일을 택한 후에야 진행된다. 결혼 날짜는 남자 측에서 정하고 여자 측의 동의를 얻은 후 정식으로 정해진다. 신랑은 어깨에 붉은 띠를 두르

고 모자에 꽃을 꽂고 말을 타거나 가마에 앉아서 여자 집으로가 신부를 맞아 온다. 남자 집이 여자 집에서 10여里 혹은 30~40里 이상 떨어져 있으며 신랑은 전날에 신부집에서 자고 이튿날 아침에 신부를 데려간다. 거리가 가까우면 전날에 말을 타거나 가마에 앉아서 거리를 한 바퀴 도는데 이 것을 양교라고 한다. 이튿날 아침에 여자 집에 가서 신부를 맞아온다. 만약 돌아오는 도중에 다른 신혼 대오를 만나면 신랑은 반드시 가마에서 내려 선물을 교환한 후 다시 길에 오른다. 우물, 무덤, 사창가를 만나면 붉은 담요로 시선을 가린 채 간다. 신랑은 말을 타고 가면 8사람이 말을 타고 앞장서서 길을 안내하고, 가마에 앉아 가면 신랑이 앉은 검은 가마가 앞에 서고 신부를 맞이할 꽃가마가 뒤를 따르는데 가마 안에 "어린애"가 앉고 신부를 영접하는 아주머니가 마차에 앉아서 간다. 신부집에 도착하면 그 "어린애"에게 돈을 줘야 한다. 그렇지 않으면 가마에서 내리지 않는다.

여자 집에서는 사위를 방안으로 안내하고 사위와 상객에게 상을 올린다. 그 상에는 네 접시의 떡과 네 접시의 과일 그리고 술과 안주, 젓가락이 놓인다. 식사도중 상객은 다른 사람이 보지 않게 젓가락 두모를 훔쳐 품속에 감추었다가 집에 돌아와 신방에 놓는다. 젓가락은 중국말로 쾌자(筷子)로서 그 음은 빠를 쾌(快)와 마찬가지로 빨리 아들을 낳으라는 뜻이다. 신부가 가마에 앉기 전에 개검식(開瞼式)을 거행한다. 다시 말하여 얼굴과 이마의 솜털을 뽑아주는 의식이다. 개검식이 끝나면 머리를 얹고 비녀를 꽂아준 후 푸른 바지에 붉은 웃을 받쳐 입힌다. 그리고 액막이를 한다는 뜻으로 품속에 구리 거울을 품어준다. 다음, 수줍어하는 얼굴을 가린다는 뜻으로 머리에 붉은 수건을 덮어준다. 이런 모든 준비가 끝나면 신부가 담요 위에 앉고 오빠가 가마 위에 올려 놓는다. 이것을 포교(抱轎)라고 한다. 돌아올 때 꽃가마가 앞에 서고 신랑이 앉은 검은 가마가 뒤에 선다. 꽃가마가 신랑집에 이르면 남자 측은 일부러 대문을 늦게 연다. 그러면 결혼후 신부의 마음이 온화해 진다고 한다. 신부가 집을 떠날 때 어머니가 동전 한 사발을 침대위에 뿌려놓고 딸더러 줍게 한다. 이것을 민간 풍속에서 "복을 줍는 것"이라고 한다. 딸이 많이 집으면 시집에 마음이 쏠려 복을 시집으로 가져간다고 하고 적게 집으면 본가에 마음이 쏠려 복을 본가에 두고 간다고 한다.

④ 꽃가마를 막아서다.

꽃가마를 막아서는 것은 하남석 단성 일대의 한족들 가운데서 유행되는 독특한 혼인 풍습이다. 잔치 손님들이 꽃가마를 막아서는 것은 첫째로 신부의 예쁜 모습을 보려는데 있다. 둘째로 교군꾼들의 쾌판(快板)—두개의 竹板으로 박자를 치며 노래하는 중국 예능의 한 가지—을 들으려는데 있다. 잔칫날 남자 집에서 가져온 꽃가마에 신부가 화장하고 오르면 가마를 큰길가에 내다놓고 문을 열어 사람들이 구경하게 한다. 이때 교군꾼들은 快板으로 "꽃가마 찬송가"를 멋들어지게 부른다. 노래가 끝나면 교군꾼들은 가마를 메고 서서히 길에 오른다. 그러면 구경꾼들은 가마가 가지 못하게 길가에 장애물을 설치한다. 교군꾼들은 잔치손님이 설치한 장애물을 보고 즉흥 가사를 읊으며 길을 비켜 달라고 快板조로 노래 부른다.

2) 滿族(만족) – 옛날부터 만족은 한족과 결혼하지 않았고 성씨가 같아

도 결혼할 수 없었으며 젊은 남녀 간에 연애의 자유가 없었으며 혼인도 부모의 의사에 의하여 결정되었다.

① 약혼식

우선 쌍방의 부모가 중매인을 통하여 상대방을 이해한 후, 먼저 총각이 처녀 집에 가서 선을 보이고 처녀와 대면한다. 약혼식 때 총각은 여자 집에 돼지 한 마리 술 한 말 뿐만 아니라 처녀가 입을 옷가지와 장신구를 가져간다.

② 택일과 결혼준비

중매인의 주선에 의하여 양가에서는 결혼 날짜를 정하고 예식을 거행할 때 남자 집에서는 또 담배, 술, 사탕, 차 등 네 가지 예물을 가져간다. 예식이 끝나면 결혼 준비를 한다. 꽃가마는 말이 끌기 때문에 꽃가마를 수레에 올려놓고 떨어지지 않도록 붙들어 맨다. 가마는 붉은 비단으로 장식한다. 신부를 데리러 갈 어린애와 할머니는 8~9세 되는 남아와 남편이 살아있고 아들 딸이 많은 사람으로 결정한다.

③ 친영(親迎)

모든 준비가 다 끝나면 친영 행렬은 결혼 전날에 떠난다. 親迎행렬 앞에는 깃발 든 가람, 징을 치는 사람 등(燈)을 든 사람 吹樂과 鼓手등이 서고 그 뒤에 12쌍의 말이 따른다. 젊은 신랑 들러리가 말을 타고 그 뒤에는 신랑이 따른다. 그리고 신부의 가마에 따르는데 거기에는 신부를 데려올 할머니가 앉는다. 친영 행렬은 도중에 친척과 친구들의 집에 들린다. 거기서 여러 가지 물품들을 받고 처가로 간다. 신랑은 처가에 도착하면 곧바로 말 등에서 내리지 않는다. 처남이 신랑의 말고삐를 끌고 장인 앞으로 가면 장인은 신랑에게 돈을 준다. 돈 액수는 형편에 따라 다르다. 어떤 장인은 신랑에게 금가락지를 끼워주기도 한다. 이 절차가 끝나면 신부집에 갖다 놓는다. 그러면 신랑이 걸상에 딛고 말 등에서 내린다. 처가 집에서는 손님들을 성대한 연회장으로 초대하며 신랑을 안방으로 안내한다. 신랑은 신부를 대면하지 못한다. 일반적으로 이날 밤중에야 신부가 가마에 오른다. 가마를 탈 때 오빠나 삼촌이 안아 올린다. 신부가 가마에 오르면 수레가 떠난다. 친영 행렬은 대체로 오전에 신랑집에 도착한다. 만약 신랑집이 멀면 우선 신랑이 사는 마을의 친척집에 신부를 데려다 두었다가 결혼 당일에 데려온다.

④ 결혼식

연애 결혼이 아니기 때문에 신랑은 신부가 줄곧 쓰고 있었던 면사포를 결혼식 날에나 벗길 수 있어 이날 처음으로 그 얼굴을 보게 된다. 신방에 신랑 신부가 마주 앉은 후 신부는 자손교자(子孫餃子)를 먹는데 이것을 많이 먹으면 아들딸을 많이 낳고 행복하게 산다고 한다.

⑤ 재행(再行)

결혼한 후 신부는 7일 만에 여러 선물을 가지고 자기 집에 갔다가 다시 돌아온다.

그러나 요즘에 만족의 혼속은 점점 간소화되고 있다.

3) 壯族(장족) – 장족은 중국의 소수민족 중에서 가장 많은 민족의 하나이다. 장족은 주로 농업에 종사하고 있다. 그들의 문화 발전 수준은 한족과 비슷하다. 장족의 애정 생활은 자기의 독특한 지방적 특색을 띠고 있다.

① 풍류놀이 – 풍류놀이는 장족 남녀들의 연애에 대한 호칭이다. 장족 남녀들은 자유로 사교할 수 있다. 남녀가 서로 사귈 때에는 대부분 민요를 통하여 사귀게 된다. 서로 모르는 사이라 하더라도 노래를 부르면서 차츰 접촉하게 된다. 두 사람은 서로 접촉하는 사이에 의기가 투합 되면 연인이 될 수 있다. 일반적으로 여자나 남자들의 나이가 16~17살이 되면 연인이 있으며 당연히 성관계를 가지게 되는 것으로 알았으며 이것은 결혼 전 후 배우자 여부를 막론하고 매우 문란했다. 사람들은 이러한 난잡한 성관계에 대하여 별로 간섭하지 않았으며 발각되지 않는 한 묵인했다.

이러한 자유연애나 형벌은 건국 후 근본적으로 없어졌다.

② 오누이 결혼 – 오누이 결혼은 인류 사회에서 가장 오랜 혼인 형태이다. 이런 형태는 때때로 신화나 전설에서 볼 수 있다. 그러나 광서 장족 자치구의 장족들이 사는 일부 지방에는 오누이 결혼 습관이 여전히 남아 있다. 이들은 이란성 쌍둥이가 배필이 되는 것은 하늘이 정해준 것이며, 이들이 결혼하지 않으면 천벌을 받으며 행복하지 못하다는 미신적 관념을 가지고 있다.

4) 裕固族(위구르족) – 중국 위구족의 90%는 감숙성 남부의 위구족 자치현에 살고 있다. 위구족들은 목장을 생활 단위로 하여 부락을 이루고 산

다. 각 부락마다 두령이 있고 여러 부락을 통치하는 통 두령이 있다. 부락 내부에는 부락의 공동소유, 사찰소유, 개인소유 등 각종 소유제 형식으로 분류되어 있다. 위구족 사회에는 원시부락의 흔적이 있는가 하면 봉건적 인 통치의 특징도 있다.

① 천막에서의 족두리 쓰기 의식

천막에서의 족두리쓰기 의식은 원시 대우혼(對偶婚)의 일종이다. 천 막에서의 족두리 쓰기 의식은 위구족 처녀들이 결혼하기 전에 반드시 거 쳐야 하는 일봉의 의식이다. 처녀들은 보통 15세 혹은 17세(반드시 홀수여 야 한다.)가 되면 라마교 스님을 청하여 길한 날을 택하여 족두리 쓰기 의식 을 거행한다. 천막을 치고 족두리를 쓰는 것은 성년식인데 족두리를 쓴 후 처녀는 공개적으로 사교할 수 있으며 성생활도 자유롭게 할 수 있다. 그는 천막 안에 찾아오는 남자들과 동거할 수 있으며 아들, 딸을 낳아도 사회적 인 비난을 받지 않는다. 족두리를 쓴 처녀와 찾아오는 남자간에는 순수한 성생활 관계밖에 없다. 찾아오는 남자는 저녁에 처녀와 동거하고 낮에는 반드시 여자 집에서 일해야 한다. 동거하러 온 남자들은 대부분 하루이틀 혹은 며칠동안 있다가는 물러가고 극소수의 사람만이 정이 깊어져 늙을 때까지 의좋게 산다. 족두리쓰기 성인식은 곧 혼인식으로 이어지므로 여 자들의 고통은 막심하다. 우선 정신적 고통이다. 방금 족두리를 썼는데 잇 따라 남자들이 많이 찾아온다. 그러나 여자는 그 많은 남자들에게 다 정이 있을 수 없지만 관습에 의하여 거절할 수 없다. 그리하여 병에 걸리는 여 자들이 많게 된다. 다음으로는 생활 보장이 없다. 고정된 가정이 없기 때 문에 일단 늙기만 하면 남자들이 포기할 수도 있다. 남자들은 여자에 비하여 더욱 비참아다. 일단 늙어서 노동력을 상실하게 되면 여자의 집에서 쫓겨날 수 있다. 그러면 그들은 유랑 생활을 하여 나중에 굶어 죽거나 얼어 죽는다. 이 혼인은 남자가 여자를 데려오지도 않고 여자가 시집가지 않는 특수한 혼속이며 재산 관계의 제약이 없으므로 서로 의견이 맞지 않으면 자유로이 헤어질 수 있다. 특히 여자는 족두리를 쓴 후 남자의 제약을 받지 않으며 가정에서는 지위가 높고 권력도 대단하다. 여자가 일단 남자를 싫어하면 마음대로 버릴 수 있다. 남자는 헤어질 때 아무것도 가지지 못하며 자식들도 세속적으로 여자 쪽에 속한다.

해방 후 이 의식은 원시적인 혼인 방식이라서 이미 폐기되었다. 그리고 족두리를 쓴 후에야 자유로이 사교하고 정식으로 결혼하는 의식으로 변하였다.

②매매혼인

매매혼인은 사유제의 산물이며 봉건적인 혼인제도의 특징이다. 이런 혼인은 여자들의 인격이 무시되며 상품처럼 팔리며 당사자의 의향은 전혀 고려되지 않는다. 남자 집에서 어느 처녀가 마음에 들면 중매인을 통해 혼인은 청하는데 여자측에서는 예물을 엄청나게 요구한다. 그러므로 가난한 농민들은 경제적 곤란으로 한 평생 장가를 들지 못하고 독신 생활을 하게 된다. 결혼 한 후 여자는 남자가 돈을 주고 산 소유물이 된다. 이결혼은 매매 성격을 띠었기 때문에 대다수 집의 사위나 며느리는 모두 미성년들이다. 부자집에서는 아들이 7~8세인데 며느리는17~18세나 되며 심지어 3세밖에 안되는 남자아이가 10여세 되는 처를 데려온다. 그러므로 아내가 남편의 똥오줌을 받아내며 안아 키운다. 남편이 어리기 때문에 이성 관계가 문란하다. 이런 현상에 대하여 쌍방의 부모들은 모른척 하고 사회적으로도 비난을 받지 않는다.

5) 苗族(묘족) – 묘족의 과반수가 귀주성의 70여개 시 현에 살고 나머지는 다른 성에 산다. 1945년 전에 일부 지방은 이미 지주 중심의 경제 발전 단계에 처하였으나 일부 지방은 원시 봉건 사회에 처해 있었다. 이런 경제제도 하에서 그들의 혼인 형식은 기본적으로 두 가지가 될 수밖에 없었다.

① 시낭혼
묘족 말로 젊은 남녀의 자유연애 결혼을 시낭이라고 말한다. 직역하면 조용히 상호간에 이루어진다는 뜻이다. 이런 혼인은 묘족 가운데서 상당한 비중을 차지한다. 시낭혼은 반드시 유방이라는 과정을 거쳐야 한다. 유방이란 묘족의 젊은 남녀가 공개적으로 연애하며 이성 관계를 마음껏 추구하는 대명사이다. 유방은 일종의 혼속으로서 젊은 남녀가 일정한 시기, 일정한 지점에서 공개적으로 혹은 암암히 집단적으로 혹은 개별적으로 서로 이야기를 나누거나 화창하는 방법으로 연애할 수 있다. 묘족 남녀들은 거의 80%가 모두 이런 유방 활동을 한다. 유방 하는 과정에 청년들은 언제나 경모하는 대상과 애정을 기탄없이 나눌 수 있을 뿐만 아니라 낯선 이성과도 아무런 허물없이 화창할 수 있음으로써 서로가 이성을 동경하는 심리적 유방에 대하여 어느 정도 만족을 느끼고 있다. 유방은 규정된 장소에서 규정된 기간에 진행하고 처음에는 여러 사람이 같이 어울리다

가 차차 뜻이 맞는 연인 둘이서만 만나는 등의 관습이 있다. 그리고 유방 활동을 통해 암묵적으로 혼인을 약속한 사이여도 서로 다른 상대와 유방을 할 수 있으며 서로 간섭하지 않는다.

②노인친(老人親)

노인친은 본인의 의사는 무시하고 부모가 배필을 정해주는 혼인이다. 이런 혼인은 비교적 복잡한 과정을 거쳐야 한다.

여러 소수민족의 혼속 가운데는 비윤리적이고 동물적인 원시성을 벗어나지 못하는 있는 풍속도 있다. 그러나 혈통의 단일성을 고집하기 때문에 근친혼이 이루어질 수밖에 없었다. 옛날의 미개민족에게도 삶의 즐거움은 역시 결혼이라는 의식에서 성취되었을 것이다. 그러므로 이런 그들의 혼속을 단지 미개하다고 멸시할 것이 아니다. 그 성취의 흔적은 자식이 생기고 그 자식은 다시 짝을 짓는 혼속으로 이어지는 것이었다. 이것이 어느 민족에게도 있는 생로병사의 인생사에서의 삶의 활력소는 역시 이성 간의 결합절차라는 것을 말해준다. 이것이 혼인풍속의 발달인 것이다.

5. 현대 중국의 이혼문제

요즘 우리나라도 황혼이혼부터 신혼이혼까지 이혼률이 높아져서 사회적으로 문제가 되고 있는데, 중국 역시 높은 이혼율로 골머리를 앓고 있다고 한다.

고대 중국의 경우, 이혼과 관련하여 七去三不去라는 말이 있었는데, 즉 아내가 불효하거나 불임이거나, 바람을 피거나 질투를 하거나, 악처이 거나 수다쟁이거나, 도둑질을 하면 남성은 여성을 쫓아낼 수 있었다고 한 다. 이를 七去라고 한다.

반면 '삼불거'는 결혼 후에 여성의 친정 식구가 모두 죽어 돌아갈 곳 이 없거나, 시부모의 3년 상을 남편과 함께 치루거나, 결혼 전에는 가난했 으나 결혼 후에 부자가 된 경우에는 삼불거라 하여 남성도 함부로 여성을 내쫓지는 못했다고 한다.

이러한 전통의 영향으로 인해 중국의 경우, 신중국 성립 이전까지는 남녀 이혼에 대한 자유가 없었다. 즉 남성은 원하는 경우, 여성과 이혼할 수 있으나, 여성은 자유롭게 이혼할 수 없었다고 한다.

신중국이 세워진 후, 1950년에 처음으로 이혼법이 제정되었으나, 여 러 가지 정치적인 원인으로 현실화되지 못하다가 1980년에 다시 제정되 었다.

1980년에 제정된 이혼법은 총 5장 37조로 구성되어 있는데, 원칙적이 고 개괄적인 내용만 규정하였기 때문에 개정 및 보완에 대한 요구가 끊임 없이 있어왔고, 20년이 지난 2001년에야 비로소 현실에 맞게 개정되었다.

최근 중국은 급속한 경제성장과 함께 이혼하는 부부 역시 꾸준히 늘 고 있다고 한다. 이를 신조어로 閃婚, 閃離라고 한다. 마치 불꽃이 번쩍 이듯이 결혼하고, 곧 이혼하는 현실을 반영하여 새로 만들어진 단어들 이다.

이렇게 빨리 결혼하고 빨리 이혼하는 주인공들은 모두 1980년대 이후 태어난 獨生子女, 즉 외동딸, 외동아들이다. 이들은 결혼을 빨리 하는 만큼, 이혼도 빨라서 사회적인 문제가 되기도 한다. 즉 1978년 이후 중국의 산아제한정책으로 태어난 독생 자녀들이 어느새 30대가 되었다. 이들은 전통적으로 다산을 중시하던 중국인에게 있어서 매우 소중한 존재였다. 중국에는 421종합증이란 말이 있었는데, 이는 네 명의 할아버지, 할머니, 외할아버지, 외할머니와 두 명의 부모, 즉 여섯 명의 어른이 한 명의 아이에게 온갖 사랑을 쏟아 부은 나머지 생겨난 사회적 문제를 지칭한다.

이런 독생 자녀들은 친구의 소개로 만나 몇 번 전화 통화를 하고는 결혼을 하는 경우도 있다. 이들이 이혼까지 가는데 걸리는 시간은 대략 6개월 정도라고 하니 사회적인 문제가 될 만도 한 것 같다.

실제로 2008년 중경시의 통계에 의하면 결혼 후 1년 이내 이혼률이 25.7%로, 72,860쌍이 결혼하면, 이중 18,730쌍이 1년 내 결혼하고 1년 내 이혼한다고 한다.

2012년 통계에 의하면 이혼률이 높은 도시는 북경이 39%, 상해 36.25%, 심천 36.23%, 광주 35%, 하문 34.9%로 나타나는데, 결국 경제적으로 풍족한 도시의 이혼률이 높다는 결론이다.

중국의 여성

1. 중국 여성의 역사와 특징

1) 중국 여성의 역사

원시잡교가 성행했던 고대사회에서 여성은 모계사회 중심의 사회여건에서 '어미는 알지만 아비는 모른다'는 분위기 속에 사회적 권력을 장악하였다. 즉 당시의 자녀는 노동력과 직결되었기 때문에 자녀를 많이 거느린 자가 사회적으로 높은 권력을 행사했을 가능성이 높다. 그런 분위기 속에서 원시잡교식 혼인을 통해 태어난 자녀는 당연히 어미의 소유물이 되었고, 이는 자연스럽게 모계사회를 형성하는 기틀이 되었다.

이후 생산경제가 발달하고 일대 일의 혼인제가 정착되면서, 자녀는 아비의 소유가 되었고, 생산물의 소유제가 실시되면서 부계사회로 바뀐다. 이후 남성은 계급 사회를 조직하고 권력을 지향하여 자신의 혈통에 대한 집착을 갖게 되었다. 이러한 과정에서 여성은 상품경제의 수단이자 자본이었으며, 남성의 지위와 권력을 유지하기 위한 도구가 된다.

즉 잉첩(媵妾)제가 성행하고, 은(殷)나라 때는 왕이나 남성이 사망할때 여성를 함께 넣어 생매장하는 순장(殉葬)이 유행하였다.

주(周)나라에 이르러 종법 제도가 성립되면서 집권자들이 권력과 재산을 독점하기 위해, 강력한 여성 단속을 통해 혈통을 유지하였다. 이때부터 여자는 시집의 대를 잇기 위한 '자식 낳는 도구'로 전락한다.

또한 축첩 제도의 성행으로 남자에게만 주어지는 여자에 대한 무제한 소유제도 유행하였다.

춘추전국시대에 이르러 잉첩 제도가 표면적으로는 사라졌으나 그 변형 형태가 후대(청나라)에까지 지속되었다.

이후 진, 한에서 당, 송으로 이어지면서 중국의 봉건제도가 더욱 공고해졌는데, 진(秦)나라에서는 진시황이 열녀 표창제도를 도입하여 그 후 국가적 차원의 열녀 장려 정책이 활발해졌고, 점차 순장 제도도 정식으로 폐지되었다.

한(漢)나라에 이르러서는 유학의 발전으로 여성에게 수절을 강요하는 풍습이 유행하였고, 예기(禮記)에서는 남녀유별이 불후의 진리이며, 인간의 근본도리이라고 피력했다.

위진 남북조때에는 처와 첩을 전당 잡히거나 세를 놓기 시작함으로써 사회적으로, 법적으로 가난한 백성들의 생계 수단으로 정착하였다. 한편 인구 팽창정책의 일환으로 과부에게 재혼을 적극 권장하는 풍토도 마련되었다.

이때까지는 이혼, 재혼이 비교적 자유로웠으며, 악습을 폐지하는 등의 중국 국가들의 사회적 발전 모습을 볼 수 있으나 반면 서서히 강도가 더해지는 여성에 대한 억압적인 사회 현상들이 나타남을 알 수 있다.

송나라때는 11세기에 등장하여 남송 때 성행하기 시작한 纏足으로 여성에 대한 억압이 강화되었다. 전족에 대해서는 뒤에서 자세히 다루기로 한다.

또한 송대의 주희(朱熹)는 여성에게 봉건적 족쇄를 끼운 결정적 인물로, 삼강오륜 도덕을 체계화하고 정절을 여성의 도덕적 의무로 규정하여 남자가 의를 위해 목숨을 바치는 것과 동일하게 정조를 지킬 것을 강조했다.

원(몽고)에 이르러 전족은 더욱 확대되었는데, 일부 귀부인들 중심으로 유행되었고, 당시의 평민들은 전족을 하지 않았다고 한다.

명, 청시대는 성리학이 본격적으로 영향력을 발휘하여 봉건 예교가 여성을 억압하던 시대로, 명나라는 전족의 전성기이다. 즉 황궁의 여자들은 전족이 필수가 되었고, 전족 경연대회까지 열려 전국적으로 지방마다 독특한 형식과 체계를 갖춘 축제가 되었다. 이 축제는 1949년 중국인민공화국 성립 후 법적으로 금지되었다.

청(만주족)나라 강희(康熙) 3년에 한족의 전족을 금지하는 칙령을 내렸다. 그러나 일반 백성들의 병적인 전족에 대한 집착으로 금지령을 취소하였다.

청 말기에는 마침내 수절에 반대하는 움직임이 나타났다. 이 후 중국이 근대화로 향해가는 과정에서 여성에 대한 봉건적 억압을 폐지하려는 노력이 일어난다.

즉 1911년의 신해혁명을 통해 봉건문화에 대한 비판운동이 전국적으로 일어났고, 1915년에 발기된 신문화 운동은 서구 자본주의의 유입으로 인해 봉건 문화에 대한 총체적 반성과 함께 예교에 대한 격렬한 비판운동을 전개시켰다.

이러한 추세에도 불구하고 독재정권은 여성의 예속을 유지하기 위해 봉건 도덕의 부정적 측면을 권력에 악용하였다.

2) 중국 여성 역사의 특징

위에서 간략하게 살펴본 중국의 역대 사회 제도를 바탕으로 중국만이 가진 여성억압의 도구와 증거를 찾아본다.

① 첩

－첩: 사고 팔리고 무력에 의해 뺏어 올 수 있는 물건이었다. 남의 첩을 뺏어 와도 지위가 높은 남자는 벌을 받지 않았고 이는 당연한 것이었다. 그 당시 사회는 이러한 상층 계급을 위한 법만이 존재했던 것이다. 빚이 있거나 형편이 여유롭지 않았던 평민 남자들은 자신의 첩, 또는 처를 팔아 돈을 대신했다. 여자는 또 하나의 경제적 수단이기도 했다.

－첩과 본처: 첩과 본처 사이의 계급이 있었고 첩들 사이에서 또한 계급이 있었는데, 이는 남성들의 계급 사회를 다시 적용하여 그들의 원리로 여성을 지배한 것으로 볼 수 있다. 본처는 남편을 위해 정조를 지켜야 하

는 의무가 있었고 첩은 아무 때나 다른 남자에게 팔릴 수 있었기 때문에 정조를 강요당하지 않았다. 본처의 지위를 보장했던 주된 이유는 신분 질서를 위한 혈통의 순수성을 지키기 위한 것이었다.

– 귀족들의 청량음료: 귀족들에게 풍류를 즐기고 시상을 떠오르게 하는 구실을 하기도 한다. 첩을 주제로 한 시 한수에 다른 남자에게 넘겨졌다.

– 여성 노예: 예로부터 중국 봉건사회는 양민과 천민으로 나뉘어져있었는데 엄격한 차별적 대우로 두 계급을 완전히 양분화 했다. 그 중 천민은 노예를 들 수 있다. 특히 여성 노예들은 남자 주인들의 장난감 이었으며 저항할 권리조차 없었다.

이렇게 첩은 봉건사회에 있어서 불안정한 삶을 살아갈 수밖에 없었다. 그러나 출산, 쾌락, 싫증나면 바꾸면 되는 일시성 등 거의 만능에 가까운 기능을 하는 첩을 남자들이 포기할 이유는 전혀 없었다. 그리하여 남자들에게 귀한 대접을 받는 첩들도 있었다. 이렇게 첩을 사랑한 남자들은 많았으나 자신의 정처를 사랑한 남자는 드물었다. 이 두 가지 현상은 서로의 감정에 인한 혼인이 아닌 약속된 집안끼리의 혼인을 했어야 하는 그 당시의 문화적 장치에도 그 책임이 있다.

– 비첩: 미모와 재능을 겸비한 첩들은 주인의 마음을 움직여 그 사람을 바꿔 놓기도 했으며, 그 상대가 왕이나 귀족이었을 경우에는 나라의 역사에까지 큰 영향을 미치기도 했다.

② 기녀: 원래 무당에서 기원한 기녀는 신분이 천민으로 하락하면서 그 본질이 많이 바뀌었다. 이들은 음악과 가무에 능통하며 남자들의 마음과 시선을 끌기 위해 아름다운 치장에 노력했는데 이들에 의해 중국의 전족 문화가 더욱 활발히 발전했다고 할 수 있다.

■ 전족(纏足)

－시기: 송나라 때 등장하여 원나라를 거쳐 명, 청 시대에 보편적 문화가 되었다.

－전족을 만드는 과정: 어렸을 때부터 발을 단단한 천으로 조이면서 점점 발을 작게 만든다. 아이들이 고통을 참지 못하고 풀어버리지 못하게 헝겊을 꿰매어 둔다. 이렇게 싸맨 발을 잠잘 때 높이 올려둔다.
정상적인 혈액순환을 방해하여 성장을 멈추게 하기 위한 것이다. 전족은 만들어가는 고통만 있는 것이 아니라 그렇게 기형적으로 작아진 발로 걷는 연습도 함께 해야 한다. 이때 발이 작으면 작을수록 고통이 덜하다고 하는데 이는 발과 다리에 마비 현상이 오기 때문이다.

그 당시 큰 발은 상스럽고 수치스럽다 여겨졌기 때문에 보통 전족을 해주던 어머니들은 아이들을 달래고 때려서라도 전족 만들기에 노력했다. 귀족들은 '발 할미'라 부르는 직업인들을 불러 전족을 한다. 이들은 솜씨가 좋아 아이들의 고통도 덜하고 완성 후에도 더 맵시가 좋다. 기녀들은 남자의 마음을 끌기 위해 예쁜 전족 만들기에 모든 노력을 기울였는데, 부잣집에서는 이러한 기녀를 불러다 전족 만드는 법을 배웠다.

– 미적 기준: 발이 얼마나 작은가에 따라 등급을 매겨 미의 기준으로 삼았다. '금련'이라는 말은 길이가 3촌 이하인 전족으로 가장 예쁜 전족을 의미한다. 송시대의 전족은 13~14센티미터였는데, 명나라에 이르러 10센티미터가 평균이었다고 한다. 가히 손바닥 안ㅋ에서 놀릴 수 있는 크기이다.

그 외에도 전족을 한 발은 가장 신비하고 비밀스런 부분으로 남에게 함부로 보여서는 안됐고, 항상 치마 밑으로 살짝만 드러나도록 했다.

이렇게 작고 예쁜 발을 만들기 위한 노력은 신분을 막론하고 행해졌다. 그러나 상류 귀부인들은 옆에 도와줄 하인이라도 있었지만 평민 아낙들은 전족을 한 발로 밭에 나가 일을 해야 했다.

전족이 가장 전성했던 명나라의 전족은 이미 금지시킬 필요가 있을 정도로 유행했고, 상류 여인들의 계급과 신분을 상징했다. 청나라에 이르러서는 한족의 전족을 금지 했으나 이미 하나의 풍습으로 상류사회 뿐 아니라 일반 민중들도 전족에 집착하고 있어 금지령은 소용이 없었다.

－전족경연대회: 명나라 때부터 전족경연대회가 열렸다. 전국적으로 지방색에 맞추어 다양한 형태로 열렸는데 이는 곧 하나의 축제가 되었다. 전족 경연대회에 나가는 여인들은 얼굴을 가려야 했다. 경연대회는 하나의 전통 문화가 되어 정부의 금지에도 불구하고 쉽게 없어지지 않았다.

－칼날전족: 만주족은 '칼날 전족'을 만들었다. 10에서 15세 소녀들이 자청하여 동여맨 전족이다. 모양새가 마르고 곧고 평평하며 칼날처럼 가늘어서 붙여진 이름이다.

중국 역사상 전족은 중국 여성을 동여매는 가장 큰 굴레가 되었다. 이러한 원인은 무엇인가?

－여성 통제: 발을 작게 만들어 여성의 바깥출입을 통제하기 위한 것이라는 이유이다. 송나라 때의 음양론에 의하면 여자는 정적이고 수동적인 존재라고 정의한다. 여자는 조용히 집안에 앉아, 남편을 내조해야 했다. 또한 자신의 부인을 다른 남자들에게 보이지 않기 위한 질투심에 근거한 가두기가 목적이기도 했다. 이 당시 이학의 성행으로 여성에 대한 억압이 절정을 이루었고 그 도구로 전족이 발생한 것이다. 다시 이 전족은 여성을 억압하는 데에 가장 큰 역할을 했음을 알 수 있다.

－성적 쾌락 추구: 꽉 조여진 발로 걷다 보니 여성은 자연스레 뒤뚱거리게 된다. 엉덩이와 허벅지에 힘이 쏠려 비대해진다. 이런 불안정한 신체

로 뒤뚱거리는 여성의 모습에서 남성들은 성적 흥분을 느꼈다. 남에게 의지하지 않고는 걷기조차 힘든 여성의 가련한 모습은 남성의 보호본능을 자극했다. 또한 부드럽고 아름다운(그 당시의 기준으로)전족의 꺾어진 발가락 사이나 발바닥의 깊은 구멍 속에 수박씨나 건포도 등을 넣어두고 혀로 빼먹으며 성적 흥분을 유발시키던 전희, 전족을 싸매고 있던 긴 천을 풀어서 이 천으로 여성의 다리를 침대에 거꾸로 매달아놓고 성을 즐기는 것, 여성의 발을 가슴으로 강하게 껴안는 것 등 상상하기조차 힘든 다양한 규방비기가 48종이나 개발되었다. 한 여성을 노리개로 취급하는 남성의 생각을 대놓고 실현해 놓은 것이 전족이라고 할 수 있다.

– 심미적 측면: 중국의 고대 민요나 문학 작품 속에서부터 미인의 발은 아름다워야 했다. 작고, 짧고, 마르고, 뾰족하고, 나긋하고, 부드럽고, 향기로운 것이어야 했다. 이것은 송대에 와서 크고 동적이며, 강한 남성과 대조 되어 작고 부드러우며 조용한 것이 여성의 특성이자 덕목인 음양학으로 이어진다.

전족이 여자들에게 필수 덕목이 된 후부터, 그것은 또 하나의 정조를 지키는 상징적 잣대가 되었다. 다른 남자가 전족을 스치기만 해도 그것은 정조를 잃은 것이나 다름이 없었다. 그만큼 여성을 상징하는 중요한 부분이 되어 좋아하는 남자에게만 발을 만지게 허용 했고, 식탁 밑에서 무언의 교감이 이루어지기도 했다. 이별하는 연인에게 전족 신발을 정표로 건네기도 했다.

2. 현대 중국 여성의 지위

1) 여권의 신장

1949년 중국인민공화국이 성립되면서 중화전국부녀연합회(中華全國婦女聯合會)를 만들고, 1950년 3월 8일에 혼인법을 제정하여 남녀결혼의 자유와 일부일처, 남녀의 권리평등, 여성의 교육보장, 여성과 유소년의 권익 보호 그리고 자유결혼 등의 내용을 성문화하여 공포하였다.

특히 모택동는 '半遍天'(婦女能頂半遍天: 여성도 하늘의 절반을 떠받들 수 있다)이라고 표명하며 여성도 남성과 동일하게 사회주의 건설과 사회 발전에 책임을 져야하며 또한 남성과 똑같이 사회적 지위와 권익을 보장 받아야 함을 강조하였다.

초기의 여성들은 공장에서 남자와 똑같이 육체노동을 해왔다. 그러나 여성과 남성의 선천적 차이를 인정하게 되면서 중국의 여성 운동은 여성의 특성에 적합한, 사회적 여건을 마련해 가는 방향으로 발전한다. 법을 제정하고 여성의 사회 진출이 증가했다고는 하나, 뿌리 깊게 박혀 있는 남녀차별을 단숨에 없애기는 힘들다고 본다.

2005년에는 대학생 금혼령이 50년 만에 폐지되었고, 현재는 세계여성의 날인 3월 8일을 부녀절(婦女節)로 지정하여 직장 근로여성인 경우 하루 혹은 반나절 휴무하고 여성을 위한 무료 건강진단이나 여성 상품에 대한 대대적인 할인 행사 등 다양한 문화행사를 개최하고 있다.

2) 도시와 농촌의 여성

① 도시의 여성

1990년의 중국의 인구 통계자료에 따르면 노동 능력이 있다고 판단되는 15세에서 60까지의 중국 여성 중 83.7%가 취업인구인 것으로 밝혀졌다. 이는 전 세계적으로 유례를 찾아 볼 수 없을 정도로 높은 수치이며 중국 여성들의 사회활동 참여가 얼마나 보편화되어 있는지 알 수 있다.

취업인구 중에서 여성이 차지하는 비율을 봤을 때도 중국은 44.96%로 일본의 37.0%, 인도의 17.4%. 미국의 40.0% 보다 훨씬 높은 것으로 나타났다. 특히 중국은 1978년 개혁 개방이후 사회의 발전과 기계화로 인하여 여성의 여유시간이 늘어나면서 매년 4.3%씩 직업여성의 수가 늘어나고 있으며 1990년을 기준으로 취업가능 인구 약 6억 4천만 명중 약 2억 9천만 명 정도가 취직여성이라고 한다.

이 같은 통계 수치의 결과는 중국 여성들을 위한 중국사회의 탁아 육아시설 및 제반 제도적 장치와 남녀의 가사분담 등에 기초한 것으로 보여진다. 표면적인 통계로만 봤을 때 중국은 거의 완전한 남녀평등사회가 된 것 같으나 그 실재도 그러할까? 중국의 도시화가 가속화됨에 따라 많은 농촌인구가 농촌을 떠나 도시로 유입되었다. 그 과정에서 주로 남성들이 도시로 진출하여 돈을 벌고 여성들은 농촌에 남아서 계속 농사를 짓는 현상이 나타나 농촌 노동력의 여성 비율은 1985년 45.6%에서 1995년에는 46.7%로 증가하였다.

②농촌의 여성

아직 전통적인 문화의식이 지배적인 농촌 구조적 특성상 농촌에서 일하는 거의 대다수의 여성들은 교육의 기회를 박탈당하고 과중한 육체노동과 가사노동에 시달리고 있다. 1990년의 통계자료에 따르면 중국의 12세 이상 인구 중에서 완전문맹 인구는 대략 2억 2천만 명 정도인데 그 중의 여성은 1억 5천만 명으로 70%에 해당한다. 이 70%는 아마도 대부분 농촌 여성에 해당하는 수치일 것이라는 추측을 자연스레 해본다.

우리에게 현재 보여 지는 중국 여성의 모습은 단지 도시에만 국한 된 것이라고 할 수 있다. 그러나 앞서 살펴보았듯이 고대 중국시대부터 고질적으로 전성한 남존여비의 사회에서 벗어나 여성이 다시 집 밖으로 나올 수 있게 되었다는 것만으로도 그 사회적 여건이 상당히 개선되었다고 여겨진다.

3. 역사 속에서의 중국 여성

(1) 악녀의 이미지

① 왜 악녀인가?

사회는 남성보다 뛰어나거나 혹은 뛰어나려고 안간힘을 쓰는 여성에게 그다지 호의적이지 않다. 남성들만의 고유 영역에 여성들이 진입한다는 것 자체가 어려운 실정이다. 또한 힘겨운 과정을 거쳐 여성이 어느 정도 성공하게 되면 이번에는 성공 배경을 둘러싸고 온갖 의혹이 제기된다. 여성의 성공은 실력보다는 미모나 성 등 다른 요인에 의한 것이라는 의혹이 바로 그것이다.

여성에 대한 이러한 남성의 시각을 극단적으로 보여 주는 좋은 사례 가운데 하나는 소설과 영화 속에 빠지지 않고 등장하는 악녀 이미지이다. 마녀, 요부, 팜므파탈 등으로 표현되는 이들은 모두 남성을 파멸시킨다는 이유에서 위험한 존재가 되었다. 그녀들은 대개 어떤 분야에서 남성을 뛰어넘는 능력을 가졌거나 혹은 사회의 기존 통념을 뒤엎으며 자신의 욕망을 추구하였고 그 과정에서 남성을 파멸시키는 것으로 간주되었다. 여기서 우리 사회가 일반적으로 '악녀'라고 규정하는 유형이란 남성 영역의 질서를 교란시키고 남성을 파멸시키는 여성임을 알 수 있다. 그들 가운데 대다수는 자신의 성 정체성을 과장하거나 극대화시킴으로써 남성을 유혹하였으며 자신의 성적 욕망을 통제하지 않았기 때문에 '음란하다'거나 '사악하다'는 비난을 받아야만 하였다. 또한 유혹과 파멸의 대상이 바로 남성이었기에 그녀들의 운명이 결코 순탄하지 않았을 것은 쉽게 예견할 수 있다. 사회는 남성을 파멸시킨 죄 값을 요구하였고, 따라서 그녀들은 결국 파멸당할 수밖에 없었기 때문이다.

그러나 그녀들은 실상 남성들의 강렬하고 불안정한 갈망을 실현하는 대상이었기에 남성들에 의하여 오히려 배척되었던 측면이 있다. 기존 사회의 질서를 유지하기 위해서 자신들의 욕망을 인정하기보다는 그녀들을 단죄하는 것이 나았기 때문이다. 바로 이런 점에서 악녀 이미지는 철저히 남성 중심적이고 남성의 여성에 대한 편견이 가장 극단적으로 표현되고 있다고 말할 수 있다.

② 열녀전 속의 악녀; 얼폐전

자기 자신의 위치를 찾으려고 몸부림치는 여성과, 남성을 미혹시키고 결국 파멸시키는 여성은 서로 겹쳐 보이는 이유가 궁금해지지 않을 수 없다. 그런 편견과 관습은 어디서부터 시작하는 것일까? 이 길은 여성에 관한 최초의 전문 기록물이자 여성 이미지의 보고라고 할 수 있는 [열녀전]을 통하여 그 해답을 찾아보고자 한다. [열녀전]의 얼폐전 속에는 오랜 역사 시기를 거쳐 동아시아에서 악녀로 규정해 온 나라와 집안을 망친 여자들이 등장한다. 그래서 그녀들은 결코 조금의 동정도 받을 가치가 없는 파렴치한 악의 근원으로 매도되어 왔다. 그러나 정말 그녀들은 그렇게 획일적으로 비난받아야만 하는 재앙 덩어리였을까? 혹시 그녀들 역시 불평등한 봉건제도 아래에서 희생될 수밖에 없었던 비극적 운명을 타고났던 것은 아닐까? 이제 그 답을 찾아서 시간을 거슬러 올라가 보도록 하자.

유향은 여성만을 위한 열전인 [열녀전]을 집필한다. 왕후나 제후의 부인에게 민간의 아낙네에 이르기까지 각 계층의 여성들을 일곱 가지로 분류하고 그 덕목을 칭송하고 있다. 그런데 유독 마지막 분류항인 [얼폐전]은 나라와 집안을 망친 여인들에 관한 기록으로서 패덕에 대한 경계의 의미가 포함되어 있음에 주목할 필요가 있다. 왜 굳이 본받아서는 안 되는 여성들을 숭고한 기록 속에 포함시킬 필요가 있었을까?

[얼폐전]의 서두를 장식하는 부정한 여인이란 사마천도 거론한 바 있는 각 왕조 마지막 제왕의 여인들, 즉 말희, 달기와 포사였다. 그녀들은 하

나같이 미모로 제왕을 미혹하여 국가와 사직을 도탄에 빠뜨린 악녀로 거론되었고 왕조 멸망에 대한 책임은 모두 그녀들의 몫이 되고 만다. 그녀들의 뒤를 이어 등장하는 [얼폐전]의 여인들 역시 군주나 대부의 부인으로서 사회의 최상위층, 지배층에 속한다. 그녀들은 하나같이 모두 음란했고, 정권다툼을 일으켜 나라를 혼란으로 몰고갔다는 이유로 [얼폐전]에 실리게 된 것이다. [열녀전]의 다른 항목에서는 제후나 대부의 부인뿐 아니라 민가의 아녀자까지 열전에 포함시켰음을 고려한다면 [얼폐전]의 선정 기준은 철저히 지배층, 다시 말하자면 권력층에 국한되고 있음을 기억하여야 할 것이다. 따라서 [얼폐전]의 여인들에 대한 기록은 표면적으로는 단순히 그녀들의 예에 벗어난 음행이지만 이 기록 뒤편의 행간 속에는 당시 정권을 둘러싸고 벌어졌을 심상치 않은 권력다툼의 흔적을 읽어 낼 수 있다. 자신이 낳은 아들을 태자로 세우고자 한다든가 자신과 불륜의 관계를 맺고 있는 사람을 군주로 삼고자 하는 등, 정권을 장악하려는 시도가 그녀들에 의하여 시도된 적이 있으나 모두 실패하였다는 기록이 바로 [얼폐전]이기 때문이다.

아버지의 법 아래에서만 그 존재가 인정되었던 여성은 봉건사회에서 제도적으로 정치에 참여할 수는 없었지만, 권력에 전혀 접근이 불가능하였던 것은 아니었다. 군구의 아내 혹은 어머니라는 지위는 비공식적으로 권력에 영향을 미칠 수 있어서 여성이 직접 혹은 자신의 측근을 통해서 권력 장악을 시도할 수 있었다. 혹자는 권력 장악에 성공해 역사에 정권을 전횡한 외척으로 기록되기도 했으며 또 혹자는 반란을 일으켰으나 실패하였던 것으로 기록되었다. 그러나 성공하였건 실패하였건 여성은 어느 경우에도 유가적 지배 질서를 어지럽힌 죄목에서 벗어날 수는 없었다.

유가 사상을 통치의 근본이념으로 삼았던 고대 봉건사회에서 여성이나 외척의 정치 관여는 용납하기 어려운, 그러나 근절하기도 어려웠던 딜레마였고 유향 역시 그러한 인식의 연장선상에 서 있었다. 그리고 이는 [얼폐전]을 편찬하는 데 무의식적인 기준으로 작용하고 있었던 것이다.

[얼폐전]의 서두를 열고 있는 말희에 관한 기록에서도 우리는 중요한 정보를 얻을 수 있다.

"말희는 하나라 마지막 왕인 걸왕의 비이다. 얼굴은 아름다웠으나 덕은 없고 난잡하며 무도하였다. 여자임에도 장부의 마음을 품고서 칼을 차고 관을 썼다."

"아름다웠으나 덕이 없고 난잡하며 무도하였다"라는 언급은 [얼폐전]의 모든 여인들에 대한 서술에서 공통적으로 발견되는 전형적인 특징이다. 여기서 문제가 되는 대목은 바로 뒤에 이어지고 있는 "여자임에도 장부의 마음을 품고서 칼을 차고 관을 썼다"라는 문장이다. 이 짧은 언급에서 [열녀전] 필자의 의도는 명확하게 드러난다. 그가 용서할 수 없었던 것은 바로 여성이 감히 남성의 권위에 도전하였다는 사실이었다. 칼과 관이란 남성의 겉치레를 대표하는 것으로 무력과 행정력을 의미한다. 그렇다면 장부의 마음이란 권력에 대한 욕망이고 그녀는 남성의 전유물인 권력에 도전하였음을 암시하는 것이 아닌가? 그리고 이는 [열녀전]의 필자를 비롯한 세상의 모든 남성에게 도저히 용납될 수 없는 대역죄였다.

권력 투쟁에 참여하였던 [얼폐전] 여인들에 관한 기술에서 이 의문에 대한 또 다른 단서를 찾아 낼 수 있다. 바로 그녀들이 정권에 대한 반란을 도모할 때면 대개 "~와 공모하였다"는 언급이 있다는 사실이다. 이렇게 공모자가 있다는 기술은 이 사건이 여성의 개인적 야망에서 비롯한 것이 아니라 당시 정계에 권력에 대한 암투가 존재하였고 여성도 그 암투에 관련되어 있음을 알려 준다. 그럼에도 불구하고 [얼폐전]의 서술은 이 반란을 늘 여성일인, 혹은 그와 정을 나눈 음부와 음모로 축소하여 버린다. 그리고 열전의 마지막에는 다음과 같은 사회 혼란의 원흉이 그녀라고 단정한다.

그래서 권력을 비롯한 남성의 영역에 과감히 도전하였다가 실패한 자는 [얼폐전]에서처럼 나라를 어지럽힌 악녀로 기록되었고, 권력 장악에 성공하였어도 결코 역사의 공정한 평가를 받지 못하였다. 중국 역사에 등장하는 권력을 실질적으로 장악하였던 여성들, 여태후나 측천무후, 서태후가 하나같이 인군이 되지 못하고 패주로 기록된 것은 단지 그녀들이 도덕적으로 완전하지 못하고 정치를 잘하지 못해서만은 아닐 것이다. 그녀들을 역사를 기록하고 권력을 독점해 온 남성의 영역에 정면으로 도전하였기 때문에 결코 받아들여질 수 없었을 뿐이다. 이로 보건대, 역사에 기재되었던 여성들이란 정치나 전쟁에 개입하여 나라를 망친 여성들뿐이었고, 이는 결국 여성은 재앙이라는 관념과 여성의 정치 참여 금지를 강화하는 기제로 작용하였던 것이다.

한대 유향에 의하여 편찬된 [열녀전]속의 [얼폐전]은 남성의 영역에 정면으로 도전하였던 여성들이 어떻게 실패하였는지를 서술하고 있다.

그리고 이는 결국 여성은 재앙이라는 관념과 여성의 정치 참여 금지를 강화하는 기제로 작용하였다. 여성에게 예교를 지키도록 강요하는 유교 사회에서 이상적 여성상인 현모의 이미지를 강조하기 위해서는 그 대립항인 악녀가 필요하였고 유가의 왕도 정치 실현을 위해서도 여성의 정치 간여나 외척의 등장을 경계하여야만 하였기에 악녀는 필수불가결한 존재이기도 하였던 것이다.

(2) 여태후

– 여태후 본기

역사서에는 주로 남성만이 기록되었을 뿐 여성에 대한 기록은 매우 드물다. 원시 모계 사회를 지나 가부장제 사회로 진입하면서 여성은 정치와 권력에서 점차 소외되어 갔기 때문이다. 중국 역사에서 여성이 공식적인 기록의 주인공으로 처음 등장하는 것은 한대 사마천의 사기에서이다. 한초정권을 장악한 적이 있는 여태후와 황실의 외척에 관한 기록인 [여태후본기]가 바로 그것이다.

[사기]에는 '열전'이라는 편명으로 된 여성의 전기가 없었다. 반면에 '본기'와 '세가'의 편명으로 여성의 전기를 싣고 있는데 [여태후본기]와 [외척세가]가 그것이다. [외척세가]는 여러 명의 황후와 그를 둘러싼 외척들의 행적을 서술한 것이며, [여태후본기]는 황제에 버금가는 권력을 행사한 여태후의 행적과 그와 관련된 사건들을 기록한 것이다. [사기]의 체제 속에서 여태후라는 여성의 전기를 '본기'의 명칭으로 기록한 것은 상당한 의미를 지닌다. 기존의 한 고조의 아내로만 인정하려 하였던 시각과

는 달리 그녀의 통치 행위를 이정해 제왕으로 번 곳이기 때문이다. 이 전기는 역대 많은 논란을 일으켰는데 그 중 육조 시기의 비평서인 [문심조룡]에서도 역사서에서 여성이 제왕으로 기록된다는 것을 있을 수 없는 일이라고 신랄하게 비판하고 있다.

또한, [사기]의 뒤를 이어 나온 반고의 [한서]에서도 여태후의 전기에 '기'라는 명칭을 넣고 있는데 이로 보아 한대가 다른 시대에 비하여 여성의 정치 활동에 대하여 적극적으로 인식하려 하였고 그에 상응하는 여성의 지위가 있었던 것이다.

그러나 정치 무대에서 중요하게 떠오른 여성의 역할에 대한 이러한 주목은 이전과는 또 다른 차원의 왜곡을 초래하고 만다. [여태후본기]의 구체적인 내용을 살펴보면 국가 대사와 관련된 그녀의 정치 황동은 생략한 채, 여태후가 어떻게 한 종실을 어지럽히고 공신들을 핍박하며 전횡을 행하였는지가 중점적으로 자세하게 서술되어 있다. 이러한 서술로 인하여 여성의 정치 활동의 긍정적인 측면이 부각되지 못하고 오히려 악랄하고 추악한 여성 군주의 전형적인 이미지만이 형성되었다. 여태후의 추악한 면모가 가장 인상 깊게 기술된 대목을 보자.

여태후는 유방의 사랑을 받았던 척부인과 태자의 자리를 넘보았던 조왕 유여의를 그대로 놓아두지 않았다. 먼저 척부인을 영항(永巷: 원래는 궁녀들이 살던 곳이었으나 후에는 죄를 지은 비빈을 감금하는 곳으로 사용되었음)에 감금한 다음 조왕 유여의를 제거할 틈만 노리고 있었다. 혜제 원년(BC 195) 12월, 혜제가 새벽에 활쏘러 나간 틈을 이용하여 여태후는 혼자 남아

있던 유여의에게 독주를 먹였다. 아침 해뜰 무렵 혜제가 돌아왔을 때 유여의는 이미 싸늘한 시체로 변해있었다. 그 후 여태후는 다시 척부인의 손과 발을 자르고 눈을 뽑고 귀를 태우고 벙어리가 되는 약을 먹인 다음 '돼지우리'에 가두고 그녀를 '사람돼지'라 불렀다. 이 사실을 안 혜제는 여태후의 야만적인 행위에 충격을 받고 병을 얻게 되었다

　　이 이야기는 사악한 여성 군주로서 여태후를 거론할 때 빼놓지 않고 등장한다. 사마천은 비록 여태후의 집정을 인정하고 그녀의 정치상 업적을 칭송하였기 때문에 [여태후본기]의 논찬에서는 본문의 내용과는 달리 그녀의 치적을 칭송하였고, 다른 편 속에도 그녀의 정치를 상당히 긍정적으로 기록하고는 있지만([평준서]에서는 여태후 집정시 임용한 소하와 조삼이 경제회복에 공을 세웠다는 기사 속에 부수적으로 기록되어 있고, [한흥이래장상명신년표]에서는 경제 발전과 사회 안정에 힘쓴 여러 정책들이 간략히 나열되어 있다. 또한 [계포. 난포열전]과 [흉노열전]에서는 흉노가 모욕적인 서신을 보내와 여태후를 노하게 해 전쟁을 일으키려 하였지만 계포의 충간을 받아들여 흉노와 화친하고 안정적인 사회를 유지하게 되었다는 서술이 있다.) 이러한 일련의 기록들은 단지 단편적으로 기록되어 있을뿐더러 다른 주요 인물을 칭송하기 위한 설명 기제로서의 역할에 지나지 않는다. 따라서 그녀의 정치사에서의 업적은 [여태후본기]에서 집중적으로 상세하게 묘사된 그녀의 부정적인 이미지와 함께 논의될 수 없을 정도로 미약하다.

　　사실 이러한 허구적인 기술은 당시 이데올로기에 부합되는 선명한 여성 이미지를 극대화시키기 위한 일환으로, 이는 [사기]에서 여태후의 추

악한 이미지를 드러내기 위하여 채택한 일화와 그곳에서 사용한 기술법과 동일선상에 있다고 보아야 할 것이다.(이러한 허구적인 서술 방식은 고대 중국 역대의 역사 기술 방식 자체와 밀접한 관련이 있다고 볼 수 있다. 선행 역사서인 [좌전]. [국어]. [전국책]. [사기]등을 보면 객관적인 사실 기록을 기본으로 하고 있지만 신화·전설·민담 등도 채택하여 역사화 시키고 있는데, 특히 정치가·학자·관리에 이르는 다양한 인물들의 일생을 다룬 [사기]의 '열전'부분을 보면 종종 구전에 근거한 것으로 보이는 일화나 소설적인 내용이 많다. 이러한 현상은 고대 중국인의 역사 인식 방법과 그로 인한 서술의 독특성에서 기인한 것이다. [사기]의 인물 전기에 입증할 수 없는 일화가 기록되고 재구성된 것은 당시인의 관념을 반영할 수 있고 이를 통하여 역사를 설명할 수 있다고 보았기 때문이다.

어쨌든 위대한 역사가 사마천도 여후를 본기의 인물로, 진시황이나 항우나 유방이나, 그런 세계를 움직였던 큰 인물들과 한 가지로 그런 선에 올려서 다루었다는 것은 말하자면 세계의 중심, 권력의 중심에 오른 여인이었다는 이야기. 여제고, 여주였다는 이야기다. 사마천도 여태후의 정치적 업적을 인정하였다는 뜻이다. 다음은 여태후본기 마지막의 사마천의 논평이다.

나 태사공은 이렇게 생각한다.

효혜제와 고후의 시대는 서민들이 전국의 괴로움에서 벗어날 수가 있어, 군신이 모두 하는 것 없이 휴식하기를 원했다. 그래서 효혜제는 팔짱을 끼고 아무 일도 하지 않았으며 고후는 여성 군주로서 자신의 말을 소칙이라 하였으나 그녀의 정치는 후궁 안에서 행했기 때문에 천하가 안태했다. 형벌을 쓰는 일이 드물었으며 죄인도 희소하여, 백성들은 농사에 힘써 의식이 더욱더 풍부하게 되었다.

(3) 측천무후
① 왕황후와 소숙비의 죽음

[자치통감]에 다음과 같이 기록되어 있다.

"죽은 황후 왕씨, 죽은 숙비 소씨는 함께 별원에 구금되어 있었다. 황제께서는 그녀들을 걱정하여 간혹 그곳에 갔는데 철저히 봉쇄되어 있었다. 벽에 구멍을 뚫어 식기를 전하는 것을 본 황제는 측은한 생각이 들어 '황후, 숙비, 어디에 있소?'라고 말을 건네니 왕씨는 눈물을 흘리며 '신첩들은 죄를 지어 궁비가 되었는데 어찌 다시 존칭을 받을 수 있겠습니까!'라고 말하고 '황제께서 만약 옛정을 생각하신다면 신첩들에게 다시 광명을 보게 해주시고 이 별원의 이름을 회심원으로 해주시길 청하옵니다'라고 말했다. 황제께서 '짐이 바로 일을 처리하겠다'라고 말했다. 무측천이 이 사실을 알고 크게 노하여 사람을 보내 왕씨와 소씨에게 각각 곤장 100대를 치고 손발을 잘라버리고 잡아 묶어 술독에 넣도록 하고는 '두 계집의 뼈가 취하도록 하라!'고 말했다. 수일이 지나 죽자 또다시 그녀들의 시신을 참하도록 했다. 왕씨는 처음 칙서를 듣고 두 번 절을 하고 '황제께서 만세하시길 바라옵니다! 소의가 승은을 입었으니 나는 마땅이 죽어야 하고 죽는 것이 나의 본분입니다'라고 말했다. 숙비는 욕을 하고 '요사스럽고 교활한 무측천 그대도 곧 이렇게 되리라!'라고 말했다.

　[구당서]와 [신당서]에 기록된 내용을 보면 대체로 같다. 단지 무측천을 묘사한 대목에 약간의 차이가 있을 뿐이다. "무후가 그 사실을 알고는 황급히 명을 내려 두 사람에게 곤장 100대를 치고 수족을 자르고 손을 뒤로 묶어 술독 안에 넣도록 했다"

　이 기록들을 보면 무측천은 매우 잔혹했다. 하지만 내용을 자세히 살펴보면 의심스러운 점이 상당히 많다. 첫째, 무측천이 크게 진노하여 사람을 보내 왕 황후와 소 숙비에게 100대씩 곤장을 치고 시신을 참하도록 했다는데 어디에서 '왕 황후가 처음 칙서를 들었을까?' 이 두 사람은 고종의 명에 죽은 것인가 무측천이 제멋대로 그녀들을 죽인 것인가? 둘째, 만약 고종이 왕황후의 청을 받아들여 두 여인에게 다시 밝은 세상을 보게 해줄 뜻을 확고히 했다면 무측천이 어떻게 황급히 명을 내려 그녀들을 죽일 수 있었고 게다가 그렇게 잔인하게 죽일 수 잇었을까? 셋째, 이미 수족을 베었는데 또, '손을 뒤로 묶을' 필요가 있었을까? 이들 기록의 사실성에 대해서는 의심이 간다. 역사가가 이와 같이 묘사한 까닭은 무측천을 증오한 나머지 여태후 본기속의 인체의 잔혹함과 동일시했기 때문일 것이다. 또, [구당서]와 [신당서]의 후비전에 "두 사람에게 각각 100대의 곤장을 치도록 하는 명을 황급히 내렸다" "왕황후가 처음 칙서를 들었다." "목매어 죽었다."라고 한 기록이 있다. 이러한 기록은 왕 황후와 소식비가 권토중래할까 두려워했던 무측천이 그녀들을 죽이도록 고종에게 청했고 이에 고종이 자결을 명하는 조서를 내렸음을 보여준다.

②태자 이홍의 죽음

많은 사람들은 무측천의 전권을 비난하면서 그녀가 여성황제가 되려고 태자 이홍을 짐주(짐새의 깃으로 담근 독주)로 독살했다고 말한다. 이홍은 정말 무측천에게 살해되었을까?

태자 이홍의 죽음에 대한 역사서의 기록은 일치하지 않는다. [구당서]에서는 "기해일에 황태자 이홍이 합벽궁의 기운전에서 죽었다"고 기록되어 있다. 같은 책 권 86에서는 "태자가 합벽궁으로 수행을 했다가 자살했는데 스물네 살이었다"라고 쓰여있다. [신당서] 권3에서는 "기해일에 천후가 황태자를 죽였다"라고 적고 있고, 권76에서는 "소 숙비의 딸 의양공주와 선성공주가 액정에 감금되어 거의 마흔 살이 되도록 시집을 못 가고 있었다. 태자 이홍이 황제에게 말씀드리자 황후가 노하여 이홍을 짐주로 독살했다"고 적고 있다. [자치통감]에서는 "태자 이홍이 소숙비의 딸을 시집 보낼 것을 주청해 천후가 화를 냈고, 그 후 태자가 합벽궁에서 죽었는데 당시 사람들은 천후가 그를 짐주로 독살시킨 것으로 생각했다"라고 기록되어 있다.

이들 기록을 보면 짐삼덜은 신당서에서 나온 것이고, 후세 사람들이 무측천이 태자를 죽였다고 말하는 것은 신당서에 근거를 둔 것이다.

자치통감의 저자 사마광은 신당서의 기록에 대해 의심을 표했다. 그는 이홍의 죽음을 생각하면 그 일을 밝히기가 어렵고 지금은 그 당시 사람들이 천후가 짐주로 독살한 것으로 여겼다고들 말하는데, 의심이 되는 점을 사실처럼 말하면 역시 의심이 되는 문제를 그대로 전수하게 된다고 말했다. 이데 사마광은 독살한 것으로 여겼다는 객관적인 서술을 했다.

신당서의 짐살설의 출처 또한 신빙성이 결여된 기록이며 그 자체만을 봐도 사실로 성립되기 매우 어렵다. 신당서의 저자는 태자 이홍이 짐살을 당했다는 직접적인 자료를 전혀 제시하지 않았다. 태자 이홍과 무측천의 관계만을 기자고죽였다고 추측하는 것은 믿기 어렵다.

또, 두 공주의 상황에 대한 신당서의 서술에는 잘못된 곳이 있다. 마흔이 되도록 시집을 가지 못 했다는 것인데 고종이 628년에 태어난 것을 감안하자면 태자 이홍이 공주들의 혼사를 청했던 671년에 고종의 나이는 겨우 마흔 세살이었다. 그런데 그의 딸이 어떻게 마흔살이 될 수 있는가? 세살에 자식을 낳았다는 말이 되는데 황당하기 짝이 없다.

③ 황제로 등극

690년 9월의 당나라는 태평성대의 분위기였다. 전국에서 성모신황(무측천)을 칭송하는 소리가 자자했으며 무측천이 당나라를 대신해 새로운 제국을 세울시기가 다다른 것이었다. 하지만 무측천은 즉각적인 행동을 삼가 않았고 이에 지지자들은 적극적으로 청원 활동을 벌이기 시작하였다.

청원운동에 관해 신당서 측천황후무씨전은 다음과 같이 기록하였다

"어사 부유예가 관내의 백성들을 이끌고 혁명을 청원하면서 제국을 무씨의 나라로 바꾸자고 하였다. 또 많은 신하들을 협박해 청원을 강행하게 하면서 상양궁에 봉황이 모여들었고 조당에 주작이 나타났다는 헛소문을 퍼뜨렸다. 천자는 좌불안석하며 역시 무씨가 황제가 될 것을 청했다."

이 기록을 보면 무측천을 지지한 사람은 부유혜 등 몇 사람뿐이었고, 청원운동 역시 부유예 혼자 꾸민 연극이었으며, 그가 대신들을 협박해 일을 벌인 것처럼 보인다.

하지만 [자치통감]의 저자는 신당서의 기록이 틀렸다는 것을 이미 알고 다음과 같이 지적했다.

"9월 3일, 시어사 부유예가 관중 지역의 백성 900여 명을 이끌고 궁궐 앞에서 청원서를 올려 '국호를 주로 고치고 황제에게 무씨성을 내려야 한다'고 했다. 태후는 응하지 않았지만 부유예를 급사중으로 발탁하엿다. 그러자 백관과 황실 종친, 원근의 백성들과 서부 지역에 거주하는 부족의 수장, 승려, 도사 등 6만여 명이 부유예가 올린것과 같은 청원서를 올렸다. 황제도 무측천에게 자신의 성을 무씨로 바꾸겠다고 청했다. 5일, 많은 신하들이 합세해 상주하기를 '봉황이 명당에서 상양궁으로 날아왔다가 다시 좌대 오동나무 위에 오래도록 모여 머물다가 동남쪽으로 날아갔으며, 주작 수만 마리가 조당에 몰려왔다'고 했다.

이뿐 아니라 청원 당사자였던 진자앙의 기록을 보아도 청원 운동은 협박에 의해 이루어진 행동이 아니라 조직적이고 자발적인 행동이었음을 알 수 있다. 조직적이라는 것은 청원 활동에 가담한 사람들이 서로 연계해서 청원했을 가능성이 있다는 말이고, 자발적이라는 것은 청원자 대다수의 행동이 마음에서 우러난 행동이었다는 말이다. 이러한 청원활동은 모두 세 차례나 있었다.

이러한 상황을 보면 무측천이 새 왕조를 건립하고 왕조 교체를 하는 데 적극적으로 지지하는 여러 계층의 세력이 적지 않았다는 것을 알 수 있다.

무측천의 전기는 언제나 매도 일색이고 잔인한 폭군, 음탕한 여인으로 그려지고 있다. 그러나 82세로 병사하기까지 무측천은 7년 동안은 황제의 대행, 15년 동안은 직접 황제가 되었고, 그래서 국정을 쥐고 실권을 멋대로 행사한 것까지 합치면 자그만치 47년간이나 권력의 자리를 지키며 군림한 여자 거인이었다. 조용히 세상을 뜨고 나라도 주에서 당으로 돌아갔어도 고종의 황후로 여전히 높은 대접을 누리면서 '측천대성황태후'라는 칭호를 받고 건릉에 모셔졌다.

무측천은 역시 큰 인물, 크게 산 여인이었다고 하여 좋으리라. 정권을 잡은 뒤 새 문자도 만들고 새 제도도 펴는 등, 여러 업적을 남기기도 했는데, 행락도 보통 정도를 넘어 지금 하남성 등봉현 소실산의 동남 30리 지점에 무측천이 군신들과 시를 읊어 가며 성대하게 유연을 즐겼던 갖가지 기암괴석에 둘러싸인 풍경 아름다운 석종 호수가 있어 그 당시의 그 '측천대성황태후'의 영화를 실감케 해주고 있다.

오랜 역사를 통하여 형성되고 반복, 재생산되어 온 열녀나 악녀, 그 어느 이미지도 여성 스스로의 선택에 의한 것은 아니었다. 모두 남성 중심의 사회에서 그들의 필요에 따라 그들의 시각으로 만들어진 이미지였던 것이다.

고대 중국 사회에서 발견되는 이런 여성 이미지의 허상은 수천 년이 지나도 역사 뒤로 사라지지 않고 현대까지 그 짙은 그림자를 드리우고 있음에 전율하지 않을 수 없다. 그래서 이제는 실제의 역사적 존재로서의 '여성들'과 남성적 응시를 통하여 구성된 '여성'의 차이를 직시하고 이를 해체하는 작업이 절실히 필요하다. 현모가 아닌, 악녀도 아닌, 현실 속에 존재하는 여성의 모습을 찾을 때에야 비로소 살아 숨 쉬는 나를 만날 수 있기 때문이다.

중국의 음식문화

1. 중국 요리의 특징

색, 향기, 맛 그리고 모양과 담아내는 그릇이 함께 어우러져 이뤄내는 중국의 음식 문화는 이미 전 세계적으로 그 명성을 떨치고 있다. 이러한 중국음식은 각지의 생활 습관과 전통 풍습의 차이로 인하여 조리법이나 먹는 방식에도 서로 다른 특징을 가지게 되었다. 뿐만 아니라 광활한 영토 위에서 기후와 지리적 자연 환경의 차이 등으로 인하여 다양한 식재료를 사용하고 있다. 그래서 하늘에서는 비행기, 바다에서는 잠수함 그리고 육지에서는 네 발 달린 책상을 제외하고는 모든 것을 이용하여 음식을 만든다는 우스갯소리가 있을 정도로 중국인들이 사용하는 식재료는 상상을 초월한다.

예를 들어 중국에는 고대 주(周)나라 이래로 궁중에 팔진요리(八珍料

理)가 있었는데 원숭이 입술, 사슴 목줄, 낙타 발굽, 낙타 혹, 표범 아기보, 잉어 꼬리, 매미 배, 곰 발바닥이 바로 그 것이다. 이 밖에 우리에게도 그리 낯설게 들리지 않는 제비 집, 상어 지느러미와 같은 요리가 있다. 그러나 최근에는 동물 보호 관념의 증가로 이와 같은 요리는 더 이상 일반인들이 쉽게 접하지 않는다. 따라서 앞으로 우리가 살펴보고자 하는 것은 각 지방의 특색이 듬뿍 담겨있는 가장 대중적인 중국의 음식이다. 일반적으로 민간에서 중국 음식의 독특한 맛을 지역별로 말할 때 동랄·서산·남첨·북함(東辣·西酸·南甛·北鹹)으로 표현한다. 이 말은 남쪽 음식의 맛은 달고, 북쪽은 짜고, 동쪽은 맵고, 서쪽은 시다는 말이다. 물론 이 말은 각 지역의 상징적인 음식의 맛을 포괄적으로 표현한 것으로 그 미묘한 맛의 차이를 한 마디로 구분하기는 어려울 것이다.

또한 중국인들은 예로부터 음식을 건강의 기본으로 여겼다. 음식을 통해 몸을 보신하고 병을 예방하며 치료하고 건강하게 오래 살 수 있다고 생각한 것이다. 곰, 자라, 고양이, 들쥐 등을 비롯하여 살아 있는 것은 무엇이든 요리의 재료로 삼고 있는 중국음식은 불로장생 사상과 밀접한 관계를 가지고 발전해 왔다.

그리하여 중국인들은 일상생활 속에서 '食醫同源', 즉 약과 먹는 것은 뿌리가 같다, 飮和食德, 즉 "마시고 먹는 일은 덕이다"라는 생각을 하며 음식을 먹어왔다.

또한 일반적으로 중국의 요리에는 다음의 특징이 있다고 한다.

우선 중국요리는 재료의 선택이 매우 자유롭고 광범위하다.

즉 닭을 예로 들면 살코기 뿐만 아니라 닭 껍질, 날개 끝, 벼슬, 발까지 요리 재료로 사용한다. 돼지의 신장, 집오리의 혓바닥도 맛있는 요리 재료의 하나이고, 오리를 재료로 한 요리도 50가지가 넘는다. 뿐만 아니라 말린 제비집이나 상어 지느러미 같은 재료는 주나라 때부터 요리에 이용되기 시작하였다고 한다.

둘째는 맛이 다양하고 풍부하다는 점이다.

중국인들은 단맛, 짠맛, 신맛, 매운맛, 쓴맛의 다섯 가지 맛 외에 향과 냄새를 복잡 미묘하게 배합한 요리를 만들어 냈는데, 이러한 중국요리의 다양한 맛은 전 세계의 어떤 요리에서도 맛 볼 수 없는 것이 많다.

셋째는 기름을 사용하지 않는 것이 거의 없다고 할 정도로 기름에 튀기거나 볶거나 지진 요리가 대부분이라는 점이다. 또한 적은 재료를 가지고 독특한 방법으로 재료의 맛을 살리면서 영양분이 파괴되지 않도록 요리하는 것도 특징인데, 즉 고온에 단시간 가열하고 기름에 파, 마늘, 생강 등의 향신료를 넣어 독특한 향을 낸다.

넷째는 중국요리에 사용되는 조미료와 향신료가 그 종류가 다양하며 많은 요리에 사용되어 냄새도 제거하고 맛을 더욱 풍부하게 한다는 점이다. 일반 식당에서 사용하는 양념의 종류만 해도 50여 가지가 되고, 조미료의 종류도 500여종에 이른다고 한다. 중국요리의 맛이 독특하고 풍부한 것도 이처럼 많은 종류의 조미료와 산초, 계피, 파, 마늘 등의 향신료를 적절히 사용하기 때문인 것 같다.

다섯 번째는 조리법이 다양하여 용어만 해도 100여 개가 넘는다는 점이다. 일반적으로 많이 사용하는 조리법으로는 국 요리인 탕, 기름에 볶는 차오, 기름에 튀기는 짜, 팬에 약간의 기름을 넣고 지지는 젠, 직접 불에 굽는 카오, 주재료에 액체를 부어 쪄내는 뚠, 튀긴 다음 달콤한 녹말 소스를 얹어 만드는 리우, 훈제하는 쉰, 쪄내는 쩡 등이 있는데, 이 중에서도 특히 볶는 방법인 차오를 가장 많이 사용한다.

여섯 번째는 불의 세기가 매우 중요하다는 점이다. 즉 중국요리는 불의 세기와 볶는 시간에 따라 요리의 성패가 달려 있다고 하는데, 불의 세기나 성질에 따라 중화, 소화, 미화, 비화, 왕화, 맹화 등으로 나눈다.

일곱 번째는 조리 기구가 간단하고 사용이 용이하다는 점이다. 즉 중국의 조리 기구는 요리의 종류에 비하여 놀라울 정도로 종류가 적다고 한다. 예를 들면 냄비인 후어꾸어, 볶음이나 튀김냄비인 샤꾸어, 그물형 조리기구인 러우사오, 찜통인 쩡룽 외에 식칼, 뒤집개, 국자 등이 조리기구의 전부라고 해도 과언이 아니다.

마지막으로는 외양이 풍요롭고 화려하다는 점이다.

즉 중국요리에는 몇 인분이라는 개념이 별로 없어서 한사람 앞에 적당한 분량을 담아내는 것이 아니라 한 그릇에 전부 담아낸다. 먹을 사람이 많아지면 요리의 양이 아니라 가짓수를 늘리는 것이 보통이다. 그만큼 한 그릇에 담겨진 하나하나의 요리가 풍요롭게 보이며 화려한 장식이 곁들여져 예술품이라는 느낌까지 준다.

여기서는 먼저 중국의 4대 음식에 대하여 알아본 후에 남방과 북방의 음식문화의 차이를 살펴보도록 하자.

2. 중국의 4대 요리

중국의 예로부터 각 지역마다 독특한 음식문화가 형성되어 그 전통의 맛이 지금까지도 유지되고 있다. 예를 들어 산동(山東) 요리인 노채(魯菜), 사천(四川) 요리인 천채(川菜), 강소(江蘇) 요리인 소채(蘇菜), 광동(廣東) 요리인 월채(粵菜), 북경(北京) 요리인 경채(京菜), 상해(上海) 요리인 호채(滬菜), 복건(福建) 요리인 민채(閩菜), 호남(湖南) 요리인 상채(湘菜), 호북(湖北) 요리인 악채(鄂菜), 절강(浙江) 요리인 절채(浙菜), 안휘(安徽) 요리인 환채(皖菜), 섬서(陝西) 요리인 진채(秦菜) 등이 있다. 그리고 이 밖에도 다양한 소수민족의 고유한 음식 문화까지 포함한다면 중국의 지역별, 민족별 음식 분류는 더욱 다양할 것이다. 일반적으로 중국의 4대 음식은 개인에 따라서 그 분류의 차이가 있으며 경우에 따라서는 8대 음식 또는 12대 음식으로 분류하는 경우도 있다. 여기서는 사천, 광동, 북경, 상해의 음식을 살펴보기로 하자.

1) 북경(北京) 요리

북경은 중국의 정치, 경제, 문화의 중심지로 음식 역시 전국 각지의 맛의 특색들을 모아서 이루어졌다. 특히 산동(山東)음식과 북방 소수민족의 조리 기법을 받아들여 자신들 만의 풍격을 일궈내었다. 북경음식의 특징 중에 하나는 한랭한 북방 기후에 어울리는 다양한 요리이다. 예를 들면 쇄양육(涮羊肉)으로 대표되는 중국식 신선로 요리인 화과(火鍋)는 입추(立秋)가 지난 이후에 사람들이 주로 즐겨 찾는데 이때가 바로 양고기의 맛이 가장 좋을 뿐만 아니라 기온도 내려가서 따뜻한 음식이 제격이기 때문이다. 얇게 썰어놓은 양고기나 소고기를 야채와 함께 살짝 익혀 장에 찍어 먹는 맛은 가히 일품이다. 이렇게 고기를 다 먹은 뒤에는 남아있는 진한 육수에 녹말로 만든 당면인 분사(粉絲)를 넣어 끓여 먹는 것으로 마무리 한다.

—— 쇄양육

이밖에 북경에는 옛날 황제의 식사를 준비하던 어선방(御膳房)에 기원을 두고 있는 구운 음식 역시 유명하다. 그 중에서도 구운 오리 고기 요리인 '베이징카오야'(北京烤鴨)는 이미 우리에게도 널리 알려져 있다. 또한 돼지고기를 가늘게 채를 썰어서 장에 볶아서 만든 경장육사(京醬肉絲)도 우리 입맛에 잘 맞는 북경음식 중의 하나이다.

■ 베이징카오야

우리에게도 널리 알려진 '베이징카오야'는 대표적인 중국음식의 하나로 통째로 잘 구워져 붉은 빛의 광채를 띠는 오리의 껍질과 속살을 얇게 썰어서 특별히 제조한 검은색의 달콤한 장을 발라 파와 함께 얇은 피에 싸서 먹는다.

──── 베이징 카오야

1368년 명나라를 세운 주원장이 어느 날 우연히 수라상에 올라온 오리구이를 맛본 후 크게 감탄하였는데, 그때까지만 해도 카오야는 베이징 카오야가 아니라 난징카오야, 즉 남경을 대표하는 요리였다. 그러나 이후 명나라가 수도를 북경으로 옮기면서 난징카오야도 황실과 함께 북경으로 따라 올라와 황제가 즐겨 먹는 궁중음식이 되었고, 명칭도 베이징카오야로 바뀌게 된 것이다.

또한 중국 역사상 가장 이름난 미식가로 알려진 청나라 건륭제가 1761년 3월 5일부터 17일까지 13일 동안 여덟 번이나 오리구이를 먹었다는 기록이 있을 정도로 오리구이는 중국에서 명성이 높다고 한다.

중국에서 가장 오래된 구운 오리 고기 음식점은 편의방고압점(便宜坊 烤鴨店)이지만 '베이징카오야'의 대명사로 불리는 북경에서 가장 유명한 곳은 100년의 역사를 자랑하는 전취덕고압점(全聚德烤鴨店)이다.

현재는 중국 전역에 걸쳐 100여개의 분점이 있으며 특히 외국에까지 그 명성이 널리 알려져 있다. 전취덕은 오리를 가마에 매달아서 밝은 불로 구우며 편의방은 오리를 화로에 넣어 타다 남은 약한 불로 굽는데 그 맛의 우열을 가늠하기 어렵다.

주방장이 직접 구운 오리를 가져와서 손님들 앞에서 얇게 썰어주는 것과, 그날 먹는 오리가 전취덕이 오픈한 이후 몇 번째 오리인가를 증명해 주는 증서를 주는 것이 매우 인상적이다.

2) 상해(上海) 요리

상해음식은 중국의 중부지방인 남경(南京), 상해(上海), 소주(蘇州), 양주(揚州) 등지의 음식으로 구성된다. 그 중에서도 대표적인 상해음식은 중국 각지와 서양음식의 조리법이 가미되어 이루어졌다. 지리적으로 장강(長江) 삼각주(三角洲)의 평원에 위치한 상해는 기후가 온난하여 사철 푸른 채소를 접할 수 있으며 해산물 또한 풍부하다. 담백한 맛을 위주로 하고 있으나 시고, 맵고, 달콤한 여러 가지 맛이 배합되어 적절한 조화를 이루고 있다.

특히 19세기부터 밀어닥치기 시작한 서유럽의 국가들은 상해에 조계를 다투어 설치하였고 이러한 외세의 입김은 결국 요리에까지 영향을 미쳐 상해요리는 중국의 요리 가운데 서방의 영향을 많이 받은 요리로도 유명하다.

—— 紅燒肉

상해요리는 간장과 설탕을 사용하여 달콤하게 맛을 내며, 기름기 많고 진한 것이 특징이기도 하다.

대표적인 요리로는 돼지고기에 진간장을 써서 만드는 紅燒肉,

한 마리의 생선을 가지고 머리에서 꼬리까지 조리법과 양념을 달리해서 맛을 내는 생선요리도 일품입니다. 이밖에도 바닷게로 만드는 芙蓉靑蟹, 오징어를 볶아서 만든 爆烏花, 찹쌀과 8가지 신선한 말린 과일을 쪄서 만든 八寶飯, 두부로 만든 什錦砂鍋豆腐와 꽃모양의 빵인 花券, 해삼을 조리한 蝦子大烏參과 닭고기에 포도주를 넣고 조리한 貴妃鷄 등이 유명하다. 상해요리는 호채라는 별칭으로도 많이 불린다.

—— 芙蓉靑蟹

_____ 爆烏花

_____ 八寶飯

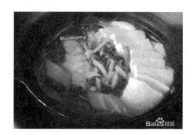

_____ 什錦砂鍋豆腐

_____ 花券

_____ 蝦子大烏參

_____ 貴妃鷄

3) 사천(四川) 요리

사천음식은 성도(成都)와 중경(重慶) 그리고 자공(自貢) 지역의 요리를 중심으로 구성되어 있으며 현재 전해지는 요리의 종류만도 대략 수 백 종에 이르고 있다. 특히 고추(辣椒), 후추(胡椒), 산초(花椒)와 생강을 조미료로 이용하여 담아내는 특유의 얼얼하고 매운 맛으로 유명하다. 그래서 일반적으로 사천음식하면 이러한 맛에 대한 인상을 먼저 떠올리게 된다. 그러나 다른 한편으로 생각하면 사천은 장강(長江) 중상류에 위치하여 산세가 험준하고 기후는 온화하지만 습하고 안개가 자주 발생하는 지역이다. 따라서 현지와 같은 분지 지형의 특징상 습기가 많은 자연 환경에 보다 잘 적응하기 위해서 이처럼 강렬한 맛의 음식이 발달되었다고 볼 수 있다. 또한 매운 맛을 즐기는 우리 한국인의 입맛에도 가장 잘 어울리는 중국음식의 하나로 손꼽히고 있다.

대표적인 요리로는 다진 고기를 이용한 麻婆豆腐, 회교도의 양고기 요리인 羊肉鍋子, 새우고추장볶음인 干燒明蝦, 어린 닭과 은행을 주재료로 삶고 쪄서 양념장을 얹어 먹는 白果燒鷄, 닭 가슴살과 땅콩, 말린 고추를 주재료로 해서 볶아 만든 宮保鷄丁 등이 유명하다.

—— 麻婆豆腐

—— 八寶飯羊肉鍋子

—— 白果燒鷄

—— 宮保鷄丁

■ 마파두부의 유래

지금부터 약 180년 전에 사천성 성도 근교에 진춘부(陳春富)라는 청년과 그의 아내 유씨(劉氏)가 살고 있었다. 마을에서 이들 부부는 두부 음식과 같은 소식(素食)을 파는 작은 가게를 운영했는데 손님이 원하면 특별히 고기를 사다가 요리를 하기도 했다. 유씨는 음식 솜씨가 좋을 뿐만 아니라 항상 웃는 얼굴로 손님을 맞이하여 찾는 이가 많았다. 유씨는 손님들의 입맛에 맞는 음식을 만들기 위해서 항상 노력했는데 특히 네모 모양으로 작게 썬 두부와 다진 고기를 함께 넣어 만든 요리는 많은 이들의 입맛을 사로잡았다. 유씨는 어려서 천연두를 앓아서 얼굴이 곰보였다. 그래서 사람들은 자연스럽게 그를 '곰보 아주머니'라 하였고 세월이 지나서는 '곰보 할머니'(麻婆)라고 불렀다. 이처럼 유씨가 만든 두부 요리가 유명해지자 '곰보 할머니 두부요리'라는 의미의 마파두부의 명칭을 얻게 되었다.

4) 광동(廣東) 음식

광동은 중국에서 먹는 것에 대해 가장 신경 쓰는 지역으로 정평이 난 곳으로 광주(廣州)와 조주(潮州) 그리고 동강(東江) 지역의 요리를 중심으로 구성되어 있다. 예로부터 광동(廣東)과 광서(廣西) 지역은 중원(中原)과의 교류 및 해외 통상(通商)으로 인하여 다양한 외래 음식 문화의 정수를 흡수하였다. 특히 광주는 주강(珠江) 삼각주에 위치하여 일찍부터 수륙교통이 발달한 중국 남부 교역의 중심지로 중국에서 가장 먼저 대외 통상을 실시한 개항지이다. 따라서 각지에서 몰려든 상인들과 더불어 다양한 음식문화가 모이는 집결지가 되었고 일부 음식에는 서양식 조리법이 새롭게 가미되기도 하였다. 이처럼 광동 지역은 기후가 따뜻하고 물산이 풍부한 동남 연해(沿海)지구에 위치하고 있어서 접할 수 있는 식용 동식물의 종류가 풍부하다. 사천 지역과는 달리 광동은 맵지 않게 원재료의 담백한 맛을 살려내는 요리 위주로 이루어져 있다. 특히 광동음식에 사용되는 재료는 대단히 특이하여 일반적인 육류 이외에도 뱀, 개, 쥐, 참새, 고양이, 거북이, 원숭이 등과 같은 다양한 살아있는 야생 재료를 주로 사용하기도 한다. 그래서 청대 후기에 이르러 이미 식재광주(食在廣州)라는 칭송을 받아왔다.

대표적인 요리로는 구운 돼지고기인 叉燒, 광동식 탕수육인 咕咾肉.

돼지 발을 주원료로 해서 부드럽고 물렁물렁해질 때까지 물에 넣고 끓인 후 꺼내서 시원한 곳에서 말린 후 양념을 넣고 차게 무쳐서 먹는 白云猪手 등이 있다.

—— 叉燒

—— 咕咾肉

—— 白云猪手

3. 중국의 북방과 남방의 주식

    중국은 세계 농업의 발원지 중에 하나로 일찍이 관개(灌漑) 수로를 만들고 산간을 경작하는 등의 기술을 터득하였다. 기원전 5400년을 전후하여 황하(黃河) 유역에는 곡물을 심기 시작했으며 기원전 4800년 무렵부터는 장강(長江) 유역에서 쌀을 경작하였다. 본격적인 농업사회로 접어든 이후에는 양식(糧食)을 주식으로, 육식(肉食)을 보조식으로 삼는 식습관이 자리 잡아 오늘에까지 이르게 되었다. 중국의 음식문화는 황하 이북과 장강 이남을 기준으로 크게 남과 북으로 경계 지을 수 있다. 남방에서는 쌀을 주식으로 삼으며 반대로 북방에서는 밀을 재료로 만든 음식을 주식으로 삼는다. 이후 쌀은 남에서 북으로 그리고 밀은 서에서 동으로 전파되면서 중국인의 음식 습관에 커다란 영향을 가져오게 되었다. 북방음식 중에는 북경(北京)과 산동(山東) 요리를 최고로 손꼽으며 남쪽은 사천(四川), 호남(湖南), 강소(江蘇), 광동(廣東) 음식이 널리 알려져 있다.

1) 북방의 주식

북방 사람들의 전통 음식은 밀을 주재료로 삼는데 중국에서는 대략 서기 3세기 무렵에 밀가루를 발효(醱酵)시키는 기술을 터득하였다. 따라서 그들의 식탁 위에는 만두(饅頭), 포자(包子), 교자(餃子), 혼돈(餛飩), 병(餅), 면(麵)과 같은 각종 밀과 잡곡을 가공하여 만든 음식이 차려진다.

(1) 교자: 현재 우리가 즐겨먹는 만두를 중국에서는 교자라고 부른다. 물만두는 수교(水餃), 군만두는 전교(煎餃)라고 부른다.

(2) 포자: 만두의 한 종류로 안에 내용물이 들어있다. 예를 들어 고기 속이 들어있는 것은 육포자(肉包子) 또는 안에 육즙(肉汁)이 많이 들어 있는 것은 관탕포(灌湯包)라고 한다. '개도 무시하는 포자'라는 독특한 이름을 가진 구부리포자(狗不理包子)는

북경에서 가까운 천진(天津)의 명물이다. 포자와 비슷한 종류로는 고기를 얇은 피에 넣고 찐 소맥(燒麥)이 있다. 만두와 포자 같은 종류의 음식은 대나무로 만든 증롱(蒸籠)이라는 용기에 올려서 쪄낸다.

(3) 만두: 안에 아무런 내용물이 들어있지 않은 찐빵과 같은 것. 중국에 발효 기술이 발명된 이래 가장 보편적인 밀가루 음식으로 중국인들의 주식(主食) 중에 하나이다. 많은 북방의 가정

에서는 아직도 직접 만들어 쪄서 먹지만 현재 대부분의 사람들은 편리함 때문에 가게나 길거리에서 만들어 파는 것을 사서 먹는다.

(4) 혼돈: 얇은 피로 속을 싸서 작게 빚은 만두이다. 일반적으로 익혀서 국물과 함께 먹는다. 국수와 함께 끓인 혼돈면(餛飩麵)과 만두국처럼 끓

인 혼돈탕(餛飩湯)이 있다.

(5) 병: 둥근 모양의 일종의 중국
식 빵으로 크기와 두께에 따라 다양
한 종류가 있다. 속에 내용물이 없는
것도 있으며 속이 있는 것은 그 종류

만도 수십 종에 이른다. 제조 방법은
굽거나, 찌거나, 기름에 튀겨서 만든다. 그 중 화로 속에서 구워서 만든 소
병(燒餅)은 일반 대중에게 가장 환영받는 음식으로 남북 각지에서 모두
맛 볼 수 있다. 표면에 고소한 참깨가 가득 붙어있는 지마소병(芝麻燒餅)
은 후식이나 간식으로 사랑받는다. 이 밖에도 얇게 지져서 만드는 전병(煎
餅)이 있다.

(6) 면: 국수를 말한다. 가는 국수
는 세면(細麵), 두꺼운 국수는 관면
(寬麵)이라고 부른다. 또한 중국식
칼국수인 도삭면(刀削麵)이 있다.

생일에는 건강을 기원하는 의미로 장수면(長壽麵)을 먹는데 이는 우
리의 풍습과 비슷하다. 우리가 즐겨먹는 자장면(炸醬麵)은 물론 중국에서
들어온 음식이지만 이미 한국인의 입맛에 맞게 개량된 것으로 순수 중국
식 자장면은 그 맛에 있어서 상당한 차이가 있다. 또한 우리에게 친숙한

'짬뽕'이라는 명칭은 일본어에서 유래한 것으로 중국에서는 초마면(炒碼麵)이라고 한다. 이 밖에 소고기 국수인 우육면(牛肉麵)도 중국인들이 즐기는데 감숙성(甘肅省)의 성도(省都)인 란주(蘭州)에서 맛 볼 수 있는 란주라면(蘭州拉麵)이 가장 유명하다. 그러나 일반적으로 중국인들에게 국수의 고향으로 알려진 곳은 산서성(山西省)으로 조사에 의하면 그 종류만도 280여 종에 달해 국수 요리만으로 잔치를 벌이기도 한다.

■ 만두와 관련된 전설

제갈공명이 남쪽 지방을 정벌하러 나섰을 때 남만(南蠻)의 우두머리인 맹획(孟獲)을 일곱 번 잡아 모두 풀어주었다. 마지막으로 군사들이 노수(瀘水)를 건너려 하는데 물살이 거칠어 도저히 건널 수가 없었다. 이때 그곳 사람들이 말하기를 오랑캐의 머리 49개를 수신(水神)에게 제물로 바쳐야 무사히 강을 건널 수 있다고 하였다. 차마 무고한 사람을 죽일 수 없어 고심하던 제갈공명은 요리사를 불러 밀가루를 반죽하여 고기로 속을 채워 사람의 머리 모양을 만들어 강에 던져 제사를 지냈고 그러자 물결이 가라앉았다. 결국 맹획은 제갈공명의 덕망에 감복하여 충심으로 촉한에 투항하였다. 이후 이 음식은 민간에 널리 퍼지게 되었고 '오랑캐의 머리'라는 뜻의 만두(蠻頭)가 지금의 명칭인 만두(饅頭)로 바뀌게 되었다.

■ '짱께'와 '짱께집'

일부 사람들은 속어로 중국 음식을 '짱께', 중국 음식점을 '짱께집'이라고 부르기도 하는데 여기에는 유래가 있다. 중국어에는 장궤(掌櫃)라는 단어가 있는데 중국식 발음으로는 '장꿰이'라고 읽으며 그 뜻은 계산대를 관장하는 사람 즉 가게의 주인을 말한다. 과거 중국 음식점을 운영하며 돈을 받던 주인들을 '장꿰이'라고 부르면서 그 발음이 변하여 '짱께'라는 명칭을 얻게 된 것이다.

■ '자장면'과 '짜장면'

일반적으로 중국 음식하면 가장 먼저 떠오르는 것이 바로 자장면이다. 많은 사람들이 중국에도 과연 자장면이 있는지 궁금해 하는데 결론부터 말하면 중국에도 자장면은 있다. 하지만 우리나라에서 먹을 수 있는 자장면의 맛과는 상당한 차이가 있다.

한국식 자장면은 검은 빛깔의 달콤한 장을 면 위에 얹는 반면에 중국식 자장면은 된장 같은 빛깔의 짠 맛의 장을 얹는다.

우리나라 자장면의 유래는 19세기 말 인천에 정착한 중국인들이 중국식 된장인 '춘장'을 볶아 국수에 얹어 먹는 것으로 비롯되었다. 이를 우리

입맛에 맞게 지금과 같이 개량하여 1905년 인천 차이나타운의 화교(華僑)가 운영하던 중국 음식점인 공화춘(共和春)에서 처음 선보이며 인천항 부두 노동자들 사이에서 큰 인기를 끌게 되었다.

이처럼 중국의 자장면은 우리나라로 들어와서 한국인의 입맛에 맞게 정착되어 지금은 남녀노소 누구나 즐기는 가장 대중적인 음식으로 자리 잡았다.

조사에 따르면 자장면은 전국의 중국집 2만 5천여 곳에서 하루 720만 그릇씩 팔린다고 한다. 자장면의 중국식 표기는 작장면(炸醬麵)으로 장을 볶아서 얹은 국수라는 뜻이다. 중국어 발음으로는 '쨔지앙미엔'이라고 하는데 여기에 연유하여 '짜장면'이라는 명칭을 얻게 되었다. 한때 외래어 표기법 규정에는 '짜장면'을 '자장면'으로 순화해서 부를 것을 권장했지만 현재는 두 가지를 혼용한다.

2) 남방의 주식

반면 쌀을 주식으로 삼는 남방에서는 우리와 마찬가지로 따뜻하게 지어진 밥을 주식으로 요리를 반찬으로 삼아서 곁들여 먹는다. 물론 경우에 따라서는 변화를 주기 위해서 볶음밥인 초반(炒飯)을 해서 먹기도 한다. 이 밖에도 쌀가루로 굵게 만든 국수인 미선(米線), 쌀가루로 가늘게 만든 국수인 미분(米粉), 쌀가루에 다른 재료를 넣어서 찐 떡인 미고(米糕), 찹쌀을 쪄서 만든 중국식 찹쌀떡인 마자(麻糍), 새알심 비슷한 모양의 식품으로 주로 끓여서 먹는 탕원(湯圓) 등의 쌀로 만든 음식을 쉽게 접할 수 있다. 또한 쌀을 끓여서 만든 죽(粥) 역시 중국인들이 즐겨먹는 음식이다.

■ '딤섬'과 '얌차'

　'딤섬'은 간식이라는 의미를 가지고 있는 중국어 점심(點心)의 광동
어(廣東語) 발음으로 작게 빚어서 쪄낸 각양각색의 만두를 말한다. 서양
인들에게도 많이 익숙하여 영어로는 'dimsum'으로 적는다. 홍콩을 비롯
한 광동 지방의 사람들은 손바닥만한 접시나 대나무 찜통에 담긴 '딤섬'
과 함께 차 마시는 것을 즐기는데 이것은 '얌차'라고 부른다. '얌차'는 '딤
섬'과 마찬가지로 차를 마신다는 의미의 중국어인 음차(飮茶)의 광동어
발음이다.

4. 중국의 식사법과 식사예절

1) 중국의 식사법

　통상적으로 중국인들이 가장 중시하는 식사는 저녁이며 이와는 반대
로 아침은 가장 간단하다. 출근시간 무렵이면 중국의 길거리에는 아침을
파는 상인들과 가게를 쉽게 접할 수 있다. 그 중 중국인들이 가장 보편적
으로 즐기는 대표적인 아침 식사 중에 하나는 꽈배기 모양의 유조(油條)
와 두장(豆漿)이다. 유조는 밀가루를 빚어서 기름에 길쭉한 모양으로 튀
겨서 만든 것이고 두장은 콩을 갈아서 만든 두유(豆乳)의 일종으로 찬 것
과 따뜻한 것이 있다. 이러한 유조와 두장은 집에서 직접 만들어 먹기 보
다는 대부분 아침을 파는 가게에서 사 먹는다. 한편 집에서 먹는 아침은

주로 포자나 만두를 죽 한 그릇과 짭짤하게 절인 채소인 함채(鹹菜) 한 접시와 곁들여 먹는다. 혹은 혼돈, 국에 만 국수인 열탕면(熱湯麵)이나 볶음 요리를 밥과 함께 먹기도 한다. 또한 우유와 시리얼, 토스트, 계란, 햄과 같은 서양식 아침 역시 상당수 대도시에 사는 중국인들에게는 이미 낯선 것이 아니다.

점심과 저녁은 아침과 큰 차이는 없으나 주식인 쌀과 국수 이외에 볶음 요리, 국, 죽 등을 곁들여 먹는다. 최근에는 대도시를 위주로 서양식 패스트푸드를 파는 가게가 많이 들어와 젊은 연령층을 위주로 햄버거나 치킨, 피자 등을 즐기기도 한다. 그러나 유의할 점은 우리나라도 개인의 기호에 따라 매 식사 때 마다 다양한 음식을 먹듯이 중국인들이 보편적으로 먹는 음식을 한 마디로 정의하기는 어려울 것이다.

개인의 음식을 각자 먹는 서양식 제도와는 달리 함께 음식을 나누어 먹는 것은 중국식 음식문화의 특색이다. 중국인들은 집에서나 혹은 밖에 모여서 식사를 할 때 통상 식탁에 둘러앉아서 커다란 그릇에 담긴 요리와 국을 덜어서 함께 먹는다. 북방식 표준 정찬(正餐)의 식사 순서를 소개하면 다음과 같다.

(1) 먼저 해산(海産)이나 육류가 포함된 네 개의 냉반(冷盤)이 나온다. 냉반은 차가운 냉채(冷菜)로 중국 요리에서 가장 처음 나오는 큰 접시에 담은 여러 가지 음식이나 술안주를 말한다. 술 마시는 사람이 많을 경우에는 여덟 개의 냉반이 차려진다.

(2) 다음으로는 네 접시의 따뜻한 야채나 고기류의 볶음 요리인 열초채(熱炒菜)가 나온다. 양은 냉반에 비해서 약간 많으며 야채는 대부분 그 계절에 가장 잘 어울리는 신선한 것을 사용한다. 기름기가 적어 느끼하지 않아 담백한 맛을 내는 요리들로 이루어진다.

(3) 이어서 재료에 전분(澱粉)을 풀어 걸쭉한 국물이 생기게 볶아낸 네 그릇의 회완(燴碗)이 나온다. 요리 중에 탕즙(湯汁)이 들어있어 보온성이 있으며 식욕을 증진시킨다.

(4) 이제 본격적인 산해진미의 각종 재료를 이용하여 만든 주 요리인 주채(主菜)가 등장한다. 그 맛이 뛰어날 뿐만 아니라 조리 기법 역시 감탄을 절로 자아낸다. 담아내는 그릇 또한 평범하지 않은데 과거에는 주로 대해완(大海碗)이라 불리는 커다란 접시를 사용했으며 요리의 가지 수는 네 종류에 이른다.

(5) 주 요리가 나온 뒤에는 사탕무와 같은 달콤한 요리인 첨채(甛菜)와 맛이 단 후식인 첨점(甛點) 또는 죽이나 밥과 같은 식사가 나온다.

(6) 마지막으로 따뜻한 국인 탕채(湯菜)와 계절에 따른 여지(荔枝), 합밀과(哈密瓜)와 같은 신선한 과일을 낸다.

물론 이상의 요리와 순서는 특별히 정중한 자리에서만 지켜지는데 성대한 연회의 경우에는 한 상에 7명 내지 10명이 자리하며 전체적으로 보면 열여덟에서 열아홉 종류의 요리가 차례로 나온다. 그러나 과거와 마찬가지로 현재 일반 가정에서는 가상반(家常飯)이라 불리는 간단한 몇 가지 요리를 차려놓고 온 가족이 모여서 먹는 평범한 식사를 한다. 가상반은 일반적으로 육류와 채소류를 적절히 배합하여 차려진다. 특히 줄기와 잎사귀를 먹는 일반적인 채소류의 총칭인 청채(靑菜)와 두부를 사용한 요리는 거의 매일 빠지지 않고 올려지는 음식이다. 한 가지 특이한 점은 밥과 국을 함께 곁들여 먹는 우리의 식습관과 달리 위에서도 보듯이 중국인은 국을 모든 요리를 먹은 뒤에 마신다는 것이다. 그러나 광동식 식사법에서는 국인 탕채가 거꾸로 가장 먼저 나오기도 하는데 이는 현지 날씨가 무더워서 식사 전에 탕을 마셔 식욕을 돋우기 위함이다. 또한 우리처럼 쌀밥을 국이나 물에 말아먹는 모습을 중국에서는 찾아볼 수 없다. 이러한 가상반은 주로 가정주부가 만들지만 부부가 같이 맞벌이를 하는 경우에는 남편이 직접 장을 보고 음식을 만드는 풍경 또한 현대인들에게 더 이상 낯설지는 않다.

■ 만한전석(滿漢全席)

만한전석은 청대의 황제들이 귀족과 대신들에게 신년이나 황제의 생일과 같은 국가의 중요한 경사가 있을 때 관례에 따라 태화전(太和殿) 등에서 베푸는 연회를 말한다. 만한전석은 만석과 한석

으로 나뉘며 이는 다시 그 중요도에 따라서 각각 여섯 등급으로 분류된다. 만석의 특징은 음식의 대부분이 한식(漢式) 요리에서는 찾아보기 힘든 떡이나 과자와 같은 간식과 과일 위주이며 한석에서 비로소 육류의 요리가 차려진다. 이처럼 만주풍과 한족풍의 요리들이 합쳐진 각양각색의 궁중의 호화 연회석을 만한전석이라고 한다. 국가의 연회(宴會) 등의 용도로 차려졌던 만한전석은 모두 은으로 만든 식기를 사용했으며 196 개의 진귀한 요리로만 이루어졌다고 하니 그 사치의 정도를 짐작할 수 있다.

■ 불도장(佛跳墙)

황실과 관련 있는 재미있는 고사의 복주(福州) 지방의 요리는 불도장(佛跳墙)이 있다. 각종 산해진미(山海珍味)를 매일처럼 맛보던 황제가 싫증을 느껴서 어느 날 궁중 요리사에게 더 이상 새로운 요리를 만들지 못하면 황실 주방에서 쫓아내겠다는 엄명을 내렸다. 이에 요리사는 고심 끝에 각종 신선한 재료를 단지에 모아 넣고 조리하였는데 그 향기가 어찌나 좋은지 궁궐 옆에서 오랜 세월 수행하던 늙은 승려마저 담에 올라가 쳐다보았다고 한다. 그래서 이른 본 요리사가 '승려가 담장을 뛰어 오른다'는 의미의 이름을 붙였다.

■ 양귀비(楊貴妃)와 여지(荔枝)

예로부터 '과일의 여왕'으로 불리는 여지는 맛은 뛰어나지만 가지에서 떨어지면 쉽게 상하는 단점이 있었다. 그래서 원래는 '가지에서 떨어지다'라는 의미의 리지(離枝)로 불렀다. 후에 려(荔)와 리(離)의 중국식 발음이 비슷하기 때문에 여지(荔枝)라는 명칭으로 바뀌었다. 당현종(唐玄宗)의 애첩 양귀비는 남쪽에서 태어나 여지를 즐겨먹었다. 그러자 현종은 전담관을 파견해 밤낮으로 말을 달려 싱싱한 여지를 산지에서 수도인 장안(長安)까지 운반했다. 전하는 바로는 하루 수 백리를 달리느라 사람과 말이 지쳐 목숨을 잃기도 했다고 하니 실로 한숨이 나올 일이다.

2) 중국의 식사예절

중국의 일반적인 식사예절은 우리나라와 크게 다르지 않다. 다만 우리의 식사 방식은 숟가락을 이용하여 밥과 국을 모두 먹지만 중국인들은 국을 먹을 때만 숟가락을 사용하고 밥이나 요리를 먹을 때는 주로 젓가락을 사용한다는 차이가 있다. 몇 가지 습관적인 식사예절을 정리하면 다음과 같다.

(1) 자리는 연장자나 귀빈이 앉는 북쪽을 등진 남쪽 방향 또는 출입문을 정면으로 바라보는 곳이 상석이다. 일반적으로 앉는 순서는 연장자가 연하자 보다, 기혼자가 미혼자 보다, 그리고 낯선 손님이 친한 손님보다 먼저 앉는다. 그러나 축하를 하는 연회의 경우에는 그 순서에 있어 조금

차이가 있다. 가령 노인의 생일상에는 상석에 생일을 맞는 당사자가 앉고 그 좌우 양측에 딸과 사위가 앉는다. 어린아이가 태어난 한 달을 기념하는 만월주(滿月酒) 자리에는 외할머니가 가장 상석에 앉는다. 그리고 결혼 잔치에서는 일반적으로 신부의 외삼촌이 가장 상석에 자리한다.

(2) 요리가 식탁에 차려지는 순서에도 정해진 격식이 있다. 먼저 뼈를 포함하고 있는 요리는 식탁의 왼편에 그리고 순 살코기 요리는 오른편에 놓는다. 식사는 왼손 옆에 그리고 국, 술, 음료 등은 오른손 옆에 놓는다. 구운 고기 요리는 조금 멀리 그리고 간장, 식초, 파, 마늘 등의 조미료는 가까이 놓는다. 찬 요리 뒤에 뜨거운 요리를 내는데 이때 뜨거운 요리는 주빈의 맞은편 자리의 왼쪽부터 놓는다.

(3) 식사를 모두 마친 뒤에는 젓가락을 빈 밥그릇의 중간에 올려놓는다.

(4) 식사 도중에 잠시 자리를 비울 때는 젓가락을 밥 그릇 옆 식탁 위에 내려놓는다. 이때 젓가락을 밥 그릇 속에 찔러 놓아서는 안 되는데 이는 고대 중국에서 제사를 지낼 때 제품(祭品)이 담긴 그릇 속에 젓가락을 꽂았던 습관이 있었기 때문이다.

■ 향채와 화초

한국 사람들이 중국 음식을 먹을 때 잘 습관이 되지 않는 대표적인 것이 바로 향채(香菜)이다. 우리나라에서는 '고수'라 불리는 식물인데 중국에서는 일반적으로 요리나 국위에 뿌려져서 나온다. 다른 하나는 산초나무 열매인 화초(花椒)인데 중국음식을 조리할 때 보편적으로 첨가되는 일종의 향료이다. 우리에게 잘 알려진 마파두부 역시 이것을 첨가하여 맛을 낸다. 이 두 가지 모두 그 독특한 향기 때문에 처음에는 잘 습관이 되지 않을 수도 있다. 따라서 아직 중국음식에 잘 적응이 되지 않았다면 식당에서 주문할 때 이 두 가지를 빼거나 적게 넣어달라고 부탁하는 편이 좋다.

■ 중국의 간식

중국은 각 지역의 전통적인 대표 요리뿐만 아니라 길거리 노점과 같은 작은 음식점에서 파는 간식거리 또한 종류를 헤아리기 힘들 정도로 대단히 다양하다. 특색 있는 음식 두 가지를 소개하면 다음과 같다.

(1) 구부리(狗不理): 구부리는 천진(天津)의 대표적인 먹을거리로 속에 내용물이 들어있는 만두인 포자(包子)를 말한다. 처음 구부리를 팔던 작은 가게는 늘 손님들로 넘쳤지만 항상 새로 쪄낸 포자만을 팔았다고 한다. 구부리 포자의 특징은 속에 육즙이 많은 것인데 그로 인해 막 쪄낸 구부리는 자연히 더욱 뜨거웠다. 개는 못 먹는 것이 없는 잡식성이지만 유독 뜨거운 음식은 잘 먹지 못한다. 그런데 구부리 포자는 너무 뜨거워서 땅에 떨어져도 개가 먹지 못하기 때문에 '개도 거들떠보지 않는다'는 의미의 구부리라는 이름을 얻게 되었다.

(2) 취두부(臭豆腐): 취두부는 그 이름처럼 '냄새나는 두부'라는 뜻이다. 대만(臺灣)의 길거리에서는 기름에 노란빛으로 튀겨낸 두부를 볼 수 있는데 보기에는 먹음직하지만 그 냄새는 코를 찌른다. 이는 두부를 일정 시간 발효시켰기 때문인데 악취에 겁먹지 말고 한입 물면 두부 특유의 고소한 맛을 느낄 수 있다. 절인 야채와 곁들이거나 간장에 찍어 먹으며 매운 국물에 넣고 끓이는 마랄(麻辣) 취두부도 있다.

중국의 음차문화

1. 중국 차의 역사

중국에 가보면 중국인들이 차를 즐겨 마시는 것을 쉽게 볼 수 있다. 즉 학교에서는 학생들이나 선생님들도 모두 차병을 가지고 다니고, 중국의 거리나 공원에서도 차병을 가지고 다니는 사람들을 흔히 만날 수 있다. 이렇듯 중국인들에게 차는 마치 생활의 일부인 듯 하다.

차는 오래전부터 중국인의 일상생활 중에 뿌리 깊게 자리 잡아 왔으며 특히 현대에 와서는 여러 가지 과학적인 분석 방법을 통하여 천연 건강식품이라는 관념 또한 생기게 되었다. 이처럼 중국은 차의 고향으로 이미 알려져 왔으며 차를 재배하고, 만들고, 마시는 것 모두 전 세계적으로 손에 꼽히고 있다. 중국 서남부의 아열대 지구는 야생 차 나무의 원산지로 처음에 중국인들은 단순히 차를 제사 용품이나 식용 가능한 식물 정도로만 여기었다.

이후 당대(唐代)에 이르러 중국에 불교가 성행하게 되면서 차를 마시는 것이 좌선(坐禪)을 할 때 정신을 맑게 한다는 것과 소화에도 효과적이라는 것을 깨달아 차를 마시는 습관이 정착되어 차는 사찰에서 없어서는 안 되는 필수품이 되었다.

——육우

일찍이 사찰에서 유년시절을 보냈던 당대의 문학가 육우(陸羽)(733-804)는 차에 관한 세계 최초의 전문 저작인 『다경』(茶經)을 지어 찻잎의 종류와 품질 그리고 수확법 등을 기록했으며 차를 끓이는 기술과 다구(茶具) 등도 적어놓았다. 아울러 차의 기원과 당대 이전까지의 차와 관련된 일반적인 내용들도 함께 들어있어 중국의 차 문화를 엿볼 수 있는 중요한 문헌으로 평가받고 있다. 이후 송대에는 차를 마시는 풍조가 더욱 성행하여 중국 역사상 가장 차를 중시하는 시대로 들어서게 된다. 결국 일순간에 차를 마시는 습관이 점차 퍼져 황실 귀족부터 일반 평민에 이르기까지 모든 사람이 선호하는 식품이 되었다.

이후 차는 중국 전역뿐만 아니라 여러 경로를 통하여 동남아 일대와 서구에까지 널리 퍼지게 되었다. 차(茶)의 북방식 표준 중국어 발음은 '차' chá이지만 일부 남방 방언으로는 '데'[te]라고도 읽는다. 따라서 중국의 북방에서 차를 수입한 일본과 인도 등지에서는 여전히 '차'와 비슷한 발음으로 읽으며 반대로 중국 남부의 연해 지구에서 차를 수입한 영국 등에서는 차를 '데'와 비슷한 '티'(tea)로 발음하게 되었다. 결국 대체로 한자 차(茶)에 대한 음역(音譯)을 통하여 각국의 차에 대한 명칭이 유래되었음을 알 수 있다.

유럽에서 가장 먼저 차를 마시기 시작한 국가는 바로 영국이다. 17세기 초 중국에서 들어온 차가 영국인들에게 각광 받게 된 이후로 그 수요가 급증하자 영국정부는 동인도(東印度) 회사에 명령을 내려 일정한 양의 찻잎을 비축할 것을 명령하였다. 그러나 이후로도 유럽 각국의 차에 대한 수요는 더욱 증가하여 19세기 초 영국으로 수출된 중국 차는 무려 4000여만 톤에 이르게 되었다. 이처럼 자신에게 불리한 무역 상황이 벌어지게 되자 영국 상인들은 급기야 인도와 벵골(Bengal) 일대에서 아편을 구입하여 은(銀) 대신 중국산 찻잎과 교환하였고 급기야 아편전쟁이 발발하는 도화선이 되었다.

2. 중국 차의 종류

색, 향기, 맛을 모두 겸비한 좋은 차를 만들기 위해서는 적합한 자연환경과 우수한 차나무의 품종 그리고 세밀한 찻잎의 채취와 정교한 가공 기술이 함께 갖춰져야 한다. 차는 그 제조 방법에 따라서 녹차(綠茶), 홍차(紅茶), 오룡차(烏龍茶), 백차(白茶), 황차(黃茶), 흑차(黑茶) 등으로 구분되는데 이를 구분 짓는 가장 중요한 기준은 바로 발효(醱酵)의 정도이다.

(1) 불발효차(不醱酵茶) - 녹차

발효가 되지 않은 차를 말한다. 찻잎 속 타닌 성분이 효소에 의해 발효되지 않도록 차의 새싹을 따 솥에서 볶거나 증기를 쏘여서 살청(殺靑)을 한다. 여기서 살청은 가열을 해서 찻잎의 발효를 제지시키는 기술을 말한다. 이러한 과정을 거친 후에 잘 비벼 말아서 모양을 만들고 말리면 완성된다. 녹차는 벽록(碧綠)이나 황록(黃錄) 빛이며 신선한 향기와 약간 떫은맛을 띄는 것이 특징이다. 녹차는 가장 오랜 역사를 가지고 있으며 가장 많은 생산량과 가장 넓은 생산지를 자랑한다. 특히 절강(浙江), 안휘(安徽), 강서(江西) 삼성(三省)이 그 생산량과 품질 면에서 널리 알려져 있다. 녹차 중에는 예로부터 많은 명차가 있는데 서호용정(西湖龍井), 동정벽라춘(洞庭碧羅春) 차 등이 특히 유명하다.

(2) 반발효차(半醱酵茶) - 오룡차

반발효차는 찻잎을 10에서 65% 정도만 발효시켜서 만든 차로 발효

과정에서 특유의 맛과 향이 생긴다. 그 중 오룡차는 가장 중국적인 특색이 있는 차로 대표적인 생산지는 복건성(福建省)의 안계(安溪)이다. 오룡차는 다시 그 발효 정도에 따라서 다음과 같이 나뉜다. 청차(淸茶)라고도 불리는 포종차(包種茶)는 경(輕) 발효차로써 청아한 맛과 황금빛의 색깔이 특징이다. 철관음(鐵觀音)과 동정(凍頂) 등은 중(中) 발효차로써 깊은 맛과 갈색의 빛깔이 특징이다. 백호오룡(白毫烏龍)은 중(重) 발효차로써 달콤한 과일 향과 주황색의 빛깔이 특징이다. 이밖에 백호은침(白毫銀針)같은 백차(白茶)와 자스민차와 같은 화차(花茶) 계열로 분류하기도 한다.

■ 오룡차의 전설

오룡차의 유래와 관련한 두 가지 재미있는 고사가 있다. 옛날 차나무 아래에 살고 있는 커다란 뱀이 있었는데 그 뱀은 온순하여 절대로 사람에게 해를 입히는 경우가 없었다. 그러던 어느 날 일을 하던 농부가 더위에 지쳐 일사병으로 혼절하자 뱀이 차나무 위로 올라가 찻잎을 따서 쓰러진 농부의 입에 넣어 주었다. 그 후 농부가 정신을 차리고 깨어나자 사람들이 '검은 뱀이 사는 차나무'라는 의미로 오룡차(烏龍茶)라고 부르기 시작했다. 오룡차는 중국어 발음으로 '우룽차'라고 부르며 중국인들은 뱀을 용으로 지칭하는 습관이 있다. 또 다른 하나는 옛날 민남(閩南) 지방의 안계현(安溪縣)에 산에서 차를 따고 사냥을 하며 지내던 오량(烏良)이라는 사람이 있었다. 어느 날 차를 담는 광주리를 메고 산에 올라 녹차를 따고 있을 때 노루가 나타나 사냥을 했다. 저녁에 집으로 돌아온 오량은 잡아온 노루를 손질하느라 미처 녹차를 볶을 겨를이 없었다. 다음날 광주리를 보니 사냥을 하면서 찻잎이 굴러 마찰이 된데다 하룻밤을 묵혀 이미 반쯤 발효가 되어있었다. 그러나 이를 볶아내자 그 맛이 더욱 향기롭다는 것을 알게 되었다. 이에 오량은 이 새로운 제조법을 주변에 알렸고 사람들은 이를 오량차(烏良茶)라 불렀다. 민남 방언으로는 량(良)이 룡(龍)과 같은 발음이기 때문에 후에 오룡차(烏龍茶)로 불리게 되었다.

(3) 전발효차(全醱酵茶) - 홍차

찻잎은 발효를 하게 되면 원래의 녹색에서 점차 붉은 빛으로 변하게 되는데 그 발효 정도에 따라서 더욱더 붉어진다. 홍차라는 명칭 역시 이러한 연유로 얻게 되었다. 또한 향기 역시 발효도에 따라 본래의 찻잎 향에서 화향(花香), 과일향, 맥아향(麥芽香) 등으로 변한다. 이처럼 완전히 발표된 전발효차(全醱酵茶)를 홍차라고 한다. 홍차는 차의 새싹을 따서 먼저 위조(萎彫)를 한다. 여기서 위조란 새로 딴 찻잎을 실외에서 햇빛에 말린 후에 다시 실내에서 일정 시간 건조시켜 차향의 깊이를 더하는 과정이다. 홍차는 이렇게 준비된 재료를 잘 비벼서 발효와 건조 등의 기술이 더해지면 완성된다. 홍차는 가공 과정에서 여러 가지 화학적 반응이 일어나 차황

소(茶黃素)나 차홍소(茶紅素)와 같은 새로운 성분이 만들어 지며 그 향기 역시 원래의 찻잎에 비해서 명확히 증가된다. 유명한 홍차로는 기문홍차 (祁門紅茶)와 영홍공부차(寧紅工夫茶) 등이 있다.

〈홍차의 유래〉

당나라 때에 이르러 중국에 불교가 성행하면서 중국의 차는 중국의 국내와 세계 각국으로도 전파되었는데, 즉 승려들이 불교를 전파하면서 함께 전해지거나 통상무역의 발전에 따라 세계 각국으로 전해지게 되었다. 특히 당나라의 문성공주가 티베트 왕에게 시집을 가면서 차를 가지고 가서 티베트에 차를 마시는 풍습을 전한 것이 계기가 되어 차가 외국으로 널리 전해지기 시작했다고 한다.

유럽에서 가장 먼저 차를 마시기 시작한 나라는 영국으로, 17세기 초 중국에서 들어온 차가 영국인들에게 각광 받게 된 이후 그 수요가 급증하자 영국정부는 동인도 회사에 명령을 내려 일정한 양의 찻잎을 비축하도록 하였다. 그러나 이후로도 유럽 각국의 차에 대한 수요는 더욱 증가하여 19세기 초 영국으로 수출된 중국의 차는 무려 4,000여 만 톤에 이르게 되었고 이처럼 자신들에게 불리한 무역상황이 벌어지게 되자 영국 상인들은 급기야 인도와 뱅골 일대에서 아편을 구입하여 은 대신 중국산 찻잎과 교환하였고, 급기야 아편전쟁이 발발하는 도화선이 되었다.

당시 유럽 사람들이 좋아했던 차는 홍차였다. 즉 실크로드의 주요 교역품 중 하나가 차였는데, 차를 가지고 오랜 시간 이동하면서 우연히 녹차가 발효되어 홍차가 되었고 유럽 사람이 그 맛에 반해 홍차를 즐겼다고 한다.

(4) 후발효차(後醱酵茶)

녹차의 제조법과 같이 효소를 파괴시킨 뒤 찻잎을 퇴적하여 미생물의 번식을 유도해 다시 발효가 일어나게 만든 차를 말한다. 찻잎이 완전히 건조되기 전 곰팡이의 번식을 통해 다시 발효시키기 때문에 후발효차라고 한다. 좋은 것은 단 맛이 나며 질이 떨어지면 곰팡이나 지푸라기 맛이 난다. 발효기간이 길수록 맛이 부드러워져 가격도 상대적으로 올라간다. 대체로 20년 이상 숙성한 것을 상품(上品)으로 친다. 황차(黃茶)인 군산은침(君山銀針)과 흑차(黑茶)인 보이차(普洱茶) 등이 있다.

일반적으로 북방인들은 향이 강한 화차나 홍차를, 강남의 사람들은 녹차 계열의 용정이나 벽라춘을, 서남 쪽 사람들은 맛이 진한 보이차를 그리고 복건, 광동, 대만 쪽 사람들은 오룡차를 선호하는 것으로 알려져 있다. 이 밖에 유목민들은 육식 음식의 소화를 돕기 위해 차를 발효시켜 딱딱하게 굳혀서 만든 전차(磚茶)를 끓여서 말이나 양의 젖을 섞은 내차(奶茶)를 만들어 마신다.

중국은 거의 모든 지역에서 차를 생산하지만 차나무의 성장과 찻잎의 채취는 계절의 영향을 받는다. 중국에서 차를 수확하는 시기는 주로 봄과 여름 그리고 가을이다. 이처럼 서로 다른 절기에 재배되고 수확된 차는 외형과 품질에 있어서 비교적 분명한 차이를 보이게 되는데 일반적으로 이른 봄에 수확한 녹차를 가장 으뜸으로 친다. 이러한 춘차는 통상 수확 시기가 빠른 것이 가격도 비싸다. 3월 상순에서 청명(淸明) 전에 수확된 것은 중국인들이 명전차(明前茶) 또는 두차(頭茶)라고 부르는 춘차로 찻잎의 색깔은 엷은 녹색을 띄고 있으며 맛은 순하나 약간 떫다. 청명이 지나고 대략 2주가 지나면 곡우(穀雨)이다. 매년 이때쯤이면 강남 일대에 오곡을 적시는 가랑비인 세우(細雨)가 내리면서 녹차를 수확하는 적기를 맞이하게 된다. 청명이 지나고 곡우가 되기 전에 채취한 차는 우전차(雨前茶)라고 하며 그 이후에 수확한 춘차는 우후차(雨後茶)라고 부른다. 그 해에 만든 차는 신차(新茶)라 하고 일 년 이상 묵힌 차는 진차(陳茶)라고 부르는데 녹차나 오룡차는 신차가 좋으며 보이차와 같은 진차는 오래된 것이 더욱 깊은 맛을 낸다. 차를 즐기는 사람들은 일 년 내내 그 맛과 향에 취하는데 주로 봄에는 녹차를 그리고 가을이나 겨울에는 오룡, 보이, 철관음 등을 즐긴다.

■ 한국의 작설차(雀舌茶)와 일본의 말차(抹茶)

우리에게 잘 알려진 작설차는 갓 나온 차나무의 어린 싹을 따서 만든 차로 찻잎의 모양이 참새의 혀를 닮아서 붙여진 이름이다. 특히 비가 내리고 본격적인 농사가 시작되는 곡우(穀雨) 이전에 따는 새순으로 만든 차는 우전(雨前) 작설차라고 하여 귀한 대접을 받는다. 찻잎의 크기에 따라서 세작(細雀), 중작(中雀), 대작(大雀)으로 분류하기도 하는데 그 중 세작이 으뜸이다. 이처럼 한국과 중국에서는 찻잎을 우려낸 차를 주로 마시는 반면에 일본에서는 차나무의 어린순을 말려 가루로 만든 말차를 마신다.

말차는 끓이는 방법 또한 약간 차이가 있는데 말차를 넣은 다완(茶碗)에 뜨거운 물을 붓고 가루차를 저을 때 사용하는 거품기인 다선(茶筅)으로 잘 저어 거품이 나도록 한 후에 마신다.

3. 다구(茶具)와 차 끓이는 법

당대 이전에는 다기(茶器)와 식기의 구분이 없었지만 차를 마시는 것이 보편화 되면서 차구 역시 날로 정교해지기 시작했다. 그 중 당대 말기에 등장한 가장 대표적인 다구는 바로 붉은 빛이 감도는 자사호(紫砂壺)이다. 이것은 일반적인 도자기 제품과는 달리 대단히 곱고 부드러운 자홍색(紫紅色) 진흙을 원료로 장인의 세심한 기술을 더하여 만들어 진다. 섭씨 1100도의 고온에서 구워 만드는 자사호는 안팎 모두 유약을 바르지 않아 현미경으로 관찰하면 공기는 통하지만 물은 새지 않는 대단히 미세한 숨구멍을 관찰할 수 있는데 이 때문에 차의 맛을 더욱 잘 보존할 수 있다. 이러한 자사호는 그 아름다운 조형미 때문에 예술적 가치 또한 대단히 높다. 이러한 자사호는 차를 마시는 방법의 변화로 명대 이후에 그 명성을 더욱 떨치게 되었다. 뭉쳐있는 전차(磚茶)를 마시던 습관에서 가루로 된 산차(散茶)를 마시게 되면서 물을 부어 찻잎을 우려내기 시작했는데 이때 차호가 보온성이 뛰어나기 때문에 더욱 선호하게 되었다. 또한 자사호로 차를 끓이면 열이 천천히 전달되며 차호의 뚜껑에 기공(氣孔)이 있어서 여기에 맺힌 물이 찻물에 떨어져 맛이 변하는 것을 막을 수 있게 되었다.

또한 고온에서 구워 만든 차호는 화로 위에 올려놓고 직접 가열해도 깨지지 않는 장점도 있다. 이러한 자사호는 오래 사용할수록 더욱 은은한 광택을 띠게 되고 우려낸 차 역시 더욱 깊은 맛을 낸다. 중국에서 예로부터 자사호의 산지로 널리 알려진 곳은 강소성(江蘇省), 절강성(浙江省), 안휘성(安徽省)의 경계에 위치한 의흥(宜興)으로 북송(北宋) 시대부터 명대(明代)에 이르기까지 예술적 가치가 높은 자사호와 이를 만드는 명인들이 많이 배출되었다. 지금도 다양한 종류의 차호(茶壺)를 소장하는 장호(藏壺)와 이를 잘 관리하는 양호(養壺)의 습관은 고상한 일상의 취미로 여겨지고 있다. 한편 처음 만든 자사호를 사용할 때는 차를 끓이기 전에 깨끗한 찬물이 들어있는 그릇 안에 차호를 담그고 붉은 진흙으로 빚는 차호는 홍차 잎을 그리고 나머지 차호는 녹차 잎을 넣고 30분 정도 끓여낸 뒤에 깨끗이 씻으면 차호의 안 좋은 냄새와 이물질을 제거할 수 있다.

차를 끓이기 위해서 필요한 각종 도구를 다구(茶具)라고 한다. 여기서는 차를 끓이는 순서와 함께 다구의 종류에 대해 살펴보자.

(1) 다반(茶盤) 또는 찻상 위에 차호(茶壺)와 찻잔을 비롯한 여러 가지 필요한 물품을 올려놓고 차를 끓일 준비를 한다. 여기서 다반은 차를 끓이는 쟁반 크기의 소반으로 나무나 대나무로 만든다. 찻상은 다구를 올려놓는 상을 말한다.

(2) 다음으로 물 끓이는 그릇인 탕관(湯罐)에 물을 끓인다. 최근에는 간편하게 일반 주전자를 사용한다.

(3) 자사호와 같은 차를 우려내는 차호(茶壺)에 뜨거운 물을 붓고 따라 버린다. 이것은 차호를 덥히고 또 세척하기 위해서다.

(4) 마른 찻잎을 떠 넣는 작은 숟가락인 다시(茶匙)를 이용해서 찻잎을 차호에 채워 넣고 끓인 물을 붓는다. 경우에 따라서는 차호가 아닌 뚜껑이 있는 그릇인 개완(蓋碗)을 이용해 차를 우려내는데 차이점은 이 경우 뜨거운 물에 찻잎을 나중에 넣는다.

(5) 찻잎이 우려지는 동안 뜨거운 물을 찻잔에 부어 따라 버린다. 이것은 (3)번 과정과 마찬가지로 찻잔을 덥히고 세척하기 위해서다.

(6) 찻잎이 다 우려졌으면 찻물을 공도배(公道杯)에 담는다. 공도배는 찻물을 개인 찻잔에 나누어 따르기 위한 조금 큰 잔을 말한다.

(7) 공도배에 있는 찻물을 개인별 문향배(聞香杯)에 나누어 따르고 문향배를 찻잔으로 덮는다. 문향배는 차의 냄새를 맡기 위한 찻잔과 비슷한 그릇이다.

(8) 찻잔이 덮혀 있는 상태에서 그대로 문향배를 뒤집어 찻물을 찻잔에 따르고 빈 문향배에서 풍기는 은은한 차향을 코로 맡는다.

(9) 찻잔에 담겨진 차를 천천히 음미하며 마신다.

경우에 따라서는 (7)번과 (8)번 과정을 생략하고 공도배의 차를 바로 찻잔에 따른다. 이때 주의할 점은 차의 농도를 일정하게 맞추기 위해서 개인 찻잔에 한 번에 가득 따르지 않고 여러 차례 나누어 따라야 한다. 아열대 기후에 속하는 복건성(福建省)이나 광동성(廣東省) 사람들은 차를 즐겨 마신다. 위에서 살펴본 바와 같이 차를 한번 마시려면 얼마간의 시간과 솜씨가 필요하기 때문에 사람들은 그것을 공부차(功夫茶)를 마신다고 표현한다.

4. 차 마시는 법

진정한 차의 맛과 차를 마시는 즐거움을 깨닫는 것은 심신 수양과 같은 경지에 이르는 것이다. 따라서 차를 끓이고 마시는 행동 속에서 중국인들의 생활 미학을 발견하게 된다. 맛있는 차를 끓이기 위해서는 우선 자신의 기호에 맞는 좋은 찻잎을 고르는 것도 중요하지만 이에 못지않게 수질과 수온 그리고 차의 양과 다구(茶具) 등의 요소도 대단히 중요하다. 먼저 깨끗한 물을 준비해야 하는데 옛사람들은 차를 끓이는 물로 산에서 나는 샘물을 으뜸으로 쳤다. 그 다음으로는 강물, 눈 녹은 물, 빗물 등을 꼽았으며 가장 못한 것이 우물이라 여겼다. 이것을 현대적인 관념으로 재해석하면 찻물로는 광물질을 적게 포함하고 있는 연수(軟水)가 경수(硬水)보다 좋다는 것이다. 이렇게 준비된 물로 맛있는 차를 끓여내기 위한 적정한 온도는 차의 종류에 따라서 약간의 차이가 있다. 대부분의 찻잎의 경우는 섭씨

100도 정도의 수온이 가장 적합하지만 녹차와 경(輕)발효차는 너무 높은 온도면 좋지 않고 대략 90도를 넘지 않는 것이 적당하다. 끓인 찻물을 약간 높은 곳에서 차가 담긴 그릇에 따르는 것은 차를 잘 우려내기 위한 것이지만 다른 한편으로는 바로 물의 온도를 낮추기 위해서이다. 이때 차호(茶壺)에 담는 차의 양은 역시 찻잎의 종류에 따라서 다른데 4분의 1에서 3사이가 적당하다. 다구는 끓이는 차의 종류에 따라 적합한 것을 사용하는 것이 좋다. 화차는 자호(瓷壺)를 사용해야 향기가 사라지지 않는다. 녹차는 맛이 담백하기 때문에 차의 맛을 쉽게 흡수하는 사호(砂壺)보다는 유리그릇을 사용해야 향기가 보존될 뿐만 아니라 차의 색깔과 찻잎의 형태를 감상할 수 있다. 그 밖에 홍차나 반발효차는 사호(砂壺)를 사용하는 것이 좋다.

중국에는 예로부터 손님에게 정성껏 끓인 차를 대접하는 관습이 있는데 그래서 지금도 일부 사람들은 차로써 술의 역할을 대신한다. 아침에는 맑은 청차(清茶) 그리고 저녁에는 연한 담차(淡茶)가 적합하며 이 밖에 평상시에는 진한 농차(濃茶)를 주로 마신다. 그리고 식전에 차를 마실 때는 호박씨(瓜子)나 말린 과일과 같은 가벼운 간식을 곁들여 차에 취하는 것을 피한다. 손님이 모두 자리에 앉으면 주인은 차를 끓이기 시작하는데 차호(茶壺)에 차를 가득 넣고 방금 끓인 뜨거운 물을 붓는다. 처음 한 두 차례 우려낸 차는 마시지 않는데 이는 찻잎을 씻어 내거나 찻잔을 덥히기 위한 용도로 사용하기 때문이다. 차를 따를 때는 한 번에 찻잔 가득 붓지 않고 차의 농도를 균일하게 하기 위해서 여러 찻잔을 돌아가며 조금씩 나누어 따른다. 이때 차는 손님이 마시기 편하도록 너무 뜨겁지 않아야 하며 술잔과 달리 찻잔을 가득 채워서는 안 된다.

중국의 음주문화

1. 중국 술의 역사

중국인들은 無酒不成席, 즉 술이 없으면 모임이 이루어지지 않는다고 말할 만큼 술을 즐겨 마신다고 한다.

술을 빚고 마시는 중국인들의 음주 습관은 상당히 오랜 역사를 가지고 있다. 심지어 한대(漢代) 사람들은 술을 일컬어 하늘이 내린 선물이라는 뜻의 '천지미록'(天之美祿)이라 칭송하였다.

중국의 술이 언제부터 생겼는지는 의견이 분분하지만 일반적으로는 두강을 가장 먼저 술을 빚은 사람으로 여긴다. 두강이 술을 처음으로 빚었다면 중국

술의 역사는 대략 4,200년 정도가 된다.

그러나 1983년 섬서성(陝西省) 미현(眉縣) 양가촌(楊家村)에서 신석기 시대 앙소(仰韶) 문화의 유물로 알려진 술 전용 도기(陶器)가 출토되면서 지금부터 대략 6000년 전부터 이미 술을 만들기 시작한 것으로 추정된다. 이러한 추정이 맞다면 중국 술의 역사는 서양의 맥주가 9,000년, 포도주가 7000년인 것과 거의 비슷하다는 것을 보여준다.

이후 하대(夏代)와 주대(周代)를 거치며 술 용기들의 종류 역시 점차 다양해졌다. 현재 전해지는 출토 문물인 갑골문(甲骨文)이나 금문(金文) 속에 남아있는 술을 가지고 조상에게 제사를 지냈다는 기록과 주기(酒器)의 용도로 만든 청동기(靑銅器)가 상당 부분 남아있는 것으로 보아 적어도 지금부터 3000~4000년 전 상대(商代) 무렵에 이미 중국에서는 곡물을 이용하여 술을 만들기 시작한 것으로 보인다.

이처럼 오랜 역사를 가지고 있는 중국 술은 대체로 다음과 같은 발전 단계를 거쳐 왔다. 기원전 4000년~기원전 2000년 무렵의 신석기 앙소문화 시기에서 하(夏)왕조까지는 중국 술의 계몽기로써 곡물을 발효시켜 술을 빚기 시작했다.

기원전 2000년의 하왕조부터 기원전 200년의 진(秦)왕조까지는 중국 술의 성장기이다. 특히 누룩의 발견으로 중국은 세계에서 최초로 이를 이용해서 술을 빚은 나라가 되었으며 전설상의 인물인 두강의 출현은 중국 술의 발전에 기틀을 마련했다. 또한 술의 제조를 정부에서 관리하여 제왕과 제후 등 특정 계층의 향락품이 되었다.

기원전 200년의 진왕조부터 서기 1000년의 북송(北宋) 시기는 중국 술의 성숙기로써 황주(黃酒), 과주(果酒), 약주(藥酒), 포도주와 같은 특색 있는 술이 등장하기 시작했다. 위진(魏晉) 무렵에는 민간에까지 술이 널리 보급되었으며 특히 당시 유럽, 아시아, 아프리카 등과 육로 무역을 통한 동 서양 술문화의 교류로 훗날 중국의 백주(白酒) 탄생에 기초를 마련하였다.

서기 1000년의 북송시기부터 1840년의 청대(淸代) 말기는 중국 술의 발전기로써 서역(西域)의 증류기(蒸餾器)가 중국에 유입되어 세계적으로 유명한 백주가 드디어 정식으로 선을 보이게 된다. 이러한 발전기를 거치며 황주, 과주, 약주, 포도주가 더욱 발전하였으며 술의 도수가 비교적 높은 백주 역시 신속하게 보급되기 시작했다.

마지막으로 청대 말기부터 현재까지는 중국 술의 변혁기로 서양의 발달된 술 제조기술과 중국 술의 전통적인 제조법이 결합되어 최고의 전성기를 맞이하고 있다. 맥주와 양주 같은 다양한 술이 등장했으며 특히 백주는 연간 800만 톤 이상을 생산하여 부동의 세계 1위를 차지하고 있다.

■ 두강과 술의 기원

두강은 역사적으로는 소강(少康)으로 불리며 3천 년 전 하(夏)나라를 중흥시킨 임금으로 알려져 있다. 하나라가 망하자 두강은 유우씨(有虞氏)에게 도망가 주방과 곳간을 돌보는 일을 하였다. 어느 날 곳간에 넣어둔 음식에 곰팡이가 슬어 벌을 받게 되었는데 새끼 양 한 마리가 곳간에서 흘러나온 액체를 핥아먹고 쓰러져 버렸다. 양이 죽은 것으로 여겨 두강이 양의 배를 가르려는 순간 양은 아무 일 없듯이 일어나 달아나 버렸다. 두강이 신기하여 그 액체의 맛을 보았더니 단 맛이 났고 계속 마신 두강은 취하여 정신을 잃었다. 한참 후에 깨어난 두강은 몸에 기운이 도는 것을 느꼈고 계속 연구하여 마침내 양조기술을 개발해 내었다. 이에 사람들이 그를 주신(酒神)으로 떠받들었고 지금도 중국에서 두강은 술을 상징하는 대명사가 되었다.

2. 중국 술의 종류

중국인들은 전통적으로 좋은 술을 구분하는 잣대로 향기가 짙고 부드러우며 달콤한 맛과 뒷맛이 오래가는 점을 들고 있는데, 이는 또한 중국인들이 사람의 인격을 평하는 기준으로 사용되기도 한다.

이백의 장진주에는 "예로부터 성현들은 죽고 나면 모두 잊혀지고 오직 술을 잘 마시는 사람만 이름을 남겼다"라는 싯구가 있는데, 요즘도 이 싯구는 애주가들의 입에 자주 오르내린다고 한다.

그러나 현재 중국은 과거와는 달리 음식을 맛있게 먹기 위해 술을 곁들이는 것이 보통이며, 생맥주 전문점을 제외하면 술과 안주만 파는 술집도 거의 없다. 또한 밤늦게까지 밖에서 술을 마시고 술에 취해 거리를 돌아다니는 사람도 드물고, 술집을 몇 차례 순례하는 습관도 없다고 한다.

1) 황주(黃酒)

곡물을 이용하여 발효(醱酵)시켜 술을 만드는 양조(釀造) 기술은 중국 술의 대표적인 특징 중에 하나이다. 미주(米酒)라고도 불리는 중국의 황주(黃酒)는 포도주 그리고 맥주와 더불어 양조기술로 만든 세계 3대 술로 알려져 있다.

황주의 생산원료로 북방에서는 수수, 좁쌀, 기장쌀을 사용하고 남방에서는 보편적으로 쌀이나 찹쌀을 사용한다. 일본인들이 즐기는 청주(淸酒)의 제조 과정 역시 기본적으로 이러한 황주와 비슷하다. 황주의 도수는 대략 15도 내외이며 만든 기간이 오래될수록 그 맛과 향이 더해진다. 술의 색깔은 황색뿐만 아니라 흑색 또는 붉은 빛을 내기도 한다. 과거 송대에 문화와 경제의 중심이 점차 남쪽으로 옮겨지면서 황주의 생산 역시 그곳에서 더욱 흥성하게 되었다. 특히 원대에 이르러 소주(燒酒)가 북방에 널리 보급되자 그 일대의 황주 생산은 더욱 위축되었고 대신 남쪽에서 그 명맥을 계속 유지하게 되었다.

대표적으로 청대에 절강성(浙江省) 소흥(紹興) 지방에서 생산된 것이 가장 유명하여 지금까지도 절강소흥주를 황주의 으뜸으로 꼽는다. 이러한 소흥주는 개인의 기호에 따라 말린 매실을 넣거나 따뜻하게 데워서 마시는데 술의 도수가 적당하여 식사를 할 때 반주용의 입맛을 돋우는 술이라는 의미로 가반주(加飯酒)라고도 한다.

—— 소흥황주, 소흥가반주

■ 여아홍(女兒紅)

절강성 소흥 지방의 민간에서는 딸을 출산하면 술을 담은 단지를 땅
에 묻어 두었다가 딸이 결혼을 할 때 파내어 손님에게 접대를 하는 풍습이
전해지는데 이렇게 담근 술을 일컬어 여아홍 또는 여아주(女兒酒)라고 한
다. 다른 이름으로는 꽃을 조각한다는 의미의 화조주(花雕酒)라고도 하는
데 이는 같은 발음이 나는 꽃이 시든다는 화조(花凋)의 의미도 가지고 있
어 딸을 시집보내는 부모의 애석한 마음이 담겨져 있다.

2) 백주(白酒)

백주는 중국의 대표적인 증류주(蒸餾酒)로 밀이나 보리로 만든 누룩
에 수수나 쌀을 원료로 하여 만들며 술의 도수가 40~80도 정도로 대단히
독하다.

대략 송대에서 원대 무렵에 중국에 증류주가 등장한 것으로 알려지는
데 서역으로부터 전래된 술을 만드는 증류기의 도입은 중국의 양조 역사
에 있어서 한 획을 긋는 계기가 되었다.

근대에 이르러 서양 선진 기술의 도입과 더불어 대규모의 생산 능력
을 가진 양조 공장이 등장하게 되었는데 중국 서남부에 위치한 귀주(貴
州)와 사천(四川)은 중국에서 가장 좋은 백주를 생산하기로 유명한 지역
이다.

대표적인 백주로는 귀주의 모태주(茅台酒)와 사천성의 오량액(五粱
液) 그리고 산서(山西)의 분주(汾酒) 등이 있다. 특히 '마오타이'라고 불리

는 모태주는 국교 정상화를 위해서 1972년 중국을 방문한 미국의 닉슨 대통령에게 주은래(周恩來) 총리가 만찬장에서 접대를 했다는 일화가 전해지며 더욱 널리 알려지게 되었다. 만리장성에 오르고 구운 오리고기를 먹으며 마오타이를 맛보는 것은 북경에서의 세 가지 즐거움이라는 말이 있을 정도로 유명하다. 그러나 최근에는 가장

비싼 고급 백주로 호남성(湖南省)의 주귀(酒鬼)와 사천성(四川省)의 수정방(水井坊) 등이 꼽힌다.

■ 고량주와 빼갈

백주를 과거에는 소주(燒酒)나 고량주(高粱酒)라고 불렀고 지금은 일반적으로 백주나 백건아(白乾兒)로 부른다. 백주라는 명칭은 그 색이 투명한 무색이어서, 백건아는 물이 섞이지 않아서 붙여진 이름이다. 또한 소주는 발효된 원료를 증류시켜서 만든 술이라는 의미이다. 중국 술 하면 아마 대부분의 사람들이 '고량주'나 '빼갈'을 먼저 떠올릴 것이다. 사실 이것은 모두 백주의 다른 명칭으로 고량주는 그 원료가 되는 수수의 한자어가 고량(高粱)이기 때문에 붙여진 이름이고 빼갈은 백주의 다른 명칭인 백건아(白乾兒)의 중국식 발음 '바이깔'이 변형된 것이다. 이 밖에도 백주를 이과두(二鍋頭)라고도 부르는데 이는 중국의 북방에서 전통적인 방법

으로 백주를 만드는 오래된 명칭에서 유래되었다. 그러나 지금은 일반적으로 증류할 때 처음과 마지막 나온 술을 제거한 나머지 술을 지칭한다. 참고로 중국에서는 술의 양을 계산하는 단위로 우리와 같은 *ml*가 아닌 근(斤)과 양(兩)을 사용한다. 한 근은 열 양으로 대략 500g 이며 반근(半斤)은 그 절반을 말한다. 그래서 아직도 일부 지역에서는 술을 저울에 달아서 팔기도 한다.

■ 모태주의 전설

옛날 귀주성 모태촌(茅台村)에 가난한 노인이 살고 있었다. 어느 추운 겨울날 남루한 차림의 아가씨가 그의 집에 찾아왔다. 노인은 얼른 따뜻한 방으로 아가씨를 데려와 음식과 함께 남아 있던 소주를 내왔다. 그날 저녁 노인은 이 아가씨가 선녀로 변해 미소를 지으며 술잔을 들고 와서 집 앞 백양나무 아래에 뿌리는 꿈을 꾸었다. 다음날 노인이 그곳에 우물을 팠더니 물이 유난히 맑아 노인은 그 물로 모태주를 빚었다. 오늘날 세계 각지로 팔려나가는 모태주의 포장에 선녀가 술잔을 들고 있는 그림은 이러한 전설에 근거한 것이며 술병의 목에 매여 있는 두 줄의 붉은 띠는 당시 선녀가 허리에 매고 있던 술을 본뜬 것이라고 한다.

3) 보건주(保健酒)

보건주는 대략 20~40도 내외의 양조주나 증류주에 각종 동식물성 약재나 꽃과 과일 등을 넣고 일정한 가공 과정을 거쳐 담근 술을 말한다. 중국에서는 이미 3000년 전에 술에 향초(香草)를 넣었다는 기록이 전해진다. 건강에 유익한 효용이 있는 약주(藥酒) 계열의 술이 이에 속하며 각종 약재를 넣어서 만든 산서성(山西省) 행화촌(杏花村)의 죽엽청주(竹葉靑酒)와 절강성(浙江省)의 오가피주(五加皮酒) 등이 대표적이다.

_____ 죽엽청주

_____ 오가피주

■ 중국의 10대 명주

중국 각지에서 생산되는 술의 종류는 대단히 다양하기 때문에 개인의 취향에 따라 애주가들이 생각하는 10대 명주 역시 차이가 있다. 일반적으로 알려진 것으로는 위에서 살펴본 모태주, 오량액, 분주 이외에 안휘성(安徽省)의 고정공주(古井貢酒), 섬서성(陝西省)의 서봉주(西鳳酒), 강소성(江蘇省)의 쌍구대곡(雙溝大曲)과 양하대곡(洋河大曲), 두강이 술을 빚었다고 알려진 두강주(杜康酒), 사천성(四川省)의 낭주(郎酒) 그리고 산동성(山東省)의 공부가주(孔府家酒)가 있다.

■ 중국의 맥주

중국에서 가장 오래된 맥주 공장은 1900년에 하얼빈에 설립되었다.
그러나 1903년에 창립된 청도(靑島) 맥주회사의 등장으로 현재까지 세계
적으로 명성을 떨치고 있는 '청도맥주'가 탄생하게 되었다. 이러한 초기
의 맥주 공장은 대부분 외국인들에 의해서 설립되었다. 맥주의 중국어 표
기는 비주(啤酒)로 '피지우'라고 읽는다. 이는 영어 'Beer'를 음역(音譯)하
여 붙여진 명칭이다. 현재 중국에는 각 지역마다 수를 헤아리기 힘들 정도
의 다양한 맥주가 생산되어 황주나 백주와 더불어 일반 대중들이 즐기는
가장 보편적인 술로 자리 잡았다. 1990년에 조사된 바에 따르면 중국 전
역 800여개의 맥주 공장에서 800여만 톤의 맥주가 생산되며 국가의 상을
받은 우수한 품질의 맥주만도 83종에 이른다고 한다.

3. 중국인의 음주 습관

중국에는 예로부터 '술이 없으면 자리가 마련되지 않고, 술의 없으면
예의가 아니다'(無酒不成席, 無酒不成禮)라는 말이 있듯이 연회와 잔치
같은 축하의 자리에서 절대로 술이 빠져서는 안 된다. 그래서 잔치를 주
연(酒筵)이라고도 부르며 본래 결혼식 축하주의 의미를 가지고 있는 희주
(喜酒)는 그 뜻이 확대되어 결혼식 축하연을 말하는 대명사가 되었다. 이
러한 이유로 중국인들이 희주를 마시러 간다고 말하는 것은 곧 결혼식에

참석하러 간다는 의미이다. 중국인들의 음주 습관은 술자리에 내빈이 모두 자리에 앉으면 주인은 일어서서 손님을 향해 '제가 먼저 마시는 것으로 경의를 표시 합니다'라는 의미의 선건위경(先乾爲敬)을 말하며 자신의 술잔을 비우는 것으로 예의를 나타낸다. 상대에게 술을 권할 때는 '한잔 올리겠습니다'라는 경일배(敬一杯)를 말하는데 이때 응하지 않으면 실례가 된다. 또한 우리의 음주 문화와는 달리 술잔을 다른 사람에게 돌리지 않으며 상대의 술잔이 조금이라도 비어 있으면 계속해서 첨잔을 하는 것이 예의이다. 상대방이 술을 따르면 받는 사람은 식지(食指)와 중지(中指)를 구부려 탁자를 가볍게 두드리는 것으로 감사의 표시를 한다. 이러한 습관은 청대부터 시작된 것으로 알려져 있는데 다음과 같은 고사가 전해진다. 어느 날 건륭(乾隆) 황제가 측근 몇 명만을 거느린 채 민간인 복장으로 순행을 떠나 차의 고향으로 유명한 강서, 절강 일대의 어느 찻집에 들러 용정차(龍井茶)를 맛보게 되었다. 뛰어난 차의 맛에 만족한 건륭제는 신하에게도 차를 권했는데 황제의 하사를 받은 신하는 바로 머리를 조아려 예를 갖출 수 없자 손가락을 구부려 탁자를 세 번 두드리는 것으로 은총에 대한 감사를 표시했다고 한다. 이러한 관습은 지금까지 전래되어 찻잔을 받을 때도 이와 같이 행동한다. 중국인들은 건배(乾杯)를 외치면 술을 단번에 다 마시고 빈 술잔을 상대에게 보이는 것이 관례이다. 건배를 할 수 없으면 반배(半杯)라고 말하고 절반만 마시거나 '자기 마음대로'라는 의미의 수의(隨意)를 말하고 자기 주량대로 마신다. 만약 술을 전혀 마시지 못하면 먼저 양해를 구하거나 경우에 따라서 '차로 술을 대신 한다'라는 이차대주(以茶代酒)의 의미로 대신 찻잔을 들기도 한다. 커다란 원형 식탁에서 술을 마셔 상대방과 직접 건배를 하기 힘들 때는 술잔을 식탁 위 회전판에 두드리는 것으로 대신한다. 경우에 따라서는 술자리에 늦거나 게임 등에서 지면 재미로 상대에게 몇 잔의 벌주(罰酒)를 권한다. 일반적으로 주인은 손님이 술을 많이 마실수록 기뻐하는데 특히 소수민족의 하나인 몽고족(蒙古族)은 접대를 좋아하여 술을 권할 때 주인이 술잔을 들고 노래를 부르며 손님이 받아서 다 마실 때까지 멈추지 않는다. 그러나 아무리 좋은 중국의 명주를 마실 기회가 있어도 '음주 후에는 운전을 하지 말고, 운전을 할 때는 술을 마시지 말자'(酒後不開車, 開車不喝酒)는 중국의 표어를 잊지 말자.

■ 중국인의 숙취 해소법

적당히 마신 술은 약이 되지만 자칫 과음을 하게 되면 다음날 숙취로 고생을 하게 된다. 일반적으로 알려진 숙취 해소법은 물을 마시거나 과일을 섭취하여 부족해진 수분과 당분을 신체에 공급하는 것이지만 한국과의 차이점을 꼽는다면 우리는 따뜻한 국물의 해장국을 찾는 반면 중국인들은 차를 마신다. 이는 평소 차를 즐기는 중국인의 일상적인 습관과도 관련이 있지만 의학적으로도 차에 들어있는 카페인 성분이 이뇨(利尿) 작용을 하여 알코올 성분을 신속히 몸 밖으로 배출시키기 때문이다. 따라서 술자리에서 차를 함께 마시면 술이 덜 취할 뿐만 아니라 다음날 생기는 숙취를 미리 예방할 수 있다.

■ 주령(酒令)

중국 술의 기원과 마찬가지로 술자리에서 행해지는 내기와 오락의 일종인 주령 역시 오랜 역사를 가지고 있다. 옛날 여러 사람들이 모인 자리에서 함께 나누어 즐기기에는 술이 부족하자 시합을 하여 가장 빨리 뱀을 그리는 사람이 모두 마시기로 하였다. 그러나 가장 먼저 그림을 완성한 사람은 불필요한 뱀의 다리를 그려 넣어 패하고 다른 사람이 술을 차지하게 되었다. 이처럼 서한(西漢) 시대 『전국책』(戰國策)에 보이는 뱀의 다리를 그린다는 '화사첨족'(畵蛇添足) 고사도 일종의 주령으로 볼 수 있다. 이후 주령은 시대를 거치며 형식과 내용이 거듭 변하여 지금은 정해진 규칙에서 지는 상대에게 술을 권해 술자리의 흥을 돋우고 원만한 교류가 이루어지도록 하는 일종의 게임과 같은 형식으로 발전하였다. 예를 들면 상대방과 동시에 숫자를 말하며 손가락을 내밀어 두 사람이 내민 손가락의 합이 내가 말한 수와 일치하면 이기는 것으로 패한 사람은 벌주(罰酒)를 마신다. 만일 두 사람이 동시에 맞히면 같이 술을 마시고, 서로 틀렸으면 승부가 날 때까지 계속해서 진행한다. 이밖에도 주사위 던지기나 끝말잇기와 같은 정해진 규칙에 따라 벌주를 마시는 다양한 방식의 주령이 전해진다.

중국의 대중문화와 한류

어느 국가를 막론하고 그 나라 국민들에 대해 알고자 할 때에 가장 중요하고도 빠른 길은 그들의 문화를 이해하는 것이다. 문화는 그 자체의 중요성도 크지만 당시의 정치, 경제, 외교 상황과 밀접한 연관성을 가지고 있기 때문이다. 특히 소위 '대중문화'라고 하는 것은 특정 계층이 아닌 '대중'의 문화라는 점에서 그 나라 사람들의 일반적인 사고와 특징, 그리고 그 사회와 당시대의 흐름을 파악하는 데에 매우 중요하다. 그러므로 중국과 중국어를 공부하는 우리들에게 '중국의 대중문화'에 대한 이해는 필수적인 것이다.

몇 년 전부터 시작되어 '한류'라는 신조어까지 만들어낸 중국에서의 우리나라 대중 스타들의 인기는 더욱더 중국의 전반적인 대중문화에 대한 관심과 이해의 필요성을 불러일으키고 있다. 그러나 중국의 '대중문화'라고 하면 바로 무언가를 연상하기 힘든 것이 사실이다. 그것은 중국

자체의 대중문화가 시작된 것은 그리 오래된 일이 아니기 때문이다. 흔히 들 떠올리는 영화, 음악, 연예인 들은 대부분 중국 대륙이 아닌 홍콩, 대만 의 것이 대부분이다. 설사 중국만의 대중문화가 있다고 해도 아직 많이 알 려지지 않았기 때문이기도 하다. 예를 들면, 영화 부문에서는 많은 걸작을 탄생시켰고, 상당한 수준을 가지고 있는 중국이지만, 특별히 관심을 가지 고 있는 사람이 아니면 홍콩, 대만, 중국의 영화조차 구분하지 못하는 경 우가 대다수이다. 그것은 중국 대중문화에 대한 지식이 부족해서이기도 하지만 이 세 지역(중국 본토, 홍콩, 대만)의 문화가 서로 깊이 연관되어 있고, 비슷한 특성을 지니고 있기 때문이다.

그렇다면 과연 중국 본토의 대중문화와 홍콩, 대만의 대중문화는 각 자 어떠한 특성을 가지고 있으며, 그 공통점과 차이점은 무엇일까? 또한, 몇 년 동안 각종 신문, 잡지 등에서 심심찮게 등장하고 있는 '한류'란 무엇 이며, 그러한 현상을 가져온 배경은 무엇인가? 그리고 앞으로도 중국 내 에서 그 명맥을 유지할 수 있을 것인가?

1. 중국 본토의 대중문화

현재의 중국 대중문화라고 하면 홍콩에서 유입된 문화라고 해도 과언 이 아니다. 현대사의 격동 속에서 전통문화의 명맥이 거의 끊어지다시피 하고 홍콩의 대중문화가 그 자리를 차지하게 되었기 때문이다. 1997년 홍 콩이 반환된 후 홍콩의 대중문화도 당당히 중국의 대중문화에 포함시켜 말할 수 있지만 그 전의 중국 본토의 대중문화를 살펴보는 것 또한 대단히 중요한 일이다. 엄연히 본토에서도 대중문화가 싹을 트고 있었음을 간과해서는 안 된다. 1997년 홍콩이 반환되기 이전까지의 시기를 중심으로 중국으로서 가장 내세울 수 있었던 영화를 토대로 중국 본토의 대중문화를 살펴보겠다.

1) 중국 본토 대중문화의 흐름

중국 대중문화의 발전은 개혁·개방을 전후로 나뉘어 질 수 있다. 개혁개방 이전의 대중문화는 그 목적 자체가 정치적 수요에서 나오는 것으로 그 당시 중국 문화산업은 심각한 위축의 상태에 처해져 있어 대중이 접할 수 있는 영화와 가요는 제한 되어있고 대중문화를 접하고자 하는 인민들의 욕구가 높았다. 개혁 개방 이후, 경제 체제의 전환과 향촌(鄕村)으로부터 대도시까지 시장 경제의 발달과 함께 매스미디어의 빠르고 맹렬한 발전으로 대중문화의 급성장을 이루게 되었다. 그 과정에서 중국 대중문화는 정치적 사상에서 벗어나 오락성과 소비성을 나타내게 되었고, 문화대혁명의 전통문화에 대한 파괴를 반성하게 되었으며, 홍콩 타이완 등의 대중문화의 대대적인 흡수인 것이다. 불과 10여 년 전만 하더라도 중국의 대중문화를 정확히 이야기 한다면 진정한 본토의 대중문화라고 하기보다는 타이완, 홍콩의 가요, 드라마, 영화 등이었다. 하지만 이제는 홍콩, 타이완의 배우가 중국 방송국의 드라마에 출연하는 등 이 세 지역의 문화가 이미 중화권 문화로 예전처럼 구분하긴 어렵다. 이처럼 현대 중국의 대중문화는 개혁개방을 시작으로 발전했다고 말할 수 있다.

2) 중국 본토의 영화

① 중국 제1세대 영화에서 제6세대 영화까지

80년대에 '발견'한 가장 중요한 영화사적 사건은 중국영화의 등장이다. 물론 중국에 그 이전에 영화가 없었던 것은 아니지만 세계 영화사에 적극적으로 '개입'을 시작한 것은 80년대이며, 이것은 아시아영화란 무엇인가라는 새로운 질문을 제기하였다. 물론 여기에 일정한 부분은 서구의 오리엔탈리즘이 사태를 다소 왜곡시켰으며, 또한 죽의 장막 저편의 영화 사정이 이 모든 평가를 신비화시킨 것도 사실이다. 그러나 이른바 제5세대라고 불리는 중국의 '새로운 물결'은 80년대 세계영화의 그 어떤 뉴웨이브들(이를테면 미국의 NY인디나 프랑스의 누벨 이마쥬, 일본의 비디오 키드 제너레이션)과도 달랐으며, 또한 그 자신들이 선배들(제1세대에서 4세대에 이르는)과도 다른 출발점에서 시작하였다.

중국영화의 세대구분은 다소 임의적이다. 이를테면 제5세대의 첸 카이게는 인터뷰마다 그러한 호칭으로 무엇을 할 수 있느냐고 늘 반문하고 있으며, 장이모우는 공공연하게 그렇게 나누고 싶다면 자신을 제6세대라고 불러 달라고 대답하고 있다.

중국영화의 제1세대는 1905년에서 1949년 사이에 활동한 감독들을 부른다. 봉건제와 자본주의, 그리고 사회주의 사이에서 표류하던 당시 중국을 반영한 이 세대는 창시추엔의 <난형난부>, 오양우이치엔의 <3년 이후>, 추시린의 <상해 어제와 오늘>, 테이엔한의 <폭풍소자>로 알려져 있다. 전체적인 영화 스타일은 리얼리즘계열이지만, 그러나 할리우드 양식과 소련의 몽타주 학파의 경향이 섞여 있고 일부 감독들은 일본 영화의 영향을 받은 것으로 알려져 있다.

제2세대는 1949년에서 1956년 사이에 활동한 감독들이다. 특히 이 시기는 사회주의 중국이 성립하던 시대적 배경을 갖고 있고, 또한 정부에 의해 적극적인 지원을 받았다. 그러나 바로 그러한 점에서 영화는 당 노선을 따라야 했으며, 일종의 획일주의에 의해 지배받게 되었다. 서구에는 센푸이의 <북국강남>, 탕시아오탕의 <홍백>등이 영화제에 초청되었으나 별다른 성과는 거두지 못했다. 이 세대의 감독들은 그 후 정부 관리가 되어 영화정책에 관여하게 되었고, 이른바 당 문예노선에 따른 영화사업은 제2세대의 지도 아래 놓이게 되었다. 그리고 이 지도체제에 의해 '사상과 영화의 통일'이라는 원리가 중국영화의 교조주의를 가져왔다.

제3세대는 1957년에서 1975년 사이에 활동한 감독들이다. 이제 문화혁명이라는 엄청난 숙청과정을 거치면서 영화감독에게 요구되는 것은 더욱 엄격한 원칙이었다. 그리고 이 과정을 통해서 중국영화는 중국 사회주의 방식의 '전형성'(모든 사회주의 리얼리즘이라면 넘어야 하는!)의 문제에 정면으로 부딪치게 되었다. 이것은 중국영화 내부에 논쟁을 불러 일으켰으며, 이 과정에서 <부용진>으로 잘 알려진 시진감독이 숙청과 재평가의 부침을 겪으며 그 대표적인 감독으로 떠올랐다. 그러나 이 세대의 최대 성과는 시에테에리의 <찻집>이며, 폐쇄공간 속에서 전형적인 인물에 의해 역사를 긍정적인 동시에 비판적으로 다룬 새로운 중국영화의 '미래'를 약속해 주었다. 특히 이 세대에 의해 중국영화의 촬영, 기술, 편집, 음향 등이 일정한 수준에 올라섰으며 그런 의미에서 도약의 세대라고도 불릴 수 있을 것이다.

제4세대는 아직까지 분명하게 획을 그을 수 없다. 이들은 1976년 이후에 데뷔했으며 또한 아직도 활동하고 있다. 중국 영화인들 자신의 표현에 따르면 만일 제3세대가 제5세대의 영화적인 아버지라면 제4세대는 형이라고 부른다. 그것은 제5세대가 이들에게 영화를 배우거나 더 나아가 반동적인 대신, 오히려 함께 협력하고 공감하는 세대라는 의미이다. 제4세대는 대부분 60년대 초에 북경 영화학교를 졸업했고, 바로 그 이유만으로 문화혁명의 탄압을 받았다. 그 후에 다시 복원했기 때문에, 유난히 사회적인 문제에 민감하고 또한 문화혁명 이후 다가온 개혁파에 적극적으로 협력하고 있다. 우티앙밍의 <고호정>, 창노안신의 <사구>, 청동티엔의 <인근소>등은 바로 그러한 시대감각을 배경으로 하고 있으며, 그런 의미에서 일종의 개혁파라고 부를 수도 있다. 그러나 이들의 목소리가 과격한 것은 아니며, 오히려 영화의 '전형성'이라는 문제에서는 제3세대의 입장과 크게 다르지 않다는 점에서 제5세대와는 확연하게 다르다.

제5세대는 1983년 전후로 데뷔한 감독들이다. 첸카이거의 <황무지>, <대열병>, 창춘차오의 <하나와 여덟>, 우지니우의 <만종>, 황첸신의 <흑포사건>, 창시오밍의 <태양우>, 장이모우의 <붉은 수수밭>은 세계영화제에 출품되었고, 또한 베를린영화제 그랑프리를 비롯하여 많은 상을 수상하였다. 이 세대의 최고 걸작은 의심할 바 없이 티엔주앙주앙의 <말도둑>이다. 티베트를 무대로 두 형제를 그려낸 이 영화는 중국 내의 소수민족 속으로 들어가 그들의 문화와 사회구조를 현미경으로 들여다보는 것처럼 차갑고 엄격하게 지켜본다. 그리고 이 과정을 통하여 사라져가는 중국과 새로 세워지는 중국, 민속신앙과 전통적인 생활방식 속의 깨우침과 미덕 그리고 그로인한 패배 등을 다큐멘터리 스타일로 펼쳐 보인다.

그러나 제5세대는 서구의 영화제와 만나는 과정을 통하여 두 가지 문제에 직면하였다. 그 하나는 종래 중국의 영화 형식이나 주제의식과 정면으로 싸우게 되면서 그들이 새로워질 수는 있었으나 불행하게도 그 결과 중국의 관객들을 버리고 서구의 영화평론가들을 겨냥한 영화로 떨어지게 된 것이다. 이것은 어떤 변명에도 불구하고 오류이며, 바로 그 점에서 중국 제5세대가 세련된 것은 사실이나 그들이 데뷔하던 시절의 그 신선함이 형식주의로 전락한 것이다. 그 대표적인 예가 첸카이거의 <현 위의 인생>이다. 그리고 또 하나는 제5세대의 영화가 지나치게 중국 정부의 민감한 부분을 건드림으로서 공식적인 활동이 금지되거나, 또는 일부(첸카이거, 장이모우)는 해외에서 외국의 자본을 끌어들여 영화를 찍고 있다는 사실이다.

이것이 지금 새롭게 데뷔하는 제6세대의 과제이며 바로 그 점에서 제5세대와 그들 사이의 획을 긋는 분기점이 된 것이다.

②대표적인 감독과 작품

중국 대중문화의 힘은 바로 영화이다. 20세기 전반기에도 제법 발전했던 영화는 문화대혁명 시절 탄압과 멸시를 받으며 문화대혁명 말기부터 다시 활기를 띄게 되었으며 앞서 말한바와 같이 1980년대에 들어서면서 이른바 첸카이거, 장이모우로 대변되는 제5세대 감독의 등장과 함께 중국과 세계의 대중을 사로잡았다. 특히 대중의 지지를 가장 많이 받고 있는 감독은 장이모우이다. 장이모우는 화려한 형식주의 영화에서 리얼리즘 영화까지, 그리고 상업적인 영화에서 예술성이 뛰어난 작품까지 모든 방면에 뛰어난 감독이다. 그의 작품으로는 <붉은 수수밭(紅高粱)>, <국두>, <홍등(원제-大紅燈籠高高掛)>, <귀주 이야기>, <인생(人生-活着)> 가장 최근에는 <영웅>, <연인> 등이 있다.

중국영화의 배우나 감독, 촬영 기사들, 영화의 질적 수준은 한국보다 앞서 있다고 볼 수 있다. 5세대 감독으로 불렸던 장이모우, 첸카이거, 쟝원(姜文)등의 대표적인 감독, 궁리(鞏麗)라든가 장쯔이(章子怡) 등 세계적 스타 대열에 올라 있는 배우와 <붉은 수수밭>, <부용진>, <패왕별희> 등의 작품들은 이미 90년대 초반 국제영화제에서 수상한 것들 이고 제작 편수도 매년 약 200여 편 가까이 제작되며 이중 해외의 자본이 투자된 영화도 상당수이다.

▶ 장이머우의 작품들

'제5세대'로 불리는 감독인 장이머우의 데뷔작. 주인공인 공리 강문의 연기가 좋고 곳곳에서 중국의 향기가 물씬 풍긴다. 1988년 베를린영화제 그랑프리인 금곰상을 받았고, 중국 영화를 세상에 알리는 계기가 됨과 동시에 아직까지도 장이머우 감독의 대표작으로 꼽히고 있다.

—— 붉은 수수밭

<붉은 수수밭> <홍등> <귀주이야기> <인생> 네 작품 모두 장이머우 감독의 여성 페르소나였던 공리가 모두 여주인공으로 출연.

▶ 그 이외의 작품

—— 패왕별희

대륙 영화 제5세대의 선두 주자 첸 카이거의 작품. 장국영, 장풍의, 공리 주연. 문화 혁명 장면은 당시 홍위병이었다는 감독 자신의 회한이 짙은 그림자를 드리우고 있다. 대하사극 세 남녀의 삼각관계, 동성애 문제, 예술가와 범인의 대립, 중국 역사 문화에 대한 호기심까지 원하시는 대로 끌어낼 수 있는 풍성한 영화. 우리 영화 <서편제>와 가끔 비교되기도 했던 작품. 93년 칸 영화제에서 <피아노>와 공동 그랑프리 수상, 94년 골든 글로브 외국영화상을 탔고 같은 해 아카데미 외국어영화상에 후보로 오른 화려한 수상경력의 작품.

2. 홍콩, 대만의 대중문화

중국의 대중문화를 얘기할 때 홍콩과 대만은 반드시 구분해서 보아야 할 필요성이 있다. 이는 두 가지 면에서 그러하다. 일단 중국의 대중문화에서 홍콩과 대만의 문화는 그 차지하는 비율로 볼 때 절대적이다. 그것은 중국대륙에서 대중문화라고 말할 수 있는 젊은이들의 문화가 개혁, 개방 이후 본격적으로 시작되었고, 또 그것 역시 중국대륙에서 자체적으로 대중문화를 발달시켰다기 보다는 홍콩이나 대만, 혹은 외국의 것들을 그대로 받아들였고, 현재까지도 순수하게 대륙 내에서 기원을 찾을 수 있는 대중문화를 얘기하기는 어렵다. 홍콩은 97년 이후 공식적으로 중국의 영토이고, 대만의 경우 정치적으로는 중국에 포함시켜서 보기 어렵지만 대만과 중국대륙은 문화적 교류가 매우 활발하고, 대만의 연예인들이 대부분 대륙에서 같이 활동을 하므로 문화적으로 본다면 중국 대중문화의 범주 안에 넣을 수 있고, 또 그 차지하는 비율이 상당하므로 홍콩, 대만의 문화를 중국 대중문화의 범위 안에 넣되, 구분해서 얘기하고자 한다.

두 번째는 그 성격의 차이이다. 대륙문화를 홍콩, 대만의 문화와 비교해서 얘기하자면 특히 영화에서 그 두드러진 차이점을 볼 수 있다. 이는 중국대륙과 홍콩, 대만 사이에 경제적, 문화적 차이이기도 하지만 영화를 통해 각기 추구하는 것이 다르기 때문이기도 하다. 우리에게 잘 알려진 장이머우 감독의 <붉은 수수밭>이나 <인생>, 혹은 첸 카이거 감독의<북경 자전거> 등과 같은 사실주의의 영화들과 흥행성을 위주로 한 홍콩의 화려한 느와르액션 또는 코미디 영화 등을 떠올려 비교해보면 그 차이점이 현저하다는 것을 알 수 있을 것이다.

　대륙의 영화는 일반적으로 중국의 모습들을 사실적으로 그려냄으로서 현실의 문제점들을 인식하고, 변화시키려 하는 예술영화적인 측면이 강하다면, 홍콩이나 대만의 영화들은 경제적으로 발달한 여느 나라들이 그러하듯, 흥행위주의 오락성 영화가 대부분이다. 특히 홍콩은 아시아의 할리우드로 불릴 만큼 영화산업이 일찍부터 발달했다. 이렇듯 홍콩, 대만은 여러 가지 문화적인 면에서 중국대륙과 성격이 다르지만 그들의 문화가 문혁이후 꾸준히 대륙인들의 사랑을 받아 왔고, 수많은 연예인들이 대륙에서의 활동을 필수적으로 생각한다. 이러한 것들은 세 지역이 지리적으로 인접해 있는 것과, 그들이 기본적으로 가지고 있는 문화적 공통점에 기인하고 있는 것으로 생각된다. 그러면 본격적으로 홍콩과 대만의 문화들에 대해 살펴보겠다.

1) 홍콩의 대중문화

① 홍콩 영화의 흐름

　홍콩의 대중문화라고 하면 대게 영화를 떠올릴 사람들이 많을 것이다. 또한 홍콩의 영화배우들은 대부분 가수나 모델 등 영화뿐만 아니라 여러 분야에서 활동하는 만능 엔터테이너로서의 모습을 가지고 있으므로 결국 홍콩 대중문화가 가지고 있는 특징들은 대게 영화의 특징이 주이다.

　실제로 홍콩은 영화제작비용의 규모가 세계 3위이다. 홍콩의 영화산업은 기본적으로 수출에 기반을 두고 있는데, 그것은 홍콩이 매우 작은 시장이기 때문에 국내수입만으로는 살아남을 수 없기 때문이다. 그렇기 때문에 홍콩의 영화 제작자들은 영화산업이 시작된 이래 홍콩영화만의 특색을 살리면서도 세계인의 취향에 맞는 영화를 만드는데 부단히 노력해왔다.

이소룡의 무술영화가 전 세계의 주목을 받으면서 홍콩영화는 세계각지로의 배급시스템을 갖추게 되고 이때부터 수출을 목표로 한 홍콩의 영화들이 제작된다. 이어서 무술에 코미디의 요소를 첨가한 영화들이 제작되면서 그 주인공인 성룡이 이소룡을 잇는 무술영화의 스타가 된다. 그러다 80년대에 실력을 겸비한 뉴웨이브 감독들이 대거 영화계에 진출하면서 홍콩 영화계는 본격적인 전성기를 맞게 되는데, 서극 감독의 <촉산>, <영웅본색> 등이 그 시대의 영화들이다.

이어서 액션에 도박을 더해 흥행의 요소를 더욱 가미한 카지노 무비가 나온다. 그러나 4대 천왕으로 대표되는 80, 90년대의 홍콩 영화는 90년대 중반을 기점으로 하여 약세를 보이기 시작한다. 당시 한번도 외국영화에 1위 자리를 빼앗겨 본적이 없는 홍콩의 영화시장이 처음으로 미국영화 <쥐라기 공원>에게 그 자리를 내주고 말았다. 홍콩영화계는 이 충격적인 사건을 계기로 홍콩영화의 정체성과 미래에 대해 불안을 느끼기 시작한다. 이 시기 홍콩영화 침체의 원인에 대해서는 여러 가지 의견들이 존재하고 있는데, 하나의 작품이 히트하면 그것을 모방하는 수많은 영화들이 나와 원작의 가치마저 손상시키는 잘못된 풍토, 제한된 배우들의 겹치기출연, 영화의 내용이나 주인공의 성격이 복합적이지 않고 단순하며, 대부분의 영화가 선악의 대립구조나 영웅의 묘사 등을 주제로 함으로서 관객들이 식상함을 느끼게 했다는 의견들이 그것이다.

이러한 홍콩영화계의 꺼져가는 불씨를 살린 것은 젊은이들을 주제로 해 홍콩영화계의 새로운 장르적 시도를 이끈 왕가위 감독이었다. 우리나라에서도 잘 알려진 <아비정전>, <타락천사>, <중경삼림>과 같은 영화들이 그것인데, 이러한 영화들은 기존의 영화들과는 달리 주인공들의 성격이 복합적이고, 홍콩이라는 화려한 도시 속에서 젊은이들이 느끼는 외로움, 방황 등을 그려냈다는 점에서 새로운 시도라는 호평을 받았다. 또한 오락성에만 치중하는 홍콩영화의 한계를 벗어나려 한 예술 영화들도 나오기 시작한다. 대표적인 예로 <cageman>이라는 영화는 빈부격차와 같은 그동안 홍콩영화에서 다루어지지 않은 홍콩사회의 어두운 현실을 다룸으로서 홍콩영화의 현실성과 다양성을 모색하였다. 즉 홍콩영화는 동양적인 것과 서양적인 것들이 조화를 이루어 내 홍콩영화 특유의 이미지를 만들어 냄으로서 전 세계인들로부터 사랑을 받았지만 시대의 흐름에 따라 그 한계성에 부딪혀 한번의 시련을 겪었다. 그러나 최근 들어 정해진 틀을 깨고 홍콩영화계 내에서 여러 가지 시도들이 이루어지고 있고, 영화 제작자나 배우들도 홍콩영화의 새로운 발전을 위한 여러 가지 방법들을 모색하고 있다.

② 홍콩의 대표적인 영화와 배우소개

▶ 이소룡 – 홍콩무술영화의 시초로 일컬어지는 <정무문>의 주인공.

▶ 성룡 – 이소룡의 뒤를 이은 홍콩영화계의 히어로. 할리우드에 진출해 성공한 가장 대표적인 홍콩 배우.

▶ 영웅본색 – 장국영과 주윤발이라는 스타를 탄생시킨 영화.

▶ 황비홍 – 고전 무술영화의 바람을 불러일으키며 황비홍 시리즈가
연속으로 만들어진다.

▶ 타락천사 – 왕가위감독의 대표작으로서 홍콩 젊은이들의 모습을
현실적으로 그려냄.

▶ 첨밀밀 – 홍콩이 반환되는 과정에서의 혼란과 젊은이들의 사랑을
보여준 작품. 영화 곳곳의 등려군의 노래들이 인상적이다.

2) 대만의 대중문화
①양안의 대중문화 교류
어떤 사람들은 '양안의 통일은 문화교류를 통해 일찍이 이루어졌다'
라고 말한 적이 있다. 이 말이 시사하는 것은 그만큼 문화의 여러 방면에

서 대륙과 대만은 경계가 허물어졌다는 말이다. 실제로 중국과 대만은 민간인들은 자유롭게 오고갈 수 없지만 연예인과 같은 문화 인사들은 자유롭게 양안을 오갈 수 있다. 양안의 문화교류에 물꼬를 튼 것은 바로 등려군이다. 문혁 이후 억압되어오던 오래 전에 잃어버린 민중의 정서가 등려군의 사랑과 감회에 대한 노래가사와 아름다운 멜로디에 녹아버린 것이다. 중국대중문화가 사라지기 시작한 것은 49년 이후인데 공산당은 모든 시민문화를 잘라버리겠다는 각오로 문혁을 거치면서 문화라고 부를 수 있는 거의 모든 것을 완전히 말살시킨 상태였다.

이러한 문화말살에 대한 진정한 회복은 홍콩과 대만의 문화를 받아들이기 시작하면서부터이다. 특히 대만의 문화는 홍콩문화와 비교했을 때 식민지 문화의 영향을 받지 않아서 더욱 대륙문화와 토대를 같이한다는 인식이 있기 때문에 대륙의 중국인들로 하여금 더욱 받아들여지기 쉬운 근거가 되었다. 그러다가 80년대 후반 중국은 대륙자체의 음악을 만들어 내기 위해 노력하면서 어느 정도 인기를 누리지만 그런 와중에도 대만음악에 대한 사랑은 식지 않는다. 시간이 지날수록 중국음악계에서는 스스로의 음악을 창조하려는 노력보다는 홍콩, 대만의 문화를 그대로 수입하려고 하고, 가라오케나 대중전파매체가 발달하면서 그러한 현상은 더 가속화된다. 현재까지 홍콩이나, 대만의 음반시장이 대륙 전체음반시장의 8할을 차지하고 있다고 한다. 대륙에서 사랑을 받는 중국의 문화 아이템들은 가수, 영화, 드라마까지 폭넓다.

② 대만의 가수, 영화, 드라마

───── 덩리쥔(鄧麗君) (1953~1995)

'덩리쥔'은 아시아를 비롯하여 전세계에 퍼져있는 중국인 사회에서 가장 널리 알려진 대표적인 대만 출신의 유명 여가수이다. 14세에 가수로 데뷔한 이래 대만은 물론 홍콩, 일본, 미국과 여러 동남아 국가에서 북경어, 광동어, 일본어, 영어 등으로 천여 곡의 노래를 발표했다. 중국인이 있는 곳에는 그녀의 노래가 있다는 찬사를 받을 정도로 중국의 대중음악 발전에 지대한 영향을 미쳤다. 대표곡으로는 영화음악으로도 삽입되어 우리에게도 친숙한 '웨량다이뱌오워더신(月亮代表我的心)', '톈미미(甛蜜蜜)' 등이 있다.

▶ F4 – 남자 네 명으로 구성된 대만 그룹으로, 대만, 중국대륙에서는 물론 우리나라에서도 <유성화원>이란 드라마로 많은 사랑을 받았다.

▶ 주걸륜 – 뛰어난 창작능력을 가진 R&B가수. 최근 대만과 대륙등지의 젊은이들 사이에서 폭넓은 사랑을 받고 있다.

3. 중국 대중문화 속의 한류 현상

중국의 한류(韓流) 현상은 90년대 말부터 한국 드라마와 대중음악이 소개되면서 시작되었다고 할 수 있다. 현재 우리가 사용하고 있는 '한류 열풍'이라는 말은 본래 동남아시아에서 이는 한국 대중문화의 인기를 반영하여 만들어진 것이다. 중국 및 대만의 대중문화 관계자들은 이를 '한국바람(韓風)' '한국물결(韓潮)' 또는 '한류(韓流)' 등 다양하게 부르고 있다. 물론 중국 문화 속 한류 열풍에 대한 한국 내의 평가가 일부 언론 매체에서는 실제 보다 어느 정도 과장되어 다뤄진 점도 있지만 현재 중국과 홍콩, 대만인들이 한국의 대중문화에 대해 상당한 친밀감을 느끼고 있으며 특히 젊은이들의 문화생활에 어느 정도 주목할만한 영향력을 미치고 있는 것이 사실이다. 따라서 우리는 이 장을 통해 중국 대중문화 속 한류 열풍의 현주소를 사진자료와 함께 살펴보고, 과연 중국인들이 한국의 대중문화에 열광하는 이유가 무엇일지에 대해서도 함께 생각해 보려 한다. 나아가, 자료를 토대로 앞으로는 한류가 중국의 대중문화 속에서 어떠한 위치를 가지게 될지 살펴보고자 한다.

1) 중국인들에게 사랑받는 대표적인 한류의 주역들

언론매체에서 중국의 한류열풍을 다룰 때 대체적으로 그 포문을 열었다고 보는 것이 1997년도 MBC드라마인 안재욱, 최진실 주연의 <별은 내 가슴에>이다. 이 드라마가 중국에 소개되어 안재욱은 큰 인기를 얻으면서 한국 대중문화 열풍의 선두주자가 되었으며, 여전히 한류를 주도하는 인기 스타들의 중심에 서있다.

　대중음악 부문에서는 당시 국내에서도 최고의 인기를 구가했던 H.O.T가 중국 음악계 한류 열풍의 선두주자였다고 할 수 있다. 당시 H.O.T의 기획사였던 SM 엔터테인먼트는 중국 시장의 중요성을 인식하고 1998년부터 일찍이 H.O.T를 시작으로 중국 시장 진출을 모색해왔다고 한다. H.O.T는 1998년 중국에서 정식 음반을 내놓은 이후 꾸준히 3장의 음반과 1장의 비디오 CD를 발매하며 중국 내에서 큰 인기를 얻었다.

　한류의 꽃이라 불리는 김희선도 독보적인 중국 내 한류 1세대 스타이다. 시내 중심가는 물론 웬만한 거리의 미용실, 성형외과 병원 등에는 어김없이 김희선의 사진이 내걸려 있다.

　2002년 개봉되어 많은 중국 관객을 모은 영화 <엽기적인 그녀>의 성

—— 중국에서 어렵지 않게 볼 수 있는 전지현의 대형 광고 사진

공은 전지현이 중국에서 폭발적인 인기를 불러일으키는 밑거름이 되었고 중국어 제목으로 <나의 야만적인 여자친구>라고 번역된 <엽기적인 그녀>가 일으킨 '야만' 열풍은 중국에서 <나의 야만적인 남자친구> 등의 아류작들을 쏟아지게 했다고 한다.

이 외에도 수많은 드라마, 영화, 가수 음반들이 있지만 최근 들어 국내 언론에서도 자주 보도되는 홍콩 내 <대장금>의 인기는 한류의 새로운 핵심이라고 할 수 있다. 홍콩의 사우스 차이나 모닝 포스트(SCMP)의 4월 11일자 보도에 따르면 드라마 <대장금>열풍이 불면서 한류 관련 사업도 성업 중이라고 한다. 한복은 물론 한국 전통의상을 입은 인형 판매가 늘어나고 있으며 한국의 대장금 촬영장

—— 4월 11일 홍콩을 방문한 지진희를 촬영하는 현지 취재진을 찾는 관광객들이 증가하는 추세이다.

—— 대장금 주제가를 불러 인기를 모은 진혜림과 임보이

패션 업계에서도 한류는 큰 영향을 끼치고 있는데, 특히 젊은이들 사이에서는 옷 스타일뿐만 아니라, 한국의 전통 기하학 패턴의 디자인을 선호하거나, 별 의미 없는 한글을 단순 장식용으로 넣은 옷을 구매해 입기도 한다.

—— 젊은이들이 주로 구매하는 중국 의류에 장식된 한글

'대장금'을 통해 중국에서 한류가 촉발되어 관심을 받기 시작했다면 최근 방영을 마친 한편의 우리 드라마가 중국에서 제2의 한류 열풍을 불러일으키고 있다.

2013년 연말에 방영된 '별에서 온 그대'는 400년 전에 지구에 떨어진 외계남과 한류 여성 톱스타 사이에 벌어지는 사랑 이야기를 담고 있다. 현실에서는 일어날 수 없는 다소 황당한 주제임에도 불구하고 한국은 물론 중국에서도 많은 인기를 얻었다. 이러한 한국 드라마의 인기 비결을 중국 현지에서는 왕자와 신데렐라의 등장이라는 드라마의 기본 구조를 유지하며 여기에 새로운 주인공을 잇달아 선보이는 것에 있다고 분석하였다. 이러한 인기 한류 드라마는 단순한 주연 배우에 대한 동경을 넘어 한국의 대중문화와 유행을 중국에 전파하기에 이르렀다. '별에서 온 그대'와 관련한 주요 검색어는 중국의 각종 포털사이트에서 상위권을 차지하고 있을 뿐만 아니라 '라이쯔싱싱더니(來自星星的你)'라는 제목으로 인터넷을 통해 방영되며 조회 수가 무려 25억 건에 육박할 정도로 우리 대중문화에 대한 뜨거운 관심을 가져왔다. 이러한 열기는 중국 최고 지도부에서까지 언급할 정도이다. 중국인민정치협상회의(정협)에서는 왜 중국은 이런 히트작을 만들지 못하는지가 의제로 다루어졌으며 중국 권력 서열 6위의 '왕치산(王岐山)' 공산당 서기는 전국인민대표회의에 참석하여 '별에서 온 그대'와 같은 한국 드라마가 중국을 점령하는 주요한 이유는 전통문화를 승화했기 때문이라고 언급하기도 했다.

■ '치맥'과 '자지허피주'(炸鷄和啤酒)

90년대 미국에서 들어온 켄터키프라이드 치킨의 중국에서의 인기가 최근 한국식 치킨으로 변해가고 있다. 이러한 열풍의 배경에는 최근 방영된 한국 드라마 '별에서 온 그대'에서 여주인공이 말한 '치맥'(치킨과 맥주)이라는 대사가 크게 기여했다. 중국의 젊은이들 사이에서 치킨과 맥주를 함께 즐기는 '치맥'은 일종의 한국 문화의 상징이 되었으며 중국 인터넷에서는 '치맥'을 뜻하는 '자지허피주'가 인기 검색어가 되었다. 이러한 열기를 반영하듯 중국에서는 조류 인플루엔자의 영향에도 불구하고 닭고기 소비량이 증가하였고 한국식 치킨집 앞에는 연일 손님으로 붐비고 있다.

2) 중국 대중문화 내 한류가 확대된 사회적 배경

중국 내 한류 문화의 확산은 한국 대중문화 자체가 지닌 높은 가치에도 의의를 둘 수 있겠지만, 중국인들이 한국 문화를 받아들일 수 있었던 사회적 배경 또한 매우 중요한 작용을 했음에 틀림없다. 중국 대륙의 경우, 전통 문화에 대한 자부심은 어느 나라보다도 강하지만 오랜 사회주의 체제의 영향으로 대중문화의 생산 기반이 취약한 상태이다. 또, 과거 영화 산업을 비롯한 대중문화에서 아시아의 중심으로 생각되었던 홍콩의 경우에는 중국으로 반환되면서 영화산업이 할리우드로 넘어가는 등 문화적 기능을 상실했다. 따라서 자체 생산력이 부족한 상태에서 '대체 문화'적인 성격으로 한국 문화를 받아들인 경향이 있다. 이와 같은 사회적 분위기 속에서, 중국과 대만, 홍콩 지역에 한국 드라마가 진출하여 한류의 포석을 다졌으며, 한국 드라마의 인기는 출연 배우의 인기로 이어지고, 또 다른 작품과 배우들에 대한 관심으로 이어져 하나의 흐름을 형성하게 되었다. 이는 영화, 가요 부문에서도 크게 다르지 않다.

3) 중국 대중문화에 작용하는 한류 위치의 전망

한류의 사회적 배경을 토대로 하여 볼 때, 중국 내 한류 열풍에서 문화적 우월감을 맛보는 일부의 시각은 오판이며, 지나친 자만이라고 할 수 있다. 앞으로 중국의 대중문화계가 자체 생산력을 갖출 경우 시장의 상황은 언제든 달라질 수 있다. 그때에도 한국의 문화 상품이 중국에서 경쟁력을 갖고자 한다면 독창적인 우리 문화의 개발과 함께, 우리나라에서 검증된 질 좋은 문화 상품의 분별 있는 수출이 전제될 때 비로소 가능할 것이다.

4. 중국 대중문화의 특징

먼저 중국 대중문화의 특징은 모순적으로 들리기도 하나 중국 대중문화의 특징이 존재하지 않는다는데 있다.

중국은 1949년 공산당의 중화인민공화국이 탄생한 이래 줄곧 사회주의국가로서 대중문화가 형성되기에는 열악하고도 불가능한 상황에 처해 있었던 것이 사실이다. 설사 존재하였다 하더라도 정치적인 목적에 이용되는 선전용이나 사상교육의 도구로서의 역할밖에 하지 못했던 것이다.

특히 1966년부터 1976년까지 10년간의 극좌 사회주의운동인 문화대혁명의 시기를 거치며 대중문화는 더 큰 시련을 맞았고 긴 문혁을 끝으로 대중문화탄생의 약간의 기미가 보이는 듯 했다. 중국 대중문화는 긴 역사를 지니거나 자체적이고, 고유한 문화로 탄생한 것이 아니기 때문에 그 근원을 찾기 어렵고 또 설사 있다 하더라도 근원이 무엇인지 판단하기도 애매하다. 그나마 정확히 찾을 수 있는 시작은 문혁을 끝으로 1980년대에 이르러 등장한 대중문화인데 그것은 홍콩이나 대만의 중화영역에서 흘러 들어오는 문화의 영향을 받은 것이었다. 홍콩과 대만의 대중문화는–특히 홍콩–당시 아시아 지역에서 입지가 상당했고, 자본주의 사회체제로 인한 이른 개방과 자유무역의 뒷받침으로 자연스럽게 세계 다른 나라들과 마찬가지로 다량의 미국문화와 일본문화–특히 대만은 일본문화의 영향을 많이 받았다–의 영향을 받았다. 특히 홍콩의 대중문화는 그들 특유의 대중문화를 역으로 다른 아시아 지역에 영향을 끼쳤는데 한국도 홍콩대중문화의 영향을 많이 받은 나라 중 하나이다. 개혁, 개방, 그에 따른 발전으로 인민들의 욕구는 점점 더 높아지고 대중문화 또한 홍콩이나 대만을 통해 들어오기 보다는 서구나 일본에서 직접 들어오게 되었다. 1992년 한·중 수교 이후 한국과의 교류가 활발해 지면서 90년대 후반부로 가서는 소위 "한류"라 일컬어지는 신조어가 탄생할 정도로 한국의 문화는 중국 대중문화에 큰 영향을 끼쳤고 또 중국 대중문화를 이끌어가게 되었다.

개혁 개방 후 짧은 기간이지만 중국의 대중문화는 서구 특히 미국의 영향을 많이 받았다. 그것은 전 세계 대부분의 나라에서도 마찬가지로 일어난 일이므로 언급을 피하겠다. 일본의 문화 또한, 같은 아시아 지역이라는 이유와 한자문화권이라는 이유 때문인지 아니면 일찍이 영향을 받았던 홍콩과 대만의 대중문화에 익숙해서 인지 큰 반감 없이 받아들인 것 같다. 한때는 일본드라마의 큰 인기로 일본 가전제품이나 상품에 대한 인식이 좋아져 경제적인 효과를 누리기도 하였다. 식상해진 일본 대중문화를 지금은 우리나라가 대신하고 있는데 그 시작은 1997년 드라마 '사랑이 뭐길래'로부터 발생하였다고 보고 있으며 이어 클론, H.O.T등 가수들이 본격적인 한국 대중문화 열풍을 정착시켰다. 이렇게 드라마, 대중음악을 기반으로 영화, 게임, 패션 등 대중문화 전반으로 확대되고 있다.

그렇다면 이러한 배경을 가지고 있는 중국 대중문화의 특징은 어떠한지 크게 4가지로 구분해 살펴보도록 하겠다.

1) 문화의 재창조 ⟶ 모방

문화대혁명 전후의 극단적 침체기를 벗어나 대중문화는 개혁, 개방이후 인민의 생활수준 향상에 따라 급격한 발전을 이루며 이러한 시대의 특징을 반영하고 있다. 그러나 중국문화의 가장 큰 특징은 그들의 민족성과 같고 개방성과 포용성을 가지고 있다는 것이다. 중국 인민은 자기 자신의 고유문화를 유지하고, 전통을 고취하는 동시에, 다른 외래문화를 받아들여 자신들의 문화와 융합하여 새로운 문화로 재창조 하는 것이 중국 문화의 큰 특징이자 힘이라 할 수 있겠다. 한 예로서 중국어의 외래어에서도 많이 볼 수 있듯이 중국인들은 외래의 것을 쉽고 잘 받아들이지만, 그것을 자기 자신만의 고유 것으로 만드는 능력 또한 대단하다. 아마도 이것이 그들만의 힘일 것이다. 하지만 문제는 이러한 재창조의 과정에서 "창조"가 아닌 "모방"으로 연결되는 일이 비일비재 하다는 것이다.

예를 들어 중국에서 유행하였거나 유행하고 있는 가요 중 상당수가 한국 가요의 번안곡이거나 그 스타일을 모방한 것이다. 문제는 번안 곡을 부르는 것이 아니라, 그것을 다시 새롭게 변형을 시키는 노력이 없거나 부족하다는 것이다. 그것은 그냥 모방일 뿐이지 재창조는 절대 아니다. 요즘에는 한국의 유명 가수를 모방한 중국가수까지 등장한다고 한다. 그 사진을 보면 머리끝에서 발끝까지의 모양새와 음악 스타일까지 똑같이 만들려고 한 노력이 다분히 보인다. 이런 방식으로 외래의 대중문화를 받아들인다면 아마도 중국 자체적인 대중문화의 개성은 만들 수 없을게 분명하다. 다른 나라의 대중문화 수용과정에서 이러한 모방은 단기적으로는 이득이 될지 몰라도 장기적으로 볼 때에는 대중문화에 치명적인 발전의 저해를 가져올 것이다.

—— 비의 스타일을 똑같이 따라해 속칭 '짝퉁 비'라 불리며 한국 대중의 비난을 산, 중국 연예인.

2) 낙후된 유통구조 ─→ 불법복제의 난무

중국정부는 문화산업이 가지는 정치, 사회, 이데올로기적 성격으로 해서 개혁, 개방의 진전에도 불구하고 여타 산업분야에 비해서 문화산업에 강력한 통제 정책을 펴고 있다. 물론 WTO 가입 이후 개방 확대에 따라 문화를 산업으로 육성할 필요성을 느끼고 있고, 따라서 이를 위한 정책을 추진하고 있는 것은 사실이다. 하지만 중국 정부는 문화산업에 대해 강력한 규제와 지원정책을 병행하고 있는데, 가장 규제가 심한 장르는 방송과 영화, 그리고 게임 산업이며, 음반과 비디오 산업은 규제가 상대적으로 약하다. 이로 인해 불법 복제품시장은 세계 어느 곳보다 활기를 띠며 그 규모가 실로 대단하다. 중국을 가보지 않은 사람이라도 중국 불법복제 CD나 DVD에 대해 들었거나 또 실제로 본 경우도 많을 것이라고 생각된다. 가끔은 중국 정부가 취약한 대중문화 산업을 활성화시키기 위해 의도적으로 불법 복제 시장을 방치해 둔 것은 아닌가 하는 의혹마저 들곤 한다. 국제적인 압력이 필요한 것이 아닌가 하는 생각마저 들 정도로 중국 불법복제 시장의 병폐는 심각한 수준이다.

정부의 강력한 규제와 함께 중국 대중문화 산업의 또 다른 문제점은 중국대중문화 산업에서 공급하는 문화 컨텐츠가 날이 갈수록 증대되고 있는 문화소비 욕구를 충족시키지 못하고 있으며, 그나마 생산되거나 수입되는 문화상품의 유통구조가 전근대적이어서 확대재생산이 원활하게 이루어지지 못하고 있다는 점이다. 특히 정부의 규제가 상대적으로 약한 음반, 비디오 산업은 낙후된 유통구조로 인하여 산업으로의 발전이 크게 지체 되었다.

그러나 중국 대중문화 산업은 이러한 부정적인 요인들에도 불구하고 머지않아 본격적으로 발전해 나갈 것이다. 그 발전의 가장 근본적인 요인은 경제발전에 따른 문화소비 욕구의 증대이다. 더구나 중국의 경제발전이 대외개방과 시장 체제의 구축과 함께 이루어지고 있어 대중문화에 대한 소비욕구는 점차 발전해 나갈 것이다. 국제적인 압력과 중국 정부의 인식 전환으로 인해 불법복제품은 점차 사라질 것으로 기대된다.

———— 베이징의 한 DVD가게에 진열된 CD들, 전부가 다 다오반이다. 한 장에 10위엔(한화 약 1,200원)에 팔고 있다.(좌) 길거리에 좌판을 벌리고 다오반 DVD를 팔고 있는 한 노점상의 모습이다.(우)

3) 자체적 대중문화의 깊이 부족

앞서 설명 하였듯이 중국의 대중문화의 역사는 짧고 그 본질적인 특징조차 존재하는지에 대한 여부의 판단은 쉽지 않다. 하지만 분명 지금 중국의 대중문화를 보았을 때 그 깊이가 부족하다는 것은 쉽게 알 수 있다. 물론 예외로 중국의 영화는 다른 대중문화의 분야와 확연한 차이를 보이며 세계적으로 발전해 왔고 더 발전해 나가고 있다. 하지만 대륙에서는 상영시스템의 선진화가 빠르지 못해 보급률이 떨어지고, 대중들이 쉽게 관람하기에 가격도 비싸며, 그로 인해 시장성이 떨어져 오히려 영화분야의 발전이 예전에 비해 많이 느려진 것은 사실이다. 반면, 홍콩, 대만 등 중화권의 합작으로 단순히 대륙만이 아닌 전체적인 중화권의 영화 시장은 실로 어마어마하다.

그러나 중국 본토 자체 내의 가수나 배우의 성장률은 낮으며, 가수와 배우의 경계 또한 모호해서 그 전문성을 찾기 어렵다. 중국의 가수는 연기를 병행하는 가수가 많으며, 연기자 또한 음반 하나쯤은 낸 배우가 대다수이다. 그런 이유에서인지 우리의 시각으로 볼 때 한국가수나 배우와 중국 연예인들과 비교해 보자면 왠지 모르게 어설프다는 생각이 드는 것도 사실이다. 중국에서 한류열풍이 불며 한국배우나 가수가 더 환영받는 것 또한 그런 이유에서이지 않을까?

4) 지역간의 차이

중국대륙은 지형적으로 넓기 때문에, 그 지역 자체의 대중문화도 분명 존재한다. 지역별로 방송국이 설치되어 있으며 자치적으로 운영 된다. CCTV는 중앙방송으로서의 역할만 할 뿐 지역방송이 보통 그 지역의 대중문화의 형성에 영향을 미치는 것이다. 지역방송을 보면 그것을 실감할 수 있는데 각 지역마다의 대중문화 보급 속도나 유형에 큰 차이가 있다. 눈에 보이는 중국은 지금 현재 엄청난 발전으로 도시화 된 것 같지만, 그 것은 동부해안에 위치하거나 해안에 인접한 도시들만 국한돼 얘기한 것이다. 아직 깊은 내륙 생활이 빈곤하고 환경 또한 열악하다. 그들에게 전해지는 대중문화는 도시의 대중문화와 당연히 차이가 있을 것이다. 중국

내륙의 도시를 여행하다보면 1,2년 전 대도시에서 유행하던 노래나 드라마, 영화를 접하는 것이 어려운 일이 아니다. 이처럼 중국은 대중문화의 보급 속도나 그 수준에 있어서 지역간 격차가 분명히 존재하며, 경제발전의 차이에서 비롯된 차이라 생각된다. 그래서 우리가 흔히 말하는 대중문화는 어쩌면 더 정확히 말해 중국도시의 대중문화라고 말해야 할 것이다. 또한 대륙, 홍콩, 그리고 대만 이 세 지역에도 엄연한 각각의 대중문화의 특징이 존재한다. 중국의 대중문화는 여타의 나라들과는 달리 큰 지역마다의 차이뿐만 아니라 작은 지역간의 차이도 존재한다고 할 수 있겠다.

중국의 대중매체를 통한 대중문화는 진정한 본토의 대중문화라고 하기보다는 대만, 홍콩의 가요, 드라마, 영화 등이다. 중국의 경우, 오랜 사회주의 체제의 영향으로 대중문화의 생산 기반이 취약한 상태였기에 홍콩과 대만의 대중문화가 그 자리를 대신 했고, 홍콩의 반환 후에는 홍콩 자체의 생산력이 부족해지자 '대체 문화'적인 성격으로 한국의 문화를 받아들였다. 현재는 한류의 영향으로 중국 도시들을 다니다 보면 한국 인기 스타의 사진을 흔히 볼 수 있다. 하지만 전통적으로 내려오는 중국인들의 본토화 정신을 잊지 말아야 한다. 그들의 '중국식' 만들기가 점차 빛을 발하게 되면 중국 문화에 영향을 끼친 세 문화도 결국 중국화 시켜 그들만의 문화로 발전시켜 나갈 것이다. 아마도 현 중국의 대중문화를 모방과 타국 문화의 수용에서 그치는 수준 낮은 문화라고 보기 보다는 부지런히 성장하기 위해 기반을 닦고 있는 과도기라 칭해야 하지 않을까?

중국의 문화정책

20세기 후반, 소련과 동유럽 사회주의 국가들의 몰락은 '사회주의의 실패'를 입증하는 것 같았다. 그러나 중국은 중국특색 사회주의라는 등소평 이론의 영도 아래 30여년의 개혁·개방을 거쳐 세계를 깜짝 놀라게 할 정도로 비약적인 경제성장을 이루었다. 즉 30여년의 개혁·개방을 통하여 낡은 사회주의 계획경제 체제를 극복하고 새로운 사회주의 시장경제의 틀을 마련한 것이다. 이러한 틀 아래 중국은 빠른 속도의 경제성장과 현대화를 실현하였고, 이를 바탕으로 오늘날 G2시대의 주인공이 되었다.

국민들 역시 경제적인 발전에 힘입어 물질적인 풍요를 맛보았고, 이에 따라 보다 고급화된 문화에 대한 갈망이 늘어나고 있는 추세이다. 이를 반영하듯 중국에서는 현재 각 종 문화시장이 급격하게 증대되고 있고 다양한 문화사업 역시 신속하게 발전하고 있다.

문화정책이란 쉽게 말해서 법률이나 법규, 행동규정이나 명령, 국가지도자의 구두나 서면 지시, 그리고 정부의 구체적인 행동 방안 및 이와 관련된 정책 등으로 인하여 일정한 문화 목표를 달성하기 위한 행동 준칙이다.

중국의 문화정책은 각 시대별 특징을 지니고 있으며, 이러한 특징은 중국의 정치, 경제, 사회 등 각 방면과 밀접한 관련을 맺고 있다.

다음에서는 모택동 시대부터 등소평 시대, 그리고 강택민 시대와 호금도 시대에 이르는 중국의 주요 문화정책의 흐름을 살펴봄으로써 오늘날 중국 문화의 특징과 배경을 이해해 보고자 한다.

1. 모택동 시대의 문화정책

모택동은 혁명전쟁과 계급투쟁을 통하여 신중국을 건립하는 과정에서 역사와 사회 변화의 핵심적 요인을 계급투쟁이라고 전제하였다. 이어 중화인민공화국 건국 이후에도 이러한 노선은 변화없이 수용되어 '무산계급 독재 하에서의 계속혁명론'을 강조하였으며, 결국 10년 동안 문화대혁명을 일으키는 장본인이 되었다.

이 시기 중국의 문화는 정치의 시녀로 전락하였고, 모든 낡은 것을 타파하는 분위기가 조성되었다.

문화의 정치도구화는 중국 인민들의 다양한 문화적 수요를 억압하였고, 문화계의 많은 지식인들은 문화 창조의 의욕을 잃게 되었다. 특히 문화대혁명 10년 동안 중국의 문화는 더욱 정치투쟁의 도구로 전락하였으며, 무수히 많은 문화계 인사들이 정치탄압을 받게 되었고, 이들에 의하여 창작된 문학·예술 작품들은 인민들의 정신을 갉아 먹는 것으로 비판당하였다.

모택동의 이러한 문화정책의 일선에는 강청이 있었는데, 강청이 보아서 나쁘다고 판단하면 곧바로 그 작품은 반동영화나 반동소설로 낙인 찍혔고, 창작에 참여한 사람들은 반동으로 숙청되었다. 반면 강청이 좋아하는 것들은 최고의 고전이나 경전으로 인정받았고 참여한 사람들은 인민영웅으로 추대되었다.

그 결과 중국의 많은 문화 창작물은 독초로 왜곡되었고, 다만 강청이 칭찬한 8개의 극만이 '혁명양판극', 즉 '혁명적인 본보기극'이라고 추앙되면서 중국은 그야말로 문화의 사막지대로 변모하게 되었다.

2. 등소평 시대의 문화정책

등소평은 개국 전 모택동과 사상을 같이 한 충실한 동지였다. 그러나 신중국 건국 이후 등소평은 모택동과 서로 다른 정치관을 가지고 있었고, 특히 사회발전과 역사변화의 동력에 대해서는 상당한 차이점을 보여주

先富论
黑猫白猫论
南巡讲话
天安门 사태

고 있었다.

'흑묘백묘론'으로 상징되어 지는 등소평의 실용주의적 경제관으로 인하여 등소평은 결국 수정주의분자로 지목당해 숙청을 당하게 되었다. 그러나 1976년 모택동이 사망한 후 복권되면서 등소평은 자신의 이론을 실천에 옮기기 시작하였다.

특히 1979년 10월, 중국문예일군 제4차 대표대회가 북경에서 개최되었는데, 등소평은 이 자리에서 축사를 하면서, 중국공산당의 문화정책에 대한 중대한 조정을 발표하였다. 그는 "문예가 정치에 종속된다는 구호를 앞으로는 더 이상 제기하기 않는다"라고 명확히 밝힌 뒤, "문예사업에 대한 당의 지도는 결코 명령이나 지시를 내리는 것이 아니며, 문학예술이 정치에 종속될 것을 요구하는 것이 아니라 문학예술의 특징과 발전법칙에 따라 인민들이 문학예술을 끊임없이 발전시키고 수준을 향상시켜 위대한 중국 인민과 위대한 시대에 부끄럽지 않는 우수한 문학예술 작품들을 창작할 수 있는 조건을 마련해 주는 것"이라고 천명하였다.

또한 등소평은 이 자리에서 작가 및 예술가들에게 일정한 창작의 자유와 예술 세계의 민주화를 부여하였다. 이렇듯 등소평은 중국 문예의 부흥을 위하여 적극적인 정치 환경과 사회적 조건을 적극적으로 마련해 주었는바, 문화와 정치가 분리되기 시작한 첫 단계이며, 중국 문화정책의 중요한 전환점이 되었다.

3. 강택민 시대의 문화정책

1989년 천안문사태 이후 총서기가 된 강택민은 등소평 시대를 계승하였다. 특히 강택민 시대의 사상문화의 흐름에서 주목되는 것은 기존의 '반전통'의 문화이념이 서서히 퇴조해 가고, 대신 중국의 전통문화에 대한 긍정과 그에 따라는 민족주의, 애국주의가 대중적으로 확산되어 갔다는 점이다.

이러한 배경에는 등소평시대의 개혁·개방 이후 중국이 이룩한 급속한 경제성장, 그리고 이에 따른 자부심을 바탕으로 한 중화민족의 문화적 정체성을 주장하려는 심리도 주된 요인으로 작용했다.

물론 천안문사태 이후 중국은 당과 정부 차원에서 청소년들에 대한 애국주의 교육을 강화하였다.

처음 애국주의 교육의 대상은 청소년이었으나 1990년대에 들어서 중국의 젊은 지식인들 사이에서 애국주의열이 중국사회 저변으로 확산되었다.

이에 따라 민족주의를 표방한 책들은 오랫동안 중국도서 시장에서 불타나게 팔렸으며, 중국 젊은이들의 애국감정을 고조시키는 데에 큰 역할을 하였다.

다른 한편 중국 영화의 거장인 장이머우 감독은 [붉은 수수밭], [높이 걸린 홍사초롱] 등 중국의 전통 문화와 사회현실 중의 어두운 면을 드러내는 영화를 만들어 서방세계의 갈채를 받았다. 비록 중국 국내에서는 큰 갈채를 받지 못했지만 중국의 전통문화를 세계에 알리고, 중국 사회의 현실을 그대로 그려냈다는 점에서 서방세계의 찬사를 받은 것이다.

장이머우 감독은 2000년대에 들어와서 문화적 영웅으로 뒤늦게 추대되었고, 한때 '정치적인 반항아'였던 장이머우는 2008년 북경올림픽 개막식의 총감독으로 화려하게 변신하였다.

이처럼 많은 문예인들은 강택민 시대에 입장을 바꾸면서 당과 정부에 협력하는 쪽으로 변모하였다.

4. 호금도 시대의 문화정책

전통문화사상의 복귀현상은 2000년 이후 중국에서 명확하게 확산되었다. 이는 곧 공자의 부활로 상징된다. 1919년을 기점으로 타도의 대상이 되었던 공자, 1949년 신중국 성립 이후 봉건잔재 제1호였던 공자가 다시 중국의 성인으로 부활한 것이다.

이처럼 공자가 부활할 수 있었던 데에는 호금도의 영향이 컸다. 호금도는 2005년 전국인민대표대회 3차 회의에서 화해사회론을 제시하면서 '조화로움이 소중한 것이다(和爲貴)'라는 공자의 말을 거론했다.

또한 호금도는 집권한 후에 '以人爲本'을 내세웠는데 이는 공자의 사상과 정확히 부합하는 것이며, 그의 '사회주의 화해사회론'은 공자의 '적은 것은 걱정되지 않으나 고르지 않은 것은 걱정이다(不患寡而患不均)'라는 말과 정확히 들어맞는다.

중국정부는 2005년 9월 28일 공자 탄생 2556주년을 맞아 공자의 고향 산동성 곡부에서 성대한 기념행사를 열었고, CCTV는 사상 처음으로 공자에게 제사를 지내는 광경을 4시간 이상 생중계하였다. 또한 중국 전역에서 [논어] 낭송 대회가 열리고, 공자의 이름을 내건 연구소와 기관도 우후죽순으로 생겨나고 있다.

이처럼 2000년을 전후하여 중국의 전통문화를 수용하는 문화조류는 중국의 많은 지식인들이 이미 중국의 당과 정부와 이데올로기를 같이 하면서 '중국특색사회주의', '사회주의 화해사회' 건설에 동참하고 있음을 보여주며, 1980년대에 있었던 전통문화 부정과는 판이한 대조를 이루고 있다.

마지막으로 시진핑 시대의 문화정책은 아직 뚜렷하게 드러나지 않고 있으나 후진타오의 문화정책과 크게 다르지 않을 것이라는 전망이며, 앞으로 눈여겨 지켜보아야 할 대목이다.

현대 중국문화의 이해

초판 1쇄 발행일 2017년 2월 28일

지은이 윤창준
펴낸이 박영희
편집 김영림
디자인 박희경
마케팅 임자연
인쇄·제본 태광인쇄
펴낸곳 도서출판 어문학사
　　　　서울특별시 도봉구 해등로 357 나너울카운티 1층
　　　　대표전화: 02-998-0094/편집부1: 02-998-2267, 편집부2: 02-998-2269
　　　　홈페이지: www.amhbook.com
　　　　트위터: @with_amhbook
　　　　페이스북: https://www.facebook.com/amhbook
　　　　블로그: 네이버 http://blog.naver.com/amhbook
　　　　다음 http://blog.daum.net/amhbook
　　　　e-mail: am@amhbook.com
　　　　등록: 2004년 7월 26일 제2009-2호

ISBN 978-89-6184-434-5 03910
정가 20,000원

이 도서의 국립중앙도서관 출판예정도서목록(CIP)은 e-CIP홈페이지(http://www.nl.go.kr/ecip)와
국가자료공동목록시스템(http://www.nl.go.kr/kolisnet)에서 이용하실 수 있습니다.
(CIP제어번호: CIP 2017004682)